Staats- und sozialwissenschaftliche Forschungen

herausgegeben

von

Gustav Schmoller und **Max Sering.**

Heft 141.

W. Fajans, Die russische Goldwährung.

Leipzig,
Verlag von Duncker & Humblot.
1909.

Die

russische Goldwährung.

Von

W. Fajans.

Leipzig,
Verlag von Duncker & Humblot.
1909.

Meinen Eltern.

Die vorliegende Schrift entstand im Staatswissenschaftlichen Seminar des Herrn Professor Dr. H. Schumacher in Bonn. Ich empfinde es als eine angenehme Pflicht, bei der Veröffentlichung meinem hochverehrten Lehrer für die Anregung zur Arbeit und die mir seinerseits zuteil gewordene unermüdliche Unterstützung meinen herzlichsten Dank auszusprechen.

Warschau, August 1909.

W. F.

Inhaltsverzeichnis.

Literaturverzeichnis.

a) In russischer Sprache.

Bloch, Die Finanzen Rußlands im 19. Jahrhundert. 4 Bände. St. Petersburg 1882.

Kaschkaroff, Der Geldverkehr Rußlands. 2 Bände. St. Petersburg 1898.

Migulin, Der Staatskredit Rußlands. 3 Bände. Charkow 1899—1904.

Schwanebach, Geldreform und Volkswirtschaft. St. Petersburg 1901.

Die Reform des Geldverkehrs in Rußland. Stenographischer Bericht über die Debatten in der Freien Ökonomischen Gesellschaft zu Petersburg. St. Petersburg 1896.

Nikiforow, Die Geldreform. St. Petersburg 1901.

Übersicht der Tätigkeit des Finanzministeriums unter der Regierung Kaiser Alexanders III. (herausgeg. v. Finanzministerium). St. Petersburg 1902.

Miklaschewsky, Der goldene Monometallismus und seine Bedeutung für Rußland (eine Reihe von Aufsätzen im Wiestnik Finansow, Jahrgang 1897).

Butmy, Die Resultate der Finanzwirtschaft seit 1892—1903. St. Petersburg 1904.

Butmy, Die Goldwährung. St. Petersburg 1903.

Scharapoff, Zwei Denkschriften über russische Finanzen. Berlin 1901.

Oserow, Das wirtschaftliche Rußland und seine Finanzpolitik. Moskau 1905.

Oserow, Wie wird in Rußland das Geld des Volkes ausgegeben? Moskau 1907.

Emeljanow, Goldproduktion und die Arbeiterfrage in Sibirien. Russkij Wiestnik 1899.

Baranowski, Die Goldproduktion in Ostsibirien. Wiestnik Ewropy 1898.

Bieletzkij, Zur Frage der Reform der Goldproduktion. Russkoje Bogatstwo 1902.

Brandt, Ausländische Kapitalien und ihr Einfluß auf die wirtschaftl. Entwicklung des Landes. 3 Bände (herausgeg. im Auftrage des Finanzministeriums. St. Petersburg 1899—1901.

Rußland am Ende des 19. Jahrhunderts (unter der Red. von Kowalewski). St. Petersburg 1900.

Die Grenzgebiete Rußlands, herausgeg. im Auftrage des Finanzministeriums unter der Redaktion von Ssemenow. St. Petersburg 1900.

Krahmer, Sibirien und die Bedeutung der großen sibirischen Eisenbahn. St. Petersburg 1900 (Übers. aus dem Deutschen).

Die Kolonisation Sibiriens im Zusammenhange mit der allgemeinen Übersiedlungsfrage, herausgeg. von der Kanzlei des Ministerkomitees. St. Petersburg 1900.

Alex. Kaufmann, Die sibirische Übersiedlung am Ende des 19. Jahrhunderts. St. Petersburg 1901.

Denkschrift des Komitees der sibirischen Bahn, vorgestellt dem Kaiser im Jahre 1897.
Materialien der am 16. Oktober 1901 Allerhöchst eingesetzten Kommission zur Untersuchung der Frage über die Bewegung seit 1861—1900 des Wohlstandes der ackerbautreibenden Bevölkerung der mittel-landwirtschaftl. Gouvernements. 2 Bände. St. Petersburg 1903.
Tschuprow und Posnikow, Der Einfluß der Getreideernten und Getreidepreise auf einige Seiten der russ. Volkswirtschaft (Sammelwerk). 2 Bände. St. Petersburg 1897.
Lwow und Stachowitsch, Die Mängel des Dorfes (nach den Ergebnissen der Untersuchung der Komitees). Sammelwerk. 2 Bände. St. Petersburg 1904.
Kowalewski, Die wirtschaftliche Organisation Rußlands. St. Petersburg 1900.
Hurwitsch, Die wirtschaftliche Lage des russ. Dorfes. Moskau 1896.
Lochtin, Der Zustand der russ. Landwirtschaft im Vergleich mit anderen Ländern. St. Petersburg 1901.
Brandt, Die Finanzpolitik und der Schutzzoll. St. Petersburg 1904.
Brscheski, Die Lage der Bauern im landwirtschaftlichen Zentrum Rußlands. Wiestnik Finansow 1907, Nr. 49, 50, 51, 52.
Die Alleruntertänigsten Berichte des Finanzministers an den Kaiser für die Jahre 1887—1906.
Projekt des Budgets für 1908, mit einer Denkschrift des Finanzministers. St. Petersburg 1907.
Projekt des Budgets für 1909. St. Petersburg 1908.
Wiestnik Finansow (Finanzbote), Jahrgänge 1887—1909.
Jahrbuch des Finanzministeriums.
Gesetzsammlung des russischen Reiches.
Enzyklopädisches Wörterbuch von Brockhaus und Efron.

Heryng, Der Rubel. Warschau 1893. (Polnisch.)
Kempner, Die Geldreform. Bibljoteka Warszawska 1896. (Polnisch.)
Kempner, Die Geschäftsabschlüsse in Gold. Ateneum 1895. (Polnisch.)
Bulletin russe de Statistique financière et de Législation. St. Petersburg.

b) In deutscher Sprache.

A. Wagner, Die russische Papierwährung. Riga 1868.
Schulze-Gävernitz, Volkswirtschaftliche Studien aus Rußland. Leipzig 1899.
Issajew, Zur Politik des russ. Finanzministeriums seit der Mitte der 80er Jahre. Stuttgart 1898.
Kramar, Die russische Valutareform. Wien 1896.
Zielinski, Der Rubel jetzt und vor 100 Jahren. Conrads Jahrbücher 1898.
Kantorowicz, Rubelkurs und russische Getreideausfuhr. Jena 1896.
Helfferich, Außenhandel und Valutaschwankungen. Schmollers Jahrbuch 1897.
Bamberger, Die russische Münzreform. Nation, Jahrgang XV.
v. Buck, Die Währungsfrage in Rußland. — Der gegenwärtige Stand der Währungsfrage in Rußland. — Das neue russische Münzgesetz und der Fortgang der Währungsreform. Nation, Jahrgänge XIII, XIV, XVI.
von der Brüggen, Politik und Finanzen in Rußland. Grenzboten 1899.
Golowin, Rußlands Finanzpolitik und die Aufgaben der Zukunft. Übers. a. d. Russischen. Leipzig 1900.
Wittschewsky, Rußlands Handels-, Zoll- und Industriepolitik von Peter d. Großen bis auf die Gegenwart. Berlin 1905.

Zweig, Die russische Handelspolitik seit 1877. Leipzig 1906.
Weryho, Die Getreide-, Mehl- und Eisenbahntarife Rußlands im letzten Dezennium (1889—1899). Leipzig 1900.
Mertens, Die Naphtaindustrie in Baku. Archiv für Eisenbahnwesen 1900.
Martin, Die Zukunft Rußlands. Leipzig 1906.
Rohrbach, Das Finanzsystem Witte. Berlin 1902.
Bernhard, Armes, reiches Rußland! Berlin 1905.
Knoop, Die verzinsliche russische Staatsschuld. Berlin 1907.
Helfferich, Das Geld im russisch-japanischen Kriege. Berlin 1906.
Alex. Kaufmann, Die innere Kolonisation und die Kolonisationspolitik Rußlands seit der Bauernbefreiung. Conrads Jahrbücher 1898, I.
Jarilow, Ein Beitrag zur Landwirtschaft in Sibirien. Leipzig 1896.
Ballod, Die wirtschaftliche Bedeutung von Sibirien. Conrads Jahrbücher 1896.
Wiedenfeld, Die wirtschaftliche Bedeutung der sibirischen Bahn. Archiv für Eisenbahnwesen 1900.
Auhagen, Zur Besiedlung Sibiriens. Berlin 1902.
Alex. Kaufmann, Das russische Übersiedlungs- und Kolonisationsgesetz vom 6./19. Juni 1904 und die Aussichten der inneren Kolonisation in Rußland. Brauns Archiv 1906.
Thieß, Die Ausfuhr des sibirischen Getreides vom Hafen von Archangel. Archiv für Eisenbahnwesen 1900.
Ballod, Die wirtschaftliche Lage Rußlands. Schmollers Jahrbuch 1898.
Ballod, Die russische Getreideausfuhr im nächsten Jahrzehnt. Zeitschrift für Agrarpolitik 1904.
Simkhovitsch, Die Feldgemeinschaft in Rußland. Jena 1898.
Auhagen, Die Zukunft der russischen Landwirtschaft. Zeitschrift für Sozialwissenschaften 1907.
Zoepffel, Zur russischen Agrarfrage. Zeitschrift für Agrarpolitik 1907.
Polly, Die gegenwärtige Finanzlage Rußlands. Preußische Jahrbücher 1908 (Januar-, April- und Juniheft).
Statistisches Jahrbuch für das Deutsche Reich.

Die Angaben über den russischen Außenhandel sind entnommen oder zusammengestellt nach den Statistiken des Zolldepartements. (Veröffentlicht allmonatlich und alljährlich im Wiestnik Finansow.)

Einleitung.

Grundzüge der Geschichte der russischen Papierwährung[1].

Es ist eine bekannte Tatsache, daß die heftigsten Währungskrisen verschiedener Länder meistens durch politische Kalamitäten hervorgerufen worden sind. Besonders in früheren Zeiten suchten die Staaten im Kriegsfalle der Geldnot auf dem Wege einer Papiergeldausgabe abzuhelfen und nicht allen gelang es, das zerrüttete Währungssystem bald nach dem Friedensabschluß wieder in Ordnung zu bringen. Frankreich während der Revolution und auch im Jahre 1870, England zur zeit der Kriege gegen Napoleon, Preußen im Jahre 1807, Österreich im Jahre 1859, die Vereinigten Staaten von Amerika im Jahre 1866, sahen sich gezwungen, zwecks Deckung der Kriegskosten zu Papiergeldausgaben zu greifen. Aber in wenigen Ländern haben politische Krisen eine so starke Erschütterung des Geldwesens hervorgerufen, in wenigen hat die Papiergeldwirtschaft so tief ihre Wurzeln geschlagen, wie es in Rußland der Fall gewesen ist. Der Krieg gegen Napoleon im Jahre 1812 hat zum ersten Male eine übermäßige Ausgabe von Papiergeld, oder von sog. Assignaten, herbeigeführt und dem Lande eine Papierwährung als Erbschaft hinterlassen. Erst nach drei Jahrzehnten, zu Beginn der 40er Jahre, gelang es Rußland, dank der Energie seines damaligen Finanzministers, des Grafen Kankrin, eine Reform des Geldwesens durchzuführen und zur Silberwährung überzugehen. Der Kurs der Assignate wurde auf der damaligen Höhe von 27¼ Silberkopeken pro Assignatenrubel festgelegt, und die Relation von 1 : 3,5 zwischen As-

[1] Näheres über die russische Papierwährung siehe bei A. Wagner, Die russische Papierwährung, Riga 1868. — Bloch, Die Finanzen Rußlands im XIX. Jahrh., St. Petersburg 1882. — Kaschkaroff, Der Geldverkehr in Rußland, St. Petersburg 1898. — Heryng, Der Rubel, Warschau 1893. — Helfferich, Außenhandel und Valutaschwankungen, Schmollers Jahrbuch, 1898. — Kantorowicz, Rubelkurs und russische Getreideausfuhr, Jena 1898.

signatenrubel und Silberrubel als Basis für die vorgenommene Valutaregulierung gewählt. An Stelle der allmählich zurückgezogenen 595,7 Mill. Assignatenrubel traten die neuen, stets in Silber einlösbaren Banknoten, die sog. Reichskreditbillets [1], in einem Betrage von 170,2 Mill. Rub. Die Einlöslichkeit der Kreditbillets wurde durch einen Barvorrat (in Gold und Silber) gesichert, dessen Bestand, laut dem Gesetze, wenigstens einem Sechstel der ausgegebenen Kreditbilletsmenge gleichen mußte. Er stellte sich zur Zeit der Durchführung der Reform auf etwa 50 Mill. Rub. und vergrößerte sich bis auf 105 Mill. Rub. im Jahre 1848.

Kaum 12 Jahre darauf brach die Silberwährung unter den Stürmen des Krimkrieges zusammen. Die starke Ausgabe von Kreditbillets während der Jahre 1854—58, durch welche sich die russische Regierung die nötigen Mittel zur Deckung der Kriegskosten zu verschaffen suchte, vergrößerte die umlaufende Kreditbilletsmenge von 333,4 auf 735,3 Mill. Rub., also um ca. 400 Mill. Rub. Wie es leicht vorauszusehen war, begann schon nach den ersten Neuausgaben ein starkes Rückströmen der Kreditbillets in die Bankkassen, so daß die Regierung sich außer Stande sah, allen Einlösungsforderungen zu entsprechen, ohne gleichzeitig den Barvorrat der Gefahr einer allmählichen Erschöpfung auszusetzen. Dies veranlaßte den Finanzminister, Mitte 1856 die Einlösung auf die Weise zu beschränken, daß das Quantum des täglich ausgezahlten Goldes den Betrag von 75 000 Rubel nicht überschreiten dürfte. Als aber diese Maßregel sich als nicht genügend wirksam erwies, wurde am Ende desselben Jahres die Einlösungsoperation endgültig eingestellt.

Auf diese Weise kehrte Rußland zur Papierwährung zurück. Man verzichtete jedoch nicht auf den Versuch, die übermäßigen Kreditbillets allmählich zurückzuziehen und das zerstörte Kankrinsche Werk wiederherzustellen. Schon im Jahre 1858 wurden von den im Besitze des Fiskus befindlichen Geldern, 60 Mill. Rub. Kreditbillets vernichtet und 30,6 Mill. Rub. gegen Metallgeld umgetauscht, so daß am 1. Januar 1859 die umlaufende Kreditbilletsmenge 644,6 Mill. Rub. betrug.

Die Gestaltung der Verhältnisse veranlaßte jedoch die Regierung bald darauf, auf weitere Einschränkung des Kredit-

---

[1] Die Bezeichnung „Reichskreditbillets" für die von der Reichsbank ausgegebenen Papier-Umlaufsmittel hat sich seit der Zeit ihrer Einführung im Jahre 1843 ununterbrochen bis auf die Gegenwart erhalten. Mit den Umgestaltungen, die das russische Geldwesen im Laufe der Zeit erfuhr, veränderte sich auch das Wesen des Kreditbillets. Unter dieser Benennung ist für die Jahre 1843—56 die russische Banknote, für die Jahre 1856—96 (mit kurzer Unterbrechung) das russische Papiergeld zu verstehen. Seit der Durchführung der letzten Geldreform sind die Kreditbillets wieder als Banknoten aufzufassen.

billetumlaufs zu verzichten und zu neuen Ausgaben zu greifen. Die gewaltige Vergrößerung des Geldumlaufs während des Krieges hat eine Anhäufung der Gelder in den Banken zur Folge gehabt. Anderseits hat die durch den Krieg verursachte wirtschaftliche Stagnation die Nachfrage nach Kapitalien in starkem Maße vermindert. Infolgedessen ist die Summe des in den Depositenkassen der Reichskreditinstitute befindlichen Bargeldes von 20445000 Rubel im Jahre 1855 auf 104570000 Rubel bis 1. Januar 1857 und auf 140 Mill. Rub. bis 1. Juli desselben Jahres gestiegen [1]. Diese Anhäufung des Geldes und die Unmöglichkeit, es in nützlicher Weise unterzubringen, verursachte gewaltige Verluste, da die Kreditinstitute den Depositären eine Zinszahlung von 4 % gewährleisteten. Dies veranlaßte den Finanzminister Maßregeln zu treffen, um die Zinslast möglichst zu vermindern. In den Jahren 1857—59 wurde der Zinsfuß allmählich von 4 auf 2 % herabgesetzt und am Ende des Jahres 1859 wurde den Reichskreditinstituten die weitere Annahme von Depositen gänzlich verboten. Die Folgen dieser Verfügungen traten schnell und mit ganz unerwarteter Stärke zum Vorschein; allein seit 1. Januar bis 22. Juli 1860 wurden 580 Mill. Rub. aus den Depositenkassen zurückgefordert [2]. Infolge dieser fieberhaften Kündigung der Depositen, gerieten die Kreditinstitute in eine äußerst schwierige Lage, da der Überfluß sich in einen Mangel an Bargeld verwandelte. Um die Kreditinstitute vor der naheliegenden Gefahr der Zahlungseinstellung zu schützen und ihre Mittel zu verstärken, sah sich die Regierung gezwungen, neues Papiergeld auszugeben. Im Laufe der Jahre 1859 und 1860 vergrößerte sich der Kreditbilletumlauf von 544,6 auf 713 Mill. Rub.

Inzwischen hat das gewaltige Anschwellen der umlaufenden Kreditbilletmenge eine Entwertung des Kreditrubels herbeigeführt. Sein Kurs, der sich seit der Kankrinschen Reform bis zum Ausbruch des Krimkrieges auf Pari gehalten hat, sank allmählich bis auf 89 im Jahre 1861. Unter dem Einflusse der volkswirtschaftlich nachteiligen Folgen der Kursschwankungen wagte die Regierung den Versuch der Wiederaufnahme der Einlösung der Kreditbillets, zwecks Herstellung der Rubelparität. Nach dem durch den Direktor der Reichsbank, Lamanski, ausgearbeiteten Plan sollte mit Ende April 1862 die Umwechslung der Kreditbillets von neuem stattfinden, und zwar zu einem wechselnden, allmählich steigenden Kurse. Der Einlösungskurs wurde bei Beginn der Operation auf 110,5 Kopeken pro Silberrubel und auf 570 Kopeken pro ½ Imperial festgesetzt und sollte bis 1. Januar 1864 auf Pari

[1] Bloch, Die Finanzen Rußlands im XIX. Jahrh., Bd. II.
[2] Nach Bloch.

gehoben werden. Am Anfange hatte die Operation einen durchaus günstigen Verlauf, da gleichzeitig mit der Umwechslung der Billets und dem Abflusse des Goldes, sich ein starker Zufluß des Metalls in die Kassen bemerkbar machte. Der Grund dieser Erscheinung war aber in der Eigentümlichkeit des ganzen Planes zu suchen, das Papiergeld zu allmählich steigendem Kurse umzutauschen. Es war lohnend, beim Beginn der Einlösung Kreditbillets gegen Gold und Silber zu kaufen, um sie später wieder zur Umwechslung zu präsentieren; man erhielt dabei mehr Metall, als man früher für die Billets bezahlt hatte, da der Kurs inzwischen gestiegen war. Diese Begünstigung der Spekulation wurde jedoch durch die Annäherung des Kurses an Pari nach und nach beseitigt, und seit Anfang 1863 wurde die normale Gestaltung der Dinge durch keine störenden Faktoren durchkreuzt. Die Stimmung der Bevölkerung trat jetzt mit aller Stärke hervor und bald wurde es klar, daß niemand an die Lebensfähigkeit der Reform glaubte; jeder beeilte sich, die Kreditbillets, die sich in seinem Besitze befanden, zu dem künstlich gehobenen Kurse einzulösen und die günstige Lage frühzeitig auszunutzen. Der Andrang an die Kassen war so groß, daß die Operation nur bei dem Vorhandensein eines verhältnismäßig starken Barfonds günstig verlaufen konnte. Da aber die Regierung mit der Eventualität eines Mangels an Vertrauen seitens der Bevölkerung überhaupt nicht rechnete, so wurde auch der Einlösungsfond sehr spärlich mit Metall versehen. Der gewaltigen Menge von ca. 710 Mill. Rub. umlaufender Kreditbillets, wurde ein Metallvorrat von 170,4 Mill. Rub. gegenübergestellt, von denen 80,4 Mill. Rub. den Bestand des damaligen Einlösungsfonds und 90 Mill. Rub. den Erlös aus der für die Zwecke der Operation in England kontrahierten Anleihe bildeten. Es ist klar, daß mit so geringen Mitteln die Reichsbank allen Anforderungen nur kurze Zeit nachkommen konnte; am Ende des Jahres 1863 sah sie sich gezwungen, durch Einstellung der Einlösung den Versuch der Wiederherstellung der Metallwährung aufzugeben. Der Kurs des Kreditrubels, der sich im Jahre 1863 noch auf einer Durchschnittshöhe von 94,6 hielt, sank im Jahre 1864 auf 84,2.

Es wäre jedoch ungerecht, die Regierung allein für das Mißlingen der Reform verantwortlich zu machen; auch die Gestaltung der allgemeinen, sowohl politischen wie wirtschaftlichen Konjunktur begünstigte in keiner Weise die Durchführung des Planes. Infolge des polnischen Aufstandes und der Gerüchte über einen bevorstehenden Krieg zwischen Rußland und dem Westen, wurden die Gemüter von einem starken Pessimismus erfaßt; die Furcht vor den Folgen der Bauernbefreiung veranlaßte die Gutsbesitzer, ihre Gelder aus inländischen Bankinstituten zurückzuziehen und sie im Auslande unterzubringen; die geringe Getreideausfuhr des Jahres 1863 verschlechterte die Zahlungsbilanz und vergrößerte die Nachfrage nach Gold. Es ist klar, daß diese Umstände auf die ganze Operation einen ungünstigen Einfluß ausüben mußten.

Das einzige positive Resultat der 1½jährigen Einlösungsperiode war eine Verminderung der umlaufenden Papiergeldmenge um 75 Mill. Rub., so daß letztere am 1. Januar 1864 sich auf 636,5 Mill. Rub. stellte. Gleichzeitig hatte sich der Bestand des Barvorrates bis auf 55,6 Mill. Rub. verringert.

Der unbedeutenden Einschränkung, welche die umlaufende Kreditbilletmenge im Jahre 1863 erfahren hat, folgte in den nächsten Jahren eine andauernde Vergrößerung, die durch Ursachen verschiedenartiger Natur herbeigeführt wurde.

Die ersten, neuen Kreditbilletausgaben, welche nach dem Versuche der Herstellung der Metallwährung stattgefunden haben, wurden hervorgerufen durch die heftige Geldkrisis, die sich in der Mitte der 60er Jahre als Folge der Geldentwertung und der Steigerung des allgemeinen Preisniveaus einstellte. Sie beliefen sich insgesamt auf über 70 Mill. Rub. und vergrößerten den Kreditbilletverkehr bis auf 709 Mill. Rub. (am 1. Januar 1867).

In dem Zeitabschnitt 1867—1876 erfolgte eine neue Ausdehnung des Papiergeldumlaufs bis auf 797 Mill. Rub. Sie wurde verursacht durch die im Jahre 1867 der Reichsbank erteilte Befugnis, Gold und Silber in Barren und ausländischen oder inländischen Münzen gegen Papiergeld zu einem festen Kurse anzukaufen und das erhaltene Metall zur Verstärkung des Barvorrates zu verwenden. Die für die Ankäufe nötigen Kreditbillets sollten den Reservebeständen entnommen werden. Es ist klar, daß von dieser Maßregel eine Besserung der Währungsverhältnisse kaum zu erwarten war, da für das Metall mit entwerteten Kreditbillets gezahlt wurde und mit jeder Verstärkung des Metallfonds ein noch bedeutenderes Anschwellen der umlaufenden Papiergeldmenge Schritt halten mußte. Darum ist es auch unmöglich, die Vergrößerung des Metallvorrates von 57 auf 229,3 Mill. Rub., die in dem erwähnten Jahrzehnt stattfand, einzig und allein auf die damaligen Metalleinkäufe zurückzuführen, da ja die gesamte Vermehrung des Papiergeldumlaufs nicht ganz 90 Mill. Rub. betrug. Wahrscheinlich ist der Grund für diese Vergrösserung des Barvorrats in dem starken damaligen Zufluß ausländischer Kapitalien für Eisenbahnbauten zu suchen.

Der Krieg von 1877/78 führte wiederum zu einer gewaltigen Papiergeldvermehrung. Durch Erlaß vom 25. Oktober 1876, wurde es dem Reichsschatzamte bewilligt, sich die Mittel zur Deckung der Kriegskosten durch Darlehen bei der Reichsbank zu verschaffen, wofür letztere neue Kreditbillets ausgeben sollte. Der Gesamtbetrag der für Kriegszwecke auf Rechnung des Schatzamtes ausgegebenen oder der sog. „zeitweilig ausgegebenen“ Kreditbillets, stellte sich am 1. Januar 1881 auf 417 Mill. Rub. Gleichzeitig befanden sich im Umlaufe 716,5 Mill. Kreditrubel früherer Ausgaben, so daß der gesamte Kreditbilletumlauf 1133,5 Mill. Rub. betrug, für die an Barvorrat eine Metalldeckung von 171,4 Mill. Rub. (hauptsächlich in Gold) vorhanden war.

Unter dem Einflusse der plötzlichen und bedeutenden Erhöhung der umlaufenden Kreditbilletmenge, hat der Kreditrubel eine neue, starke Entwertung erfahren. Sein Kurs, der in den Jahren 1865—1876 zwischen 76,3 (im Jahre 1866) und 86,8 (im Jahre 1874) schwankte, sank im Jahre 1879 auf 63,2.

Wie nach dem Krim-Kriege, so hat auch jetzt die Regierung den Versuch der allmählichen Reduzierung der umlaufenden Kreditbilletmenge auf ihre frühere Höhe nicht unterlassen. Im Jahre 1881 wurde, nach den Ratschlägen des Ministers Abasa, verfügt, der Bank aus den Mitteln des Schatzamtes 17 Mill. Kreditrubel zurückzuzahlen. Gleichzeitig wurde beschlossen, den restierenden Schuldbetrag von 400 Mill. Rub. durch alljährliche Überweisungen von 50 Mill. Kreditrubel an die Reichsbank aus budgetären Mitteln zu tilgen. Auf diese Weise wurden in den Jahren 1881—1884 der Bank 150 Mill. Rub. zurückgezahlt und die Schuld bis auf 250 Mill. Rub. vermindert. Im Jahre 1884 wurde jedoch die Form der Tilgungsoperation verändert, da die Rückzahlung in Bargeld sich in diesen Zeiten chronischer Budgetdefizite als durchaus lästig erwiesen hatte; man beschloss demnach für die Tilgung in den folgenden Jahren die 5 % Rentenschuldscheine zu verwenden[1]. Infolge dieser Verfügung verlor die Tilgungsoperation wesentlich an Bedeutung. Von den 250 Mill. Rub., die in den Jahren 1884—1888 der Bank in Rentenscheinen eingezahlt waren, wurden nur 76,4 Mill. Rub. (56 Mill. Rub. Gold) realisiert; die übrigen 173,6 Mill. Rub. verblieben in dem Portefeuille der Bank und wurden im Jahre 1894 vernichtet[2]).

Obwohl nun die Schuld des Schatzamtes an die Bank bereits im Jahre 1888 vollständig zurückgezahlt war, so muß doch die ganze Tilgungsoperation eher als eine buchhälterische Abrechnung bezeichnet werden, und zwar nicht nur aus dem Grunde, weil ein bedeutender Teil der Schuld in unrealisierbarer Rente eingezahlt wurde, sondern vor allem deswegen, weil sie vom währungspolitischen Standpunkt fast bedeutungslos war. Nach dem Erlass von 1881 sollte die Reichsbank die ihr vom Schatzamte eingezahlten Kreditbillets dem Verkehr entziehen und vernichten, doch ist diese Verfügung meistens toter Buchstabe geblieben. Von den 167 Mill. Kreditrubel,

[1] Gesetzsammlung 1884, § 544.
[2] Kaschkaroff, Der Geldverkehr in Rußland, Bd. I, S. 93.

welche das Schatzamt der Reichsbank in den Jahren 1881—1884 eingezahlt hat, wurden kaum 30 Mill. Rub. aus dem Verkehr zurückgezogen. Der Grund dafür ist zu suchen in der heftigen Geldkrisis, die am Anfang der 80er Jahre ausbrach und während der man auf eine stärkere Einschränkung der Zahl der Umlaufsmittel nicht eingehen wollte. Erst nach dem Ende der Krisis wurde eine allmählige Zurückziehung von 57 Mill. Rub. Kreditbillets vorgenommen, so daß am 1. Januar 1887 der im Verkehr verbliebene Betrag der zeitweilig ausgegebenen Kreditbillets 330 Mill. Rub., und die gesamte umlaufende Kreditbilletmenge 1046,4 Mill. Rub. betrug.

Seit dieser Zeit wurden die Versuche einer weiteren Zurückziehung der während des Türkischen Krieges emittierten Kreditbillets endgültig aufgegeben. Der Gedanke an die allmählige Hebung des Rubelkurses bis zu seiner ehemaligen Parität lebte zwar noch, wie wir im folgenden sehen werden, in gewissen Kreisen, hat sich aber nicht verwirklicht. Den währungspolitischen Plänen des neuen Finanzministers Wyschnegradski und seines Nachfolgers, Witte, lagen besondere Gesichtspunkte zugrunde: sie kamen zum Ausdruck in der Geldreform der 90er Jahre.

Der Übergang Rußlands zum neuen Währungssystem, die Geschichte des letzteren bis zur Gegenwart und die Aussichten auf seine Erhaltung in der Zukunft, bilden das Thema der folgenden Erörterung. Wir werden mit der Prüfung der Faktoren beginnen, die Rußland veranlaßt haben, den goldenen Monometallismus einzuführen, und mit der Untersuchung der technischen Seite der Geldreform, d. h. der Maßnahmen, die getroffen wurden zwecks Regelung des Geldwesens auf der Basis des Goldes. Wir wollen nachher in einem besonderen Kapitel auf die Art und Weise der Entstehung des Metallvorrates eingehen, die Rolle, die dabei die inländische Goldproduktion gespielt hat, kennen lernen, und die Maßnahmen untersuchen, die vorgenommen wurden, um das nötige Gold aus dem Auslande heranzuziehen und den angesammelten Metallvorrat auf der erforderlichen Höhe zu erhalten. Daran anknüpfend, werden wir die Zeitgemäßheit der Reform und die Bedeutung des neuen Geldsystems zu beurteilen suchen, und dann zur Gestaltung der Währungsverhältnisse unter dem Einflusse des Krieges und der innerpolitischen Krisis übergehen. Endlich werden wir uns bemühen, die Gestaltungstendenzen der russischen Handelsbilanz (als des wichtigsten Bestandteils der Zahlungsbilanz) zu prüfen, um ein Urteil über die Möglichkeit der Erhaltung der Goldwährung in der Zukunft zu gewinnen.

Erster Abschnitt.

Die Währungsverhältnisse Rußlands seit der Durchführung der Geldreform bis auf die Gegenwart.

Erstes Kapitel.

Die Durchführung der Geldreform.

Die Frage des Währungsmetalls.

Während Rußland sich unter der Herrschaft der Papierwährung befand, spielte sich im Westen ein Prozeß von weittragender Bedeutung ab. In verhältnismäßig kurzer Zeit wurde das durch seine starke und fortschreitende Entwertung vollständig diskreditierte Silber von den Münzstätten wichtiger Kulturstaaten ausgesperrt und mußte auf das ihm bisher fast allgemein anerkannte Recht, die Funktionen der Kurantmünze zu erfüllen, zugunsten seines Konkurrenten, des Goldes, verzichten. Seit dem Beginn der 70er Jahre wendeten sich Deutschland, die skandinavischen Königreiche, Holland, die Länder des lateinischen Münzbundes und die Vereinigten Staaten von Amerika vom Silber ab und bauten ihre Geldsysteme auf der Basis des Goldes auf. Obwohl Rußland nach dem mißlungenen Versuche der Wiederaufnahme der Einlösung der Kreditbillets im Jahre 1862 sein Silbergeld aus dem Verkehre fast gänzlich verschwinden sah und durch die starke Papiergeldausgabe während des Türkischen Krieges sich den Weg zur Herstellung der Metallzirkulation für lange abgesperrt hatte, so ist doch diese starke Umwälzung der internationalen Geldverfassung nicht ohne Einfluß auf seine Währungsverhältnisse geblieben.

Infolge seiner ganzen volkswirtschaftlichen Entwicklung ist Rußland zu einem der wichtigsten Getreidelieferanten Westeuropas geworden. In den Jahren 1877—86 und 1887—96 stellte sich der durchschnittliche Jahresexport Rußlands auf

564,8 und 664,4 Mill. Rubel, von denen 382,6 und 333,3 Mill. Rubel auf Getreide fielen. Die Länder Westeuropas decken seit Jahrzehnten ihren Kornbedarf vorwiegend durch russisches und amerikanisches Getreide. Für Deutschland, Holland, Italien und die Schweiz kommt als Getreidelieferant hauptsächlich Rußland, für England, Frankreich und Belgien — Amerika in Betracht. Diese Teilung der Absatzmärkte wurzelt im Charakter des Kornkonsums der westeuropäischen Staaten: je stärker der Roggenkonsum eines getreideimportierenden Landes, desto bedeutender ist die Rolle Rußlands unter seinen Getreidelieferanten; denn der internationale Roggenmarkt war und ist von Rußland gewissermaßen beherrscht. Das Gleiche läßt sich auch betreffs des Haferbedarfs sagen. Auf dem Weizen-, Gerste- und Maismarkte wurde Rußland durch Amerika auf die zweite Stelle verdrängt; nur Italien und die Schweiz decken den größeren Teil ihres Weizenbedarfs durch russischen Weizen. Für die aus Rußland importierten Waren zahlt das Ausland vorwiegend mit Rohmaterialien, Halbfabrikaten und Erzeugnissen seiner Industrie. In den Jahren 1877—86 und 1887—96 betrug die gesamte russische Einfuhr 522,6 und 457,1 Mill. Rubel, die Einfuhr von Halbfabrikaten 269,1 und 266,3 Mill. Rubel, die von Fabrikaten 121,2 und 99 Mill. Rubel.

Als ein so wichtiges Glied des europäischen Handelsverkehrs, mußte Rußland selbstverständlich in eine Abhängigkeit von den allgemein vorherrschenden Geldsystemen geraten und war stets darauf angewiesen, mit demjenigen Metall, das für den internationalen Verkehr hauptsächlich in Betracht kam, in enge Beziehungen zu treten. Solange Deutschland an der Silberwährung, die Länder des Lateinischen Münzbundes an der Doppelwährung festhielten, bestand auch in Rußland eine fast gleiche Nachfrage nach beiden Edelmetallen, genauer gesprochen, nach Silber- oder Goldwechseln, mit denen man die Zahlungen an das Ausland zu decken suchte. Als aber in den genannten Ländern die freie Silberprägung endgültig eingestellt wurde, und auf diese Weise die wichtigsten Handelsvölker, mit England an der Spitze, sich als Anhänger einer mehr oder minder strengen Goldwährung erklärten, mußte auch in Rußland das weiße Metall stark an Bedeutung einbüßen und durch das Gold in den Hintergrund verdrängt werden. Die durch diese Umgestaltung hervorgerufene Steigerung des Goldbedarfs wurde noch verstärkt durch die Bevorzugung dieses Metalles seitens der Regierung in doppelter Hinsicht. Die seit 1877 in Kraft getretene Verfügung über die Entrichtung der Zollgebühren in Gold, eine durch handelspolitische und fiskalische Erwägungen hervorgerufene Maßregel, verursachte eine Vergrößerung der jährlichen Nachfrage nach gelbem Metall um ca. 70 Mill. Rub. und veranlaßte die russischen Importeure, stets bedeutende Goldeinkäufe im Auslande vorzunehmen. Nicht minder wichtig war der im Jahre 1883 gefaßte Entschluß, das Gold für die Zahlung sämtlicher ausländischer Zinsen, sogar der alter Silberanleihen zu benutzen. Als kapitalarmes Land war Rußland bei der Beschaffung der für den Ausbau seines Eisenbahnnetzes nötigen Mittel fast gänzlich auf das Ausland angewiesen, mußte aber, um auf eine Unterstützung seitens seiner Nachbarn rechnen zu können, auch ihren Forderungen nachzukommen suchen. Hätte man damals beschlossen, das Silber für den ausländischen Anleihedienst weiter zu benutzen, so müßte man auch gleichzeitig auf den europäischen Kredit in starkem Maße verzichten. Darauf konnte aber Rußland nicht eingehen und aus dem Grunde sah es sich gezwungen, bei seinen ausländischen Zinszahlungen das Silber durch das Gold zu ersetzen, obwohl das für sein Budget mit gewissen Gefahren verbunden war.

So ebneten die Verhältnisse notwendigerweise dem gelben Metall den Weg nach Rußland. Obwohl nach dem Gesetze von 1839 der Silberrubel noch immer als „unveränderliche, gesetzliche Münzeinheit des Reiches“ galt, so neigte doch der russische Kreditrubel zu einer Loslösung von seiner ursprünglichen Grundlage und paßte sich allmählich dem Golde an. Das Agio wurde jetzt stets in Gold berechnet und da gleichzeitig der innere Verkehr, wie schon erwähnt, vollständig durch Kreditbillets vermittelt wurde, so ist man wohl berechtigt zu behaupten, daß in der ersten Hälfte der 80er Jahre das Silber seine Rolle auch in Rußland fast gänzlich ausgespielt hatte. Es war ein ganz natürlicher Anpassungsprozeß der Währungsverhältnisse des Landes an die Befürfnisse seiner Volkswirtschaft, ein Prozess, der zweifellos durch die Entwicklung der westeuropäischen Geldverfassung bedingt wurde.

Inzwischen entstand aber, infolge des Sinkens des Silberpreises und des stets wechselnden Verhältnisses zwischen den beiden Edelmetallen, ein Unterschied im Grade der Entwertung des Kreditrubels gegen Gold und gegen Silber. Indem das Agio auf Gold hauptsächlich von der umlaufenden Papiergeldmenge und von der Zahlungsbilanz des Landes abhängig war, kam für die Bestimmung der Höhe des Agios auf Silber auch noch das jeweilige Wertverhältnis zwischen diesem Metall und dem Golde in Betracht. Bei jeder Verschiebung dieses Verhältnisses zugunsten des Goldes, näherte sich der Wert des Silberrubels dem Werte des Kreditrubels, falls nur gleichzeitig keine noch stärkere Entwertung des letzteren gegen Gold eingetreten war. So z. B. zur Zeit, als das Wertverhältnis zwischen Gold und Silber sich auf 1 : 18,61 stellte, betrug der Wert des Kreditrubels 63,4 Goldkopeken, oder 76 Silberkopeken; im Jahre 1885, während einer Relation von 1 : 19,41, stellte sich der Kurs in Goldkopeken auf 63,3, in Silberkopeken dagegen auf 79[1]. In den Jahren 1891 und 92 wurde der Kurs in Gold entsprechend mit 66,8 und 62, in Silber mit 90 und 94 notiert; das Agio auf Gold ist also gestiegen, auf Silber dagegen gesunken, da die Relation zwischen den beiden Metallen, im Jahre 1891 1 : 20,92, sich im Jahre 1892 auf 1 : 23,72 verschoben hatte. Als endlich im Jahre 1893 der Kurs des Kreditrubels stieg und das Wertverhältnis zwischen den beiden Metallen sich von 1 : 23,72 auf 1 : 26,49 verschob, da verschwand vollständig das Silberagio und der Kreditrubel wurde dem Silberrubel gleichwertig. So ist durch den Verlauf der Dinge die Parität zwischen dem russischen Kreditrubel und seinem ursprünglichen Metalläquivalent hergestellt worden. Mit dem Eintreten dieses Moments konnte aber das Sinken des Silberpreises nicht mehr ohne Einfluß auf den Kurs des Kreditrubels gegenüber dem Golde verbleiben. Infolge der bestehenden freien Prägbarkeit des Silbers mußte sich der Unterschied im Kurse des Silber- und Kreditrubels nur auf den Betrag der Transportkosten des Metalls beschränken und mit der fortschreitenden Entwertung des Silbers gegen Gold mußte eine entsprechende Entwertung des Kreditrubels Schritt halten. Diesem entgegenzuwirken lag im Interesse der Volkswirtschaft. Um der Gefahr einer weiteren Entwertung der Valuta vorzubeugen, sah sich die Regierung gezwungen, im Jahre 1893 die freie Silberprägung einzustellen. Die tatsächlich bereits erfolgte Loslösung des Kreditrubels von seiner ursprünglichen Grundlage wurde jetzt gesetzlich sanktioniert, sein Kurs ist von dem Kurssturze des Silberrubels unabhängig geworden, so daß er höher geschätzt werden konnte als das ehemalige Währungsgeld. Schon im Jahre 1893 stellte sich der Kurs des Kreditrubels dem Silberrubel gegenüber auf 111, im folgenden Jahre, als eine stärkere Entwertung des Silbers eintrat, auf 140.

Die Frage über die Wahl des Währungsmetalls war also zugunsten des Goldes endgültig gelöst. Es war für Rußland ein Gebot der Notwendigkeit, in das Lager der Anhänger des gelben Metalls überzugehen und den Stimmen zahlreicher Agrarier, die für die Rückkehr zur Silberwährung oder für den Übergang zur Doppelwährung eintraten, nicht Folge zu leisten. Streng genommen, existierte für Rußland überhaupt keine andere Frage, wie die des Verharrens bei der Papierwährung, oder des Überganges zur Goldwährung. Mit der Rückkehr zur Silberwährung würde Rußland nichts erreicht haben; weder die Stabilität seiner Valuta, noch eine Erleichterung in der Inanspruchnahme des ausländischen Kredits, so daß die großen Summen für die Anschaffung des nötigen

---

[1] Die Wertverhältnisse zwischen Gold und Silber entnommen aus: Helfferich, Das Geld, S. 115. Leipzig 1903.

Silberfonds, eine vollständig unproduktive Kapitalverwendung bedeutet haben würden. Anderseits könnte Rußland bei der sinkenden Tendenz des Silberwertes eine Doppelwährung ohne Abschluß eines internationalen Doppelwährungsvertrages keineswegs erhalten, da jede neue Silberentwertung zum Abflusse des Goldes geführt haben würde.

Es ist leicht begreiflich, daß die Tendenz zur Demonetisierung des Silbers, die seit der ersten Hälfte der 70er Jahre hervortrat und im Gesetze von 1893 zum Ausdruck gebracht wurde, alle diejenigen Bestrebungen der russischen Regierung beeinflussen mußte, welche auf die Regelung des zerrütteten Geldwesens hinzielten. Schon im Jahre 1877 hat der damalige Finanzminister Reutern dem Reichsrate ein Projekt über die Zulassung der Geschäftsabschlüsse in Gold vorgelegt. Durch diese Maßregel sollte man dem Hartgelde die allmähliche Einbürgerung in den Verkehr ermöglichen. Obwohl, laut dem Gesetze von 1839, sämtliche Geschäfte innerhalb des Landes in Silber abgeschlossen werden mußten, so war doch der Gläubiger, infolge des den Kreditbillets beigelegten Zwangkurses, stets verpflichtet, letztere bei der Zahlung in Empfang zu nehmen und zwar zu ihrem Nominalwerte, da jedes Agio strengstens verboten war. Selbstredend konnten unter derartigen Bedingungen keine Abmachungen in Münze stattfinden, da der Schuldner das volle Recht besaß, bei der Zahlung sich eines minderwertigen Geldes zu bedienen. Mit der Zulassung der Geschäftsabschlüsse in Gold, unter der Bedingung, daß die Zahlung stets in Kreditbillets nach dem jeweiligen Kurse stattfinden dürfe, oder, mit anderen Worten, mit der gesetzlichen Anerkennung des Agios auf Gold, sollte das Eindringen des Metallgeldes in den Verkehr erleichtert werden. Das mußte einen regulierenden Einfluß auf die Gestaltung der Wechselkurse ausüben, denn jedes heftigere Steigen der letzteren hätte einen Abfluß des im Umlaufe sich befindenden Goldes ins Ausland zur Folge, jedes heftigere Sinken — einen Zufluß vom Auslande, so daß die Kursschwankungen sich nur in verhältnismäßig engen Grenzen vollziehen könnten. Obwohl dieser Gesetzentwurf, infolge des damals ausgebrochenen Krieges, zu keiner eingehenden Beratung seitens des Reichsrates gelangte, so bleibt er doch für das Verständnis der historischen Entwicklung der russischen Münzverfassung von großer Bedeutung. Das Projekt beschränkte sich auf die Anerkennung des Agios auf Gold und dieser Umstand bietet den Beweis dafür, daß man schon in den 70er Jahren im russischen Finanzministerium das Wiedererscheinen des weißen Metalls im Umlaufe als nicht wünschenswert erachtete und die Meinung vertrat, daß eine gewisse Sättigung des Verkehrs mit entwerteter Silbermünze nur störend auf die zukünftige Regelung des Geldwesens einwirken könnte. Es unterliegt demnach keinem Zweifel, daß Reutern ein ganz entschiedener Anhänger der Goldwährung war und daß er seinen Gesetzentwurf über die Zulassung der Geschäftsabschlüsse in Gold, als eine wichtige Vorbereitungsmaßregel zur zukünftigen Geldreform ansah, die auf der Basis des Goldes aufgebaut sein sollte. Er erfaßte richtig die schon damals sich geltend machenden Tendenzen auf dem Gebiete der russischen Währungsverhältnisse und betrachtete sie als maßgebend für die gesetzliche Regelung des Münzwesens.

Es ist zu bedauern, daß die scharfsinnigen, währungspolitischen Anschauungen Reutern's keinen Anklang in den leitenden Regierungskreisen gefunden haben. Man darf mit Sicherheit behaupten, daß, wenn auch der Krieg nicht ausgebrochen wäre, und sämtliche Reformpläne infolge der Notwendigkeit neuer Papiergeldausgabe nicht aufgegeben, das Reuternsche Projekt zum Gesetz doch nicht erhoben worden wäre. Es ist klar, daß mit der gesetzlichen Anerkennung des Goldagios der erste Schritt zur Fixierung des Kurses auf einem niedrigeren als das bisherige Niveau getan sein würde. Den russischen Regierungskreisen lag aber damals die Idee einer Devalvation fern; man dachte gar nicht an die Möglichkeit einer gesetzlichen Festlegung des Kurses auf dem Niveau, auf das er gesunken war, und beabsichtigte ihn zu seiner ursprünglichen Höhe emporzuheben. Diesen Standpunkt vertraten auch die Nachfolger Reuterns, Abasa und Bunge, die eine Hebung des Kurses auf dem Wege einer allmählichen Zurückziehung der während des Krieges zeitweilig ausgegebenen Kreditbillets herbeiführen wollten. Dieser Plan hat, wie wir es im Vorhergehenden gesehen haben, in kürzester Zeit Schiffbruch gelitten und mußte noch während der Amtsperiode Bunges aufgegeben werden.

Trotz seiner ursprünglich feindlichen Stellung gegenüber der Fixierung des gesunkenen Kurses, sah doch Bunge die Notwendigkeit der Einführung des Hartgeldes in den Verkehr zwecks Abschwächung der wirtschaftlich schädlichen Kursschwankungen ein, und nahm im Jahre 1883 das Reuternsche Projekt auf. Er modifizierte es jedoch in dem Sinne, daß es nicht mehr nur auf Gold, sondern auch auf Silber, d. h. überhaupt auf Metallgeld lautete. Der Grund dafür ist wahrscheinlich in der Stellung Bunges gegenüber der Währungsfrage und der Furcht zu suchen, daß die Bevorzugung des Goldes unerwünschte Kommentare über die Zukunftspläne der Regierung, betreffs Regelung des Geldwesens, hervorrufen würde. Trotzdem wurde das Projekt vom Reichsrate mit der Begründung zurückgewiesen, daß es nicht zeitgemäß sei und daß die Zulassung der Geschäftsabschlüsse in Metallgeld, seine Einbürgerung im Verkehre noch nicht herbeiführen würde. Man machte den Minister auf die damals passive Zahlungsbilanz des Landes aufmerksam, auf den alljährlichen Abfluß des im Inlande gewonnenen Goldes etc.[1]. Diese Argumente können keineswegs als stichhaltig bezeichnet werden; denn der Zweck des Projektes war ja nicht die Heranziehung des Metalls in das Land, was nur durch Faktoren anderer Natur erreicht werden konnte, sondern die Schaffung eines natürlichen Kursregulators, der die heftigen Valutaschwankungen gewissermaßen abschwächen sollte. Wenn auch die Maßregel selbstverständlich keine aktive Zahlungsbilanz schaffen konnte und in Zeiten andauernd ungünstiger Zahlungsbilanz toter Buchstabe bleiben mußte, so ist es doch sicher, daß sie in den Zeitabschnitten, in welchen die Zahlungsbilanz sich zugunsten Rußlands gestalten würde, dem allzuhohen Steigen des Kurses — durch Zufluß des Metalls — einen Damm gesetzt hätte. Würde später von neuem eine Periode ungünstiger Zahlungsbilanz eintreten, so müßte der Abfluß des eingeströmten Metalls das Sinken des Kurses abschwächen. Im allgemeinen wären die Schwankungen weniger schroff gewesen; aber grade dieser Umstand war den russischen Regierungskreisen unerwünscht, denn er besaß den Anschein einer Vorstufe zur künftigen Fixierung des Kurses auf dem damaligen Niveau. „Ein ‚Allerhöchster Ukas', über eine derartige Maßregel, — lesen wir in der Denkschrift des Reichsrates, — könnte im Publikum den Eindruck einer prinzipiellen Veränderung der Grundlagen unseres Geldwesens machen und im Auslande Gerüchte hervorrufen, die unseren Kredit beeinträchtigen würden[2]." Nicht die oben angeführten Argumente, aber wohl das Gespenst der Devalvation, das die Mitglieder des Reichsrates zwischen den Zeilen der Gesetzentwürfe zu erblicken glaubten, veranlaßte sie, das Projekt zurückzuweisen.

Man darf jedoch keinesfalls die Abneigung der Regierungskreise gegen die Devalvation, mit einer feindlichen Gesinnung gegen die eventuelle Durchführung der Goldwährung identifizieren. Wollte man auch den Gedanken an die Hebung des Kurses zu seiner ehemaligen Parität nicht aufgeben, so schien man doch die Ansicht zu vertreten, daß das entwertete Silber seine früheren Rechte in Rußland verlieren müsse und daß die zukünftige Einlösung der Kreditbillets nur in Gold stattfinden könne. Den besten Beweis dafür bietet der Umstand, daß bei der Ansammlung des für die Herstellung des Metallverkehrs erforderlichen Barvorrates ausschließlich das gelbe Metall in Betracht kam.

---

[1] Kaschkaroff a. a. O. Bd. I, S. 193.

[2] Zitiert bei Migulin, Der Staatskredit Rußlands, Charkow 1899 bis 1904, Bd. III, S. 125.

Der Beginn einer systematischen und energischen Goldbeschaffung fällt mit dem Amtsantritt des Finanzministers Wyschnegradski zusammen, reicht also bis in das Jahr 1887 zurück. Während der ganzen Amtszeit seines Vorgängers Bunge ist es der Regierung nicht gelungen, mehr als 100 Mill. Rub. Gold anzusammeln, von welchen 40 bereits im Jahre 1887 der Reichsbank überwiesen waren und ihren Barfonds von 171,4 auf 211,5 Mill. Rub. Gold erhöhten[1]; die restierenden 60 Millionen befanden sich im Auslande als Guthaben der russischen Regierung. Während der Amtsperiode Wyschnegradski's dagegen, also im Zeitabschnitte 1887—1892, stieg der Goldvorrat Rußlands, der sich damals fast gänzlich in der Bank, im Schatzamte oder bei den ausländischen Korrespondenten ansammelte und nur in minimalen Beträgen in den Verkehr überging, von 281,5 auf 581,6 Mill. Rub. Wir wollen im folgenden Kapitel eingehender die Art und Weise der Anhäufung des Goldvorrates untersuchen. Jetzt begnügen wir uns mit der Feststellung dieser Tatsache und der Bemerkung, daß von den 300 Mill. Rub. 150 Mill. Rub. dem Barvorrate der Reichsbank als Spezialdeckung für die in den Jahren 1891 und 1892 stattgefundenen zeitweiligen Kreditbilletausgaben gleichen Betrages überwiesen wurden. Diese Kreditbilletausgaben erfolgten auf Grund der im Jahre 1888 der Reichsbank erteilten Befugnis, in Zeiten stärkerer Nachfrage nach Umlaufsmitteln neue Kreditbillets auszugeben, aber nur bei Sicherung der emittierten Beträge durch Hinterlegung von Metall, 1 Rub. Gold für 1 Kreditrubel[2]. Am 1. Januar 1893 stellte sich der Umwechslungsfond auf 361,5 Mill. Goldrubel gegen 1196,3 Mill. Rub. umlaufender Kreditbillets[3].

Die Fixierung des Rubelkurses und die Devalvation.

Das Bestreben Wyschnegradskis zur Anhäufung eines möglichst starken Goldvorrats, ist also mit vollem Erfolge gekrönt worden. Dadurch war aber nur eine, obwohl besonders schwierige Stufe der langen Leiter bestiegen, die zur Herstellung der Valuta führte. Es verblieben noch die nicht minder wichtigen Aufgaben der Fixierung des Kurses des Papierrubels und der Einbürgerung der Goldmünze in dem Verkehr. Noch im Jahre 1887 legte Wyschnegradski dem Finanzkomitee eine Denkschrift vor, in der er der Überzeugung Ausdruck gab, daß die Bekämpfung des Grundübels der Papierwährung, nämlich ihrer starken Schwankungen, auf dem Wege einer allmählichen Hebung des Kurses des Kredit-

[1] Gesetzsammlung 1887, § 584.
[2] Gesetzsammlung 1888, § 791.
[3] Die 581,6 Mill. Goldrubel entsprachen 872, 3 Mill. Kreditrubeln, nach dem Kurse von 150.

rubels bis zu seinem Nominalwerte kaum wünschenswert wäre. Da sich das allgemeine Preisniveau im Lande dem entwerteten Gelde bereits angepaßt habe, so müsse eine andauernde Kurssteigerung, eine heftige Erschütterung des Wirtschaftslebens und eine Einschränkung der Ausfuhr zur Folge haben. Aus dem Grunde müße man auch auf eine Herstellung der ehemaligen Parität verzichten und den Kurs auf dem Durchschnittsniveau der letzten Jahre, also auf $66^2/_3$, zu stabilisieren suchen. Als zweite, vorbereitende Maßregel zur Wiederherstellung der Metallwährung, bezeichnete Wyschnegradski die Zulassung der Geschäftsabschlüsse in Hartgeld, ohne die eine Einbürgerung der Münze im Verkehre undenkbar und die Ansammlung und Erhaltung des nötigen Metallvorrates im Lande erschwert sei. Diese Vorschläge gewannen die Anerkennung des Finanzkomitees, welches sich betreffs der Kursfrage im Sinne der Wyschnegradskischen Denkschrift aussprach und während der Beratung des Projektes die mit einer eventuellen Hebung des Kurses in Verbindung stehenden Gefahren, wie Umwälzung der Vermögensverhältnisse, Verschlimmerung der Handelsbilanz etc., scharf betonte. Dagegen ließ sich der konservative Reichsrat durch die Argumente des Ministers und des Finanzkomitees nicht überzeugen; trotz der Mißerfolge der Abasaschen und Bungeschen Politik, trotz der erwiesenen Unmöglichkeit, den Kurs durch Zurückziehung der zeitweiligen Emissionen zu heben, verharrte der Reichsrat noch immer auf dem alten Standpunkt, bezeichnete den ihm vorgelegten Gesetzentwurf über die Zulassung der Geschäftsabschlüsse in Metallgeld als nicht zeitgemäß und wies ihn zurück. Diese Haltung des Reichsrates hat jedoch den Minister von seinen Währungsplänen nicht abgeschreckt, um so mehr, als er das Ziel der Kursfixierung auf einem anderen Wege erreichen konnte.

Die aktive Zahlungsbilanz, deren Entstehen wir weiter unten näher besprechen werden, führte dem russischen Geldmarkte gewaltige Mengen ausländischer Wechsel zu; die budgetären Überschüsse, die Wyschnegradski erzielt hatte, verschafften der Regierung die Möglichkeit, Goldwechsel einzukaufen und zur Vergrößerung des Metallvorrates zu verwenden. Dank den Erfolgen des neuen Ministers auf dem Gebiete der Handelspolitik und der Finanzverwaltung, gelang es also der Regierung auf dem Devisenmarkte in der Rolle eines wichtigen Käufers aufzutreten und dadurch hat sie auch einen Einfluß auf die Gestaltung des Wechselkurses gewonnen, denn letzterer mußte in ein gewisses Abhängigkeitsverhältnis zur mehr oder weniger regen Kauftätigkeit der Regierung treten. Durch verstärkten Ankauf von Devisen in Zeiten sinkender Kursbewegung, durch Einschränkung des Ankaufs oder durch eventuellen Verkauf von Devisen in Zeiten steigender Tendenz, konnte das Finanzministerium auf die Kursgestaltung regulierend einwirken. Dieses hinzukommende Moment kam zum Ausdruck im Erlaß vom 16. August 1890, in dem der Reichsbank befohlen wurde, bei dem Ankauf von Gold und Devisen so zu verfahren, daß keine Steigerung des Goldrubelkurses über das Niveau von 150 hervorgerufen werde; im Falle eines übermäßigen Sinkens des Kreditrubelkurses, sollten Verkäufe von Gold und Devisen gegen Kreditbillets vorgenommen werden.

Hat nun Wyschnegradski die Aufgabe der Beherrschung des Kurses ebenso günstig gelöst, wie die der Ansammlung eines Goldvorrates, ist es ihm gelungen, den Kurs auf dem erwünschten Niveau zu fixieren? Nicht im geringsten: die Gestaltung des Kurses während der Amtszeit Wyschnegradskis schien den Bestrebungen des Ministers zu spotten und zeichnete sich durch eine bisher nicht beobachtete, starke Veränderlichkeit aus. Im Jahrzehnt 1883—1892 bewegte sich der Kurs wie folgt:

im	Jahre	1883	von	60,8	bis	63,4
„	„	1884	„	61,0	„	66,3
„	„	1885	„	60,1	„	66,6
„	„	1886	„	58,2	„	63,7
„	„	1887	„	54,3	„	59,2
„	„	1888	„	50,0	„	67,1
„	„	1889	„	62,9	„	68,5
„	„	1890	„	67,5	„	81,8
„	„	1891	„	57,8	„	74,7
„	„	1892	„	60,6	„	66,8

Worin liegt nun der Grund dieser Mißerfolge; ist die Ungunst der Verhältnisse oder vielleicht die Politik des Finanzministeriums für die Heftigkeit der Kursschwankungen verantwortlich zu machen? Zweifellos, das eine wie das andere. Die Gestaltung der wirtschaftlichen und politischen Konjunktur während der Amtszeit Wyschnegradskis entsprach keineswegs der vorgenommenen Aufgabe der Kursfixierung. Die in den Jahren 1887/88 hartnäckig umlaufenden und nicht unbegründeten Gerüchte über einen bevorstehenden Krieg mit Deutschland, die antirussische Politik Bismarcks und das massenhafte Abstossen russischer Wertpapiere haben auf den Rubelkurs einen Druck ausgeübt, dem gegenüber jeder Versuch ihn zu beherrschen sich als machtlos erweisen mußte; die plötzliche Aufklärung der politischen Lage am Ende des Jahres 1888, die starke Getreideausfuhr und die aktive Zahlungsbilanz haben den Kurs außergewöhnlich stark in die Höhe getrieben; die Mißernte des Jahres 1891/92 und das

Verbot der Getreideausfuhr begünstigten von neuem ein heftigeres Sinken des Kurses.

Andererseits läßt es sich nicht leugnen, daß auch Wyschnegradski selbst eine gewisse Schuld an der Heftigkeit der Kursschwankungen hatte. Obwohl er sich gleichzeitig die Aufgabe der Ansammlung eines Metallvorrates und die der Kursfixierung gestellt hatte, verstand er es doch nicht, beiden diesen Aufgaben in gleichem Maße gerecht zu werden. Sein Augenmerk und seine Energie waren stets intensiver auf den Metallvorrat gerichtet und in dem eifrigen Streben zur möglichst starken Vergrößerung seines Bestandes vernachlässigte er die ursprünglich vorgenommene Aufgabe der Kursfixierung. Der aktiven Zahlungsbilanz halber, unterstützte er mit allen Mitteln die Ausfuhr und ging darin soweit, daß er öfters den Kurs künstlich auf ein niedrigeres Niveau herabzudrücken suchte, um dadurch die Exportkonjunktur zu verbessern. Sein Exportfanatismus zog ihn in den Wirbel des Börsenspiels hinein und gab ihm demnach Anlaß zur Förderung eines Faktors, der die Stabilität des Kurses im starken Maße beeinträchtigte: der Rubelspekulation.

Die Rubelbörse hatte ihren Sitz in Berlin. Sie gewann an Bedeutung in den 70er Jahren, also zu einer Zeit, in der es den russischen Exporteuren — infolge schwacher Entwicklung des inländischen Bankwesens und Devisengeschäftes — ein Vorteil war, die Zahlung für ihre exportierten Waren in Rubel zu empfangen und den Importeuren ihre Verbindlichkeiten dem Auslande gegenüber in heimischem Gelde zu decken. Da für den ganzen, ausländisch-russischen Zahlungsverkehr vorwiegend der Kreditrubel in Betracht kam, so mußte sich auch in Deutschland, wo der Handelsverkehr mit Rußland am stärksten entwickelt war, ein Termingeschäft in Rubeln ausbilden, welches den deutschen Industriellen vor den Verlusten, die mit den Kursschwankungen in Verbindung standen, schützte und von ihm lediglich als eine für den normalen Geschäftsabschluß unentbehrliche Versicherung angesehen wurde. Aber nicht nur für den deutschen Exporteur war das börsenmäßige Termingeschäft in Kreditrubeln durchaus wünschenswert; es gewährte auch dem Kreditrubelmarkte eine größere Ausdehnung, was zweifellos im Interesse Rußlands und seiner Regierung lag. Die russischen Kreditanleihen [1] konnten nach der Entwicklung des Termingeschäfts viel leichter in Deutschland untergebracht werden, da nun die Abneigung des Publikums gegen den russischen Rubel viel schwächer geworden war [2].

---

[1] Die Anleihen, die nur auf inländische Währung, auf Rubel, lauten.

[2] Vgl. Schulze-Gävernitz, Volkswirtschaftl. Studien aus Rußland. Leipzig 1898. S. 504 ff.

Auch später, in den 80er Jahren, als sich in Rußland das Devisengeschäft einbürgerte, hat die Berliner Rubelbörse ihre wirtschaftliche Bedeutung nicht vollständig verloren, da eine Reihe von russischen Importeuren noch immer ihre Verbindlichkeiten in Papierrubeln, dem für sie bequemsten Zahlungsmittel, zu decken suchte. Andererseits bestanden in Rußland mehrere Filialen und Verkaufshäuser deutscher Fabriken, die ihre Produkte direkt in Rußland verkauften — selbstverständlich in russischer Währung — und sich durch Vorverkauf von Rubeln vor dem eventuellen Kursverlust schützten. Das Termingeschäft hat also dem hemmenden Einflusse der Papierwährung auf die Entfaltung des ausländischen Handelsverkehrs entgegengewirkt. Es unterliegt aber keinem Zweifel, daß der Terminhandel in den 80er Jahren eine Ausartung erfahren hat und daß der Rubel allmählich zu einem Lieblingsobjekt des Börsenspiels geworden ist, an dem sich auch die russischen Bankhäuser und, wie oben bereits erwähnt, das russische Finanzministerium während der Amtszeit Wyschnegradskis eifrig beteiligt haben.

Es war die erste Sorge des nächsten Finanzministers, Witte, diese gefährliche Spekulation zu bekämpfen, da sie zur Verschärfung der Kursschwankungen beitrug und die ihm von seinem Vorgänger überlassene Aufgabe der Stabilisierung der Valuta in hohem Masse erschwerte. Um aber das Börsenspiel zu unterbinden, mußte man die Mittel der Spekulation kennen, genaue Anweisungen über das Quantum der im Auslande sich befindenden Kreditbillets besitzen und auch ihren Abfluß aus Rußland möglichst zu verhindern suchen. Diesen Zweck verfolgte das Gesetz vom 29. März 1893, kraft dessen sämtliche Kreditbillets bei ihrer Ein- oder Ausfuhr über die europäische Grenze einer Zollgebühr im Betrage von 1 Kreditkopeke für jede 100 Rubel unterlagen; nur Reisende, die über die Grenze kamen, besaßen das Recht, 3000 Rubel zollfrei zu überführen [1]. Fast gleichzeitig erschien ein Erlaß des Ministers an die inländischen Banken und Kreditanstalten gerichtet, in dem erklärt wurde, daß ihre direkte oder indirekte Beteiligung an der ausländischen Rubelspekulation keineswegs geduldet würde, und daß bei der Feststellung eines Zuwiderhandelns den Schuldigen der Kredit bei der Reichsbank zu entziehen sei. Dieser Erlaß wurde Mitte 1893 zum folgenden Gesetz erhoben: 1. Der Kauf und Verkauf auf Termin von Goldvaluta, Devisen und dergleichen Werte, die auf Goldvaluta lauten, also sämtliche Geschäfte, die einzig und allein zwecks Erreichung einer Differenz zwischen dem von beiden Seiten für eine bestimmte Zeit festgestellten und dem effektiven Kurse abgeschlossen

[1] Gesetzsammlung 1893, § 542.

werden, sind verboten. 2. Falls der Finanzminister aus den Geschäften eines Bankhauses oder Kreditunternehmens ersehen wird, daß letztere sich an den oben bezeichneten, verbotenen Geschäften beteiligen, so besitzt er das Recht, von diesen Unternehmungen die Vorlage ihrer Geschäftsbücher zwecks Prüfung zu verlangen. 3. Nach der Untersuchung darf der Finanzminister — wenn die Notwendigkeit einer gerichtlichen Verfolgung nicht vorliegt — von den Kontrahenten fordern, den Abschluß der verbotenen Geschäfte zu unterlassen und im Falle eines Zuwiderhandelns die Entlassung des leitenden Direktors und der Mitglieder des Vorstandes innerhalb drei Monaten verfügen. 4. Für den Abschluß verbotener Geschäfte werden die Schuldigen mit einer Geldbuße in Höhe von 5—10 % der kontrahierten Summe bestraft [1].

Durch diese Maßnahme wurde tatsächlich die Beteiligung des Inlandes an der Spekulation beseitigt; aber dem ausländischen Börsenspiel gegenüber waren die ministeriellen Verfügungen und Gesetze machtlos. Da beschloß Witte durch einen energischen Schritt dem Übel abzuhelfen: die Spekulation sollte durch eine Gegenspekulation unterdrückt werden. Den Berliner Vertretern des russischen Finanzministeriums wurde befohlen, sich an der Rubelspekulation als Käufer zu beteiligen und am Ablauf des Termins die effektive Lieferung der eingekauften Kreditbillets zu fordern. Derartiges hatten aber die Baissespekulanten nicht erwartet; und da infolge der bestehenden Erschwerungen bei der Ausfuhr von Kreditbillets die nötigen Quoten im Auslande nicht vorhanden waren, sahen sie sich am Lieferungstermin gezwungen, sich an die Agenten des Ministeriums zu wenden und von ihnen die Kreditbillets zu einem vom Finanzminister festgesetzten Kurse zu kaufen.

Dank diesem kühnen Vorgehen gelang es Witte, die Oberhand über das Börsenspiel zu gewinnen und die Spekulanten von den Termingeschäften in Kreditrubeln abzuschrecken. Zur gleichen Zeit haben auch die Schwankungen der wirtschaftlichen und politischen Konjunktur, die das charakteristische Merkmal der Amtsperiode Wyschnegradskis bildeten, ein Ende genommen, so daß die Gestaltung der allgemeinen Verhältnisse nicht mehr störend auf die vom neuen Minister erstrebte Kursfixierung einwirken konnte. Jetzt war es der Regierung möglich geworden, den Kurs zu beherrschen und einen entscheidenden Einfluß auf seine Gestaltung auszuüben. Mittels eines streng planmäßigen, vorsichtigen, unter der Leitung Wittes geführten Devisenhandels, gelang es der Reichsbank, das Angebot von Devisen mit der Nachfrage nach denselben

---

[1] Gesetzsammlung 1893, § 825.

im Gleichgewichte zu erhalten und seit Ende des Jahres 1893 eine stärkere Ablenkung des Kurses von dem erwünschten Niveau zu verhindern. In den Jahren 1892—94 bewegte sich der Wechselkurs in Petersburg wie folgt:

	Auf London in Pence		Auf Paris in Centimes		Auf Berlin in Pfennig	
	von	bis	von	bis	von	bis
1892	$23\frac{15}{32}$	$25\frac{17}{32}$	246,46	268,45	199	216,92
1893	$24\frac{1}{2}$	$25\frac{13}{16}$	257,40	270,82	208,44	219,66
1894	$25\frac{17}{32}$	$26\frac{1}{6}$	267,91	274,16	217,50	221,85

Die glücklich erreichte Stabilisierung des Kurses mußte selbstverständlich als Vorstufe zur zukünftigen Devalvation betrachtet werden. Eine Erhöhung des Rubels zu seiner ehemaligen Parität, auf dem Wege der Zurückziehnug der zeitweiligen Emissionen, war nach der Meinung Wittes ein Werk der Unmöglichkeit. „Die Vernichtung der Kreditbillets, schrieb das Blatt des Finanzministers, der „Wiestnik Finansow“, im Jahre 1894 (Nr. 51), falls sie sogar zur Hebung des Kurses führen würde, müßte eine neue, unerwünschte Umwälzung der Preise herbeiführen, an die sich während der verflossenen 17 Jahre der Handel und die Industrie, wie auch das allgemeine Publikum schon gewöhnt haben. Anderseits muß auch berücksichtigt werden, daß mit der Entwicklung des Landes das Bedürfnis nach Umlaufsmitteln notwendigerweise gestiegen ist und daß letzteres durch die Vervollkommnung der Zahlungsmethoden nicht aufgewogen worden ist. Die Notwendigkeit der Verstärkung des Geldumlaufs findet ihre Bestätigung darin, daß seit 1888 die Regierung in Zeiten der Belebung des Handels gezwungen war zeitweilige Kreditbilletemissionen vorzunehmen, von welchen noch jetzt 75 Mill. Rub. sich im Verkehre befinden. Angesichts dessen, muß man annehmen, daß die in den Jahren 1877—78 ausgegebenen Kreditbillets lange Zeit im Umlaufe verbleiben werden, daß sie den Charakter zeitweiliger Emissionen verloren haben und daß sie sich nicht im geringsten von den Kreditbillets unterscheiden, die unter der Garantie des Metallfonds in den Verkehr gelangen.“

Auf Grund dieser Erwägungen beschloß nun Witte den Papiergeldverkehr so zu regeln, daß auch im Publikum die Hoffnung einer eventuellen Einschränkung des Quantums der umlaufenden Kreditbillets endgültig zerstört werde. Wir sahen oben[1], daß im Jahre 1888 von den 417 Mill. Rub. Kredit-

[1] Vgl. Einleitung, S. 6, 7.

billets, die während des Orientkrieges ausgegeben wurden, 330 Mill. im Umlaufe verblieben und daß von letzteren 63,7 Mill. Rub. noch während der Amtszeit Bunges durch Überweisung von 40 Mill. Rub. Gold an den Barvorrat der Reichsbank gedeckt wurden. Von den restierenden 266,3 Mill. Rub. bildeten 92,7 Mill. Rub. eine ungedeckte Schuld der Bank und 173,5 Mill. Rub. waren garantiert durch 4prozentige Rentenscheine (s. o. S. 6, 7, 15). Das Gesetz vom 9. Dezember 1894 verfügte „angesichts der Unmöglichkeit, die temporären Kreditbillets zurückzuziehen, ohne den Geldverkehr zu beeinträchtigen“: 1. Die Zurechnung der 266,3 Mill. Rub. zeitweiliger Kreditbillets zu permanenten, 2. die Vernichtung der unrealisierten Rente, 3. die Überweisung an den Barvorrat der Reichsbank von 55,4 Mill. Goldrubel, gleich 92,7 Mill. Kreditrubel, zur Deckung der entsprechenden, bisher ungedeckten Schuld der Bank [1]. — Damit war im großen und ganzen die heikle Kursfrage prinzipiell und formell gelöst; es blieb nur noch die exakte Festsetzung des Kursniveaus übrig.

Erst jetzt, nach der Beherrschung der Kursgestaltung, entschloß sich Witte, das alte Reuternsche Projekt über die gesetzliche Anerkennung des Goldagios aufzunehmen, um der Goldmünze das allmähliche Eindringen in den Verkehr zu ermöglichen. „Die Aufgabe der Maßregel — sagte er in seinem Gesetzentwurf über die Zulassung der Geschäftsabschlüsse in Gold — ist die allmähliche Einführung in den Verkehr des Goldes, welches, sozusagen, bei uns keine Bürgerrechte besitzt und infolgedessen stets ins Ausland abfließt, obwohl es in beträchtlichen Mengen in Rußland gewonnen wird. Auf diesem Wege kann gewissermaßen einer der größten Mängel unserer Papierwährung beseitigt werden, nämlich ihre ungenügende Elastizität. Es ist eine bekannte Tatsache, daß in Metallwährungsländern das Quantum des Geldes den Bedürfnissen stets entspricht — da ein Mangel an Umlaufsmitteln ihren Kurs erhöht, was einen Zufluß des Metalls aus dem Auslande bedingt — und umgekehrt, ein Überfluß an Geld, mit dem auch eine Verbilligung Schritt hält, zum Abflusse des Geldes nach ausländischen Märkten — wo es höher bewertet wird — führt. Ganz anders geht es in Ländern mit Papierwährung zu: das Quantum des dort umlaufenden Papiergeldes kann nicht bei einer verstärkten Nachfrage nach Umlaufsmitteln durch einen Zufluß von Edelmetall vermehrt werden, da letzteres die Funktionen des Preismasses nicht erfüllen kann . . . Die Zulassung der Geschäftsabschlüsse in Gold bezweckt die Beseitigung dieses anormalen Zustandes, der auf die wirtschaftliche Entwicklung des Landes einen ungünstigen Einfluß ausübt. Man

---

[1] Gesetzsammlung 1894, § 1374.

darf annehmen, daß die Zulassung des Goldmünzverkehrs einen Zufluß des ausländischen Goldes in Zeiten stärkerer Geldnot hervorrufen und die Regierung von der Notwendigkeit neuer Papiergeldemissionen befreien wird. Auf diese Weise wird die Zulassung der Geschäftsabschlüsse in Gold unserem Geldverkehr die ihm fehlende Elastizität verleihen."

Es unterliegt keinem Zweifel, daß Witte, wie seinerzeit Reutern und Wyschnegradski, die gesetzliche Anerkennung des Goldagios als einen Vorläufer der Einführung der Goldwährung ansah, aber er vermied es sorgfältig, diese Ansicht zu äußern: „Die Maßregel — schrieb er in dem Gesetzentwurf — berührt keineswegs die Grundlagen unseres Geldsystems und entscheidet in keinem Sinne über die Frage des Überganges zur Goldwährung und über die Art der Liquidation der Verpflichtungen, die auf der Regierung bezüglich der Reichskreditsbillets lasten." Es ist leicht zu ersehen, daß diese Versicherung eine Phrase war; denn die oben angeführte Veröffentlichung des „Finanzboten" beweist ja deutlich, daß für Witte die Devalvation beschlossene Sache gewesen war. Durch seine scheinbare Abneigung gegen eine baldige Reform des Geldwesens suchte Witte den Reichsrat, der in der Währungsfrage seinen ursprünglichen Prinzipien noch immer treu blieb, für das Projekt zu gewinnen, um es nicht durchfallen zu lassen, wie es mit den Projekten Reuterns, Bunges und Wyschnegradskis der Fall gewesen war. „Man muß sämtliche Maßnahmen, die zur Herstellung der Metallwährung führen, als verfrüht anerkennen", schrieb Witte in der Denkschrift, die er gleichzeitig mit dem Gesetzentwurf dem Reichsrate vorgelegt hat. „Desto schwieriger wäre es, der Regierung in dieser Hinsicht irgendwelche Verpflichtungen aufzuerlegen, sei es durch ein direktes Versprechen, sei es durch Veröffentlichung eines bestimmten Planes"[1].

Dank diesem geschickten Vorgehen gelang es dem Finanzminister, die traditionelle Abneigung des Reichsrates gegen die gesetzliche Anerkennung des Goldagios zu bekämpfen. Die höchste gesetzgeberische Institution des Reiches erklärte sich einverstanden mit den Ausführungen Wittes. „Aus den Erklärungen des Finanzministers — schrieb das Journal des Reichsrates vom 6. April 1895 — geht es hervor, daß die vorgeschlagene Maßregel keineswegs über unsere zukünftige Politik auf dem Gebiete der Währungsfrage entscheiden soll. Man muß diese Ansicht als vollständig zweckgemäß anerkennen und gleichzeitig auch der Meinung des Finanzministers zustimmen, über die Notwendigkeit der Bewahrung besonderer Vorsicht bei der Veröffentlichung dieses Gesetzes, zwecks Vorbeugung unerwünschter Mißverständnisse und falscher Ge-

[1] Zitiert bei Migulin, a. a. O. Bd. III, S. 163.

rüchte, welche die Kaufkraft des russischen Rubels erschüttern könnten. Es ist überflüssig zu betonen, was für eine Bedeutung für den Kredit die Stimmung des Publikums besitzt und wie schwer es sein wird, das Zutrauen zu unserem Kreditrubel herzustellen, falls es eine Erschütterung erfahren wird. Das staatliche und öffentliche Interesse fordert, daß die Kaufkraft des Kreditrubels nicht vermindert wird." Wir sehen also, daß die Anschauungen des Reichsrates, betreffend die Geldreform, sich seit der Reuternschen Epoche nicht im geringsten verändert haben; nur der Taktik Wittes war es zu verdanken, daß der Reichsrat sein Projekt mit anderen Augen als die Projekte seiner Vorgänger anblickte und daß er sich entschloß, ihm die gesetzliche Sanktion zu erteilen. Durch den Erlaß vom 8. Mai 1895 wurde bestimmt, daß 1. alle gesetzlich zulässigen, schriftlichen Verträge in russischer Goldmünze abgeschlossen werden dürfen; 2. bei den Geschäftsabschlüssen, die auf russische Goldmünze lauten, die Zahlung entweder in der durch den Vertrag bestimmten Summe in Gold oder in Kreditbillets zu ihrem Kurse am Tage der effektiven Zahlung erfolgen kann; 3. der Finanzminister berechtigt ist, den ihm untergeordneten Behörden zu gestatten, bei Einnahmen von Accisengeldern Gold entgegenzunehmen und zwar zu einem vom Minister bestimmten Kurse [1]. — Letzterer wurde am 1. Juni auf 148 Kreditkopeken pro 100 Goldkopeken oder auf 14,8 Kreditrubel pro Imperial festgesetzt.

Durch das Gesetz vom 8. Mai 1895 wurde der Goldmünze der Weg in den Verkehr eröffnet. Aber das Publikum weigerte sich, den Imperial anzunehmen, aus Furcht vor einer eventuellen Erniedrigung des Goldrubelkurses. Dies veranlaßte den Finanzminister am 11. Oktober 1895 zu einer Kundgebung, daß der auf 14,8 festgesetzte Kurs bis auf 31. Dezember 1895 unverändert bleiben würde. Bevor jedoch dieser Termin abgelaufen war, am 26. November, wurde der offizielle Kurs des Imperials durch eine ministerielle Verfügung auf 14,9 Kreditrubel, und bald darauf, am 12. Dezember, auf 15 Kreditrubel erhöht. Eine derartige Bestimmung kam gewissermaßen unerwartet; man war vielmehr berechtigt zu hoffen, daß der Finanzminister das Goldagio herabsetzen würde, da der Börsenkurs des Goldrubels sich damals etwas niedriger stellte und in Petersburg zeitweise mit 14,76 notiert wurde. Obwohl man in der Regierungspresse die Herabsetzung des Kurses des Papierrubels dadurch zu erklären suchte, daß der Kurs von 148 höchst unbequem sei, sowohl für die Umrechnung der russischen Valuta in ausländische als auch für den inländischen Verkehr der Goldmünze, so muß doch der ministerielle Entschluß etwas tiefer aufgefaßt werden. Es lag

[1] Gesetzsammlung 1895, § 573.

im Interesse der Landwirtschaft, den Kreditrubelkurs zu erniedrigen, um die ausländischen Getreidepreise in russischer Währung zu erhöhen uud den Export zu unterstützen. Schon Wyschnegradski betonte stark diese Tatsache und behauptete seiner Zeit, daß nach seinen Berechnungen für die Erhaltung der Getreideausfuhr auf ihrer damaligen Höhe ein Goldkurs von 160 notwendig wäre (gleich dem Kreditrubel von 62,5)[1]. In Anbetracht der steigenden Tendenz des Rubels während seiner Amtsperiode gab er jedoch zu, daß es nicht möglich sei, den Rubelkurs auf ein so niedriges Niveau herabzudrücken, ohne den Kredit des Landes zu erschüttern und begnügte sich deshalb mit einem Goldkurse von 150 (gleich dem Kreditrubelkurse von $66^2/_3$). Witte stand auf dem gleichen Standpunkte; auch ihm schien der Kurs von 150 der zweckmäßigste zu sein und er erklärte offen nach seinem Amtsantritt, daß er dahin streben werde, ihn zu erreichen. Die Bestimmungen vom Ende 1895 über die Hebung des Imperialkurses von 14,8 auf 15 Kreditrubel waren also keinesfalls Folgen eines plötzlich gefaßten Entschlusses und entsprachen vollständig dem ursprünglichen Plane des Finanzministers. Nur aus Rücksichten praktischer Natur, um jeder Spekulation vorzubeugen, verfügte Witte die Veränderung des offiziellen Kurses vor dem Ablauf des von ihm selbst festgestellten Termins, also in einer Zeit, in der man eine solche Maßregel nicht erwartet hatte.

Seit den Bestimmungen vom Ende 1895 konnten über das zukünftige Kursniveau keine Zweifel mehr bestehen; man war jetzt berechtigt anzunehmen, daß die vom Finanzminister als Basis für die bevorstehende Valutaregulierung bestimmte Relation zwischen Gold- und Kreditrubel, diejenige von $1 : 1^1/_2$ sein werde. Diese Annahme wurde auch bestätigt durch die im August 1896 von der Regierung erlassene Kundgebung über die Unveränderlichkeit des letzt festgesetzten Kurses bis zum 31. Dezember 1897.

Obwohl aber dadurch dem Eindringen des Hartgeldes in den Verkehr ein wichtiges Hindernis aus dem Wege geschafft wurde, schien das Publikum die Goldmünze weiter zu scheuen und zog noch immer die alten Kreditbillets vor. Trotz der noch im Mai 1895 der Reichsbank erteilten Befugnis, Goldmünzen zu dem festgesetzten Kurse einzukaufen, zu verkaufen und für sämtliche Zahlungen zu verwenden, trotz der Annahme der Goldmünze seitens der Reichsbank in Depositum und der Ausgabe spezieller Depositenquittungen, die von den Behörden in Zahlung genommen wurden und der Goldmünze gleichwertig waren, trotz der sämtlichen Staatskassen erteilten

[1] Vgl. Migulin, a. a. O. Bd. II, S. 507.

Erlaubnis, sich bei den Zahlungen mit Einverständnis der Gläubiger des Goldes zu bedienen — machte die Einbürgerung des Imperials und Halbimperials[1] in den Verkehr nur ganz geringe Fortschritte. Besonders auf dem Lande und in den kleinen Städten, wo man über das Wesen der Reform wenig oder gar nicht informiert war, mußten die ministeriellen Kursbestimmungen und die Furcht vor der Möglichkeit einer Herabsetzung des Goldkurses eine starke Abneigung gegen das neue Hartgeld erwecken. In den breiten Schichten der Bevölkerung sah man überhaupt mit mißtrauischen Augen das bisher ganz unbekannte Zirkulationsmittel an, das trotz seines auf 10 oder 5 Rubel lautenden Nominalwertes zu einem $1^1/_2$fachen Werte angeboten war. Diese Mängel konnten nur durch eine gesetzliche Festlegung der praktisch bereits erfolgten Fixierung des Kurses beseitigt werden. Der Ukas vom 3. Januar 1897 bestimmte, daß die bisherigen Goldmünzen, ohne irgendwelche Veränderung in Feingehalt, Gewicht und Form, weitergeprägt, aber mit einer Wertangabe von 15 Rubel auf dem Imperial und von $7^1/_2$ auf dem Halbimperial versehen werden sollen[2].

Durch dieses Gesetz wurde der letzte Schritt auf dem Wege zur Devalvation getan. Die Parität zwischen dem Papier- und Goldrubel wurde hergestellt, jedoch nicht durch eine Hebung des Wertes des Kreditrubels, sondern durch eine der Entwertung des Kreditrubels entsprechende und mittelst Verminderung des Metallinhalts erreichte Herabsetzung des Wertes des Goldrubels. Man muß anerkennen, daß es eine durchaus günstige und geschickte Lösung der heiklen Währungsfrage gewesen ist. An eine allmähliche Hebung des Wertes des Kreditrubels bis zur Parität mit dem alten Goldrubel dachte man in Kreisen der Fachmänner seit langem nicht mehr. Es wäre, technisch genommen, ganz unmöglich gewesen, eine Reform vorzunehmen, die, angesichts der über 30prozentigen Entwertung des Papiergeldes, mehrere Jahrzehnte in Anspruch nehmen mußte, deren Gelingen aber eine andauernd günstige wirtschaftliche und politische Konjunktur zur Voraussetzung haben müßte. Aber sogar abgesehen davon, könnte die Hebung des Rubelwertes nur auf dem Wege einer bedeutenden Beschränkung der Menge der Umlaufsmittel erfolgen; da aber das allgemeine Preisniveau sich dem erhöhten Geldwerte nur allmählich anpassen würde, so könnte man der Gefahr heftiger Geldkrisen, sogar durch ein möglichst vorsichtiges und geschicktes Vorgehen keineswegs vorbeugen. Unter dem Einflusse der Kurssteigerung würde sich die Ausfuhr vermindern, die Einfuhr vergrößern; gleichzeitig würden

[1] Goldmünzen im Werte von 10 resp. 5 Rubel.
[2] Gesetzsammlung 1897, § 14.

auch die fremden Inhaber russischer, auf inländische Währung lautender Werte letztere sofort nach Erhöhung des Rubelkurses veräußern, was ihren Kurs drücken würde und ihr Abströmen nach Rußland zur Folge hätte. Die Zahlungsbilanz müßte eine Verschlimmerung erfahren und ein Abfluß des Goldes wäre unvermeidlich. Anderseits ist es ja eine bekannte Tatsache, daß die Zurückziehung eines größeren Qnantums von Umlaufsmitteln, eine sehr schwer durchführbare Aufgabe bildet. Trotz besten Willens ist es der russischen Reichsbank nicht gelungen, im Zeitabschnitte 1881—87 mehr als 87 Mill. Kreditrubel zu vernichten, obwohl ihr gleichzeitig vom Schatzamte 167 Millionen überwiesen worden sind; auch von den sogenannten „zeitweiligen“ Emissionen der Jahre 1891, 1892 und 1893, deren Betrag sich auf 200 Mill. Rub. stellte, konnten nur 125 Mill. Rub. zurückgezogen werden. Und endlich müßte jede später oder früher eingetretene Erniedrigung des Preisniveaus eine Erschütterung des wirtschaftlichen Lebens zur Folge haben und die Interessen zahlreicher Schuldner stark beeinträchtigen. Daß die Kaufkraft des Kreditrubels sich während der langen Periode der Papiergeldwirtschaft ganz wesentlich vermindert hatte, das unterlag keinem Zweifel und in dieser Tatsache finden wir die wichtigste Rechtfertigung der Devalvation. „Die Reform“, schrieb Witte [1], „muß so durchgeführt werden, daß sie nicht die geringste Erschütterung oder künstliche Veränderung der bestehenden Zustände hervorruft. Durch die Reform darf niemand verarmen, niemand sich bereichern; sie soll jeder Schätzung, jedem Vermögen, Lohn und Einkommen ein schon fertiges, stabiles Fundament zuführen, auf dem alles fest ruhen könnte, ohne Furcht vor Erschütterungen.“ Es handelte sich also im wesentlichen nur darum, daß der von der Regierung festgesetzte Kurs des Kreditrubels mit seiner Kaufkraft übereinstimme, da nur in diesem Falle jede von einer Veränderung des Geldwertes abhängige Preisumwälzung vermieden werden konnte. Ob die Verminderung der Kaufkraft des Kreditrubels dem vom Minister gewählten Kurse entsprach, diese Frage könnte sogar nach sorgfältigsten preisstatistischen Untersuchungen mit Sicherheit nicht beantwortet werden. Jedenfalls konnte der Unterschied nicht bedeutend gewesen sein; der Kurs des Goldrubels von 1,50 bildete den Durchschnittskurs der letzten 15 Jahre, wurde schon seit 1893 auf diesem Niveau festgehalten und man durfte wohl annehmen, daß die Preise der Waren und Leistungen sich im Großen und Ganzen diesem Geldwerte angepaßt haben. „Der Kurs von 66²/₃ — schrieb Witte in der im Jahre 1896 dem Finanzkomitee vorgelegten

[1] Bericht des Finanzministers an den Kaiser über das Budget für das Jahr 1896 (Wiestnik Finansow vom 1. Januar 1896).

Denkschrift über die Regelung des Geldverkehrs — steht am nächsten demjenigen Preise des Kreditrubels, zu welchem während einer geraumen Zeit sämtliche in- und ausländischen Zahlungen stattfanden. An diesen Preis des Rubels hat sich das ganze wirtschaftliche Leben des Reiches, die landwirtschaftlichen wie auch handelsindustriellen Umsätze und Kalkulationen angepaßt . . . Für den bezeichneten Zweck hat eine Genauigkeit bis auf Kopeken und Bruchteile keine Bedeutung; wichtig ist nur, daß der festgesetzte Kurs dem durchschnittlichen durchaus nahe steht[1].“ Sicher ist jedoch, daß in den letzten Jahren vor der Durchführung der Reform, der Kurs des Kreditrubels eine ganz ausgesprochene Steigerungstendenz hatte und sich unbedingt erhöht hätte, wenn er durch das Eingreifen des Finanzministers nicht festgehalten worden wäre. Man machte damals der Regierung in gewissen Kreisen heftige Vorwürfe, daß sie mit Absicht den Kurs herabsetze, um sich die Möglichkeit zu verschaffen, ihre alte Kreditbilletschuld mit geringen Mitteln zu decken. Das Hauptmotiv dieser Taktik war aber ein anderes gewesen: sowohl Wyschnegradski wie auch Witte fürchteten vor allem, wie wir es schon einmal betont haben, daß eine Erhöhung des Rubelkurses hemmend auf die Ausfuhr einwirken könnte, was die ganze Reform ungünstig beeinflussen müßte, und diese Furcht veranlaßte sie, dem Steigen des Kurses entgegenzuwirken. Daß übrigens das gewählte Niveau von $66\,^{2}/_{3}$ der effektiven Kaufkraft des Kreditrubels vollständig entsprach, darüber hat die Gestaltung der Verhältnisse nach der Durchführung der Reform, die ungestörte, krisenlose Entfaltung des wirtschaftlichen Lebens Zeugnis abgelegt.

Mit der gesetzlichen Verminderung des Metallinhalts des Goldrubels wurden die früheren Verfügungen betreffs der Einführung der Goldmünze in den Verkehr durch die Bestimmungen ergänzt, daß der Münzhof den Solotnik Feingold mit $5{,}50\,^{350}/_{368}$ Rubel, statt wie bisher mit $3{,}67\,^{337}/_{1089}$ Rubel zu berechnen habe und daß die Münzprägegebühren 42 Rubel $31\,^{1}/_{2}$ Kop. pro Pud Feingold betragen sollen. Das der Reichsbank erteilte Recht zur Annahme und Ausgabe von Gold ist weiter in Kraft geblieben. Da aber der Kreditrubel und der neue Goldrubel gleichwertig waren, so handelte es sich jetzt nicht mehr um einen Kauf oder Verkauf von Goldmünzen gegen Kreditbillets, sondern um einen einfachen Umtausch. Praktisch genommen ist also die Einlösung des Kreditrubels hergestellt worden; es handelte sich nur noch um die gesetzliche Regelung der Deckungsfrage.

[1] Zit. bei Migulin, a. a. O. Bd. III, S. 226 ff.

Die gesetzliche Regelung der Deckungsfrage und ihre Würdigung.

Bei dem Amtsantritte Wittes am Ende des Jahres 1892 betrug der Metallfonds der Reichsbank 361,5 Mill. Goldrub. alter Prägung. In den folgenden drei Jahren wurden dem Metallfonds insgesamt 213,5 Mill. Rub. vom Schatzamte überwiesen; da aber inzwischen eine Zurückziehung von den in den Jahren 1891 und 1892 zeitweilig ausgegebenen Kreditbillets vorgenommen wurde, so ging die Hälfte (75 Mill. Rub.) der Spezialdeckung, die seinerzeit in der Reichsbank hinterlegt wurde, ins Schatzamt über. Die andere Hälfte der Spezialdeckung wurde dem Barvorrate überlassen. Auf diese Weise stellte sich letzterer am Anfange des Jahres 1896 auf rund 500 Mill. Rub. = 750 Mill. Rub. neuer Prägung. Außerdem befanden sich aber noch im Besitze der russischen Regierung bedeutende Goldreserven, die im Reichsschatze oder bei den ausländischen Korrespondenten hinterlegt waren; sie bezifferten sich am Ende des Jahres 1897 auf 228,3 Mill. Rub. = 342,4 Mill. Rub. neuer Prägung. Der gesamte Goldvorrat Rußlands stellte sich also im Februar 1896 (mit Ausnahme des umlaufenden Goldes) auf 728,3 Mill. Rub. = 1092,4 Mill. Rub. neuer Prägung. Zur gleichen Zeit befanden sich im Verkehre 1121,6 Mill. Rub. Kreditbillets, so daß das Verhältnis des Goldfonds zum Betrage des umlaufenden Papiergeldes sich auf 97,3 % stellte.

Schon im März 1896 legte Witte dem Finanzkomitee seinen ersten Gesetzentwurf betreffend die Regelung des Geldverkehres vor, der u. a. ein Projekt der Deckung der Kreditbillets, mit Rücksicht auf die Wiederaufnahme ihrer Einlösung, enthielt. Nach den Vorschlägen des Ministers sollten die bis zum Betrage von 1 Milliarde Rubel ausgegebenen Kreditbillets mindestens zur Hälfte, und die über diesen Betrag hinaus ausgegebenen Billets voll mit Gold gedeckt sein; demnach dürfte die Menge der mit Gold nicht gedeckten Kreditbillets den Betrag von 500 Mill. Rub. nicht übersteigen. Bei der Aufstellung dieser Norm stützte sich Witte auf die Annahme, daß Kreditbillets zu 1 und 3 Rubel zur Einlösung überhaupt nicht eingereicht werden, die zu 5 und 10 Rubel im Betrage von 50 % und die zu 25 und 100 Rubel im Betrage von 75—80 % ihrer Gesamtzahl, so daß nach seinen Berechnungen 500 Mill. Rub. Kreditbillets ungedeckt bleiben dürfen[1]. Was die vollwertige Silbermünze (von 1 Rubel, 50 Kop. und 25 Kop.) anlangt, so müsse sie nach dem Gesetze von Privaten bis zum Betrage von 50 Rubel, von Renteien in unbeschränkter Menge, bei der Zollentrichtung bis zu 1 Rubel in Zahlung genommen werden. Das Finanzkomitee hat das

[1] Angegeben bei Migulin, a. a. O. Bd. III, S. 235.

Projekt im ganzen günstig beurteilt, beantragte nur die Verminderung der Zahl der ungedeckten Billets bis 400 Mill. Rub. Dagegen verhielt sich der Reichsrat höchst ablehnend gegen den ihm vom Finanzkomitee überreichten Gesetzentwurf. Seine Anhänglichkeit an den alten Gedanken der Notwendigkeit einer Herstellung des ursprünglichen Rubelwertes gestattete es ihm überhaupt nicht, das Projekt objektiv zu beurteilen, obwohl er auch zweifellos wichtige Einwendungen gegen ihn gemacht hat, wie z. B. betreffs der allzugroßen Zahl ungedeckter Kreditbillets, der relativen Knappheit des Goldvorrats usw. Aber die Zurückweisung des Gesetzentwurfes erfolgte nicht auf Grund dieser Unvollkommenheiten technischer Natur. Der Reichsrat war prinzipiell gegen jede Geldreform, betrachtete sie, mit Rücksicht auf die ungünstige Zahlungsbilanz, als nicht zeitgemäß und den wirtschaftlichen Verhältnissen des Landes nicht entsprechend [1].

Nicht nur im Reichsrate, sondern auch seitens gewisser Fachmänner wurde der Entwurf einer scharfen Kritik unterzogen, die sich hauptsächlich gegen das vorgeschlagene Deckungssystem und die Stellung Wittes zur Silberverkehrsfrage richtete. Man machte den Minister darauf aufmerksam, daß die Rechte, die er der Reichsbank bezüglich der Kreditbilletsausgabe erteilen will, zu weitgehend seien, da für die 500 Mill. Rub., um die der Kreditbilletsverkehr den Goldfonds übersteigen darf, überhaupt keine Deckung vorgesehen sei, im Gegensatz z. B. zu den deutschen, nicht bar gedeckten Banknoten, für die stets eine entsprechende Wechseldeckung vorhanden sein müsse. Demnach ist die Notenausgabe der deutschen Reichsbank ein Resultat sicherer Handelsoperationen, der Diskontierung erstklassiger Wechsel, und muß den reellen Bedürfnissen des Verkehrs stets entsprechen; dagegen könnte der projektierte Deckungsmodus der russischen Reichsbank leicht zu einer Überemission führen, welche die Einlösbarkeit der Kreditbillets gefährden würde. Was den Silbergeldverkehr anlangt, so wies die Kritik auf den Umstand hin, daß die für die Zahlungskraft der vollwertigen Silbermünze festgesetzte Norm von 50 Rubel viel zu hoch sei, daß sie „bei der Kapitalarmut des Landes und der Bescheidenheit des bäuerlichen Budgets beinah der Einführung eines Zwangskurses des Silberrubels entspricht“ (Chodski) und zur Überschwemmung des Verkehrs mit Silbermünzen führen würde. Es fanden sich auch Sachverständige, die ohne auf dem Standpunkte des Reichsrates zu stehen, seine Meinung bezüglich der Solidität der Geldreform teilten, auf die künstliche Art und Weise der Ansammlung des Goldvorrates, auf die große Verschuldung und ungünstige Zahlungsbilanz des

[1] Vgl. Migulin, a. a. O. Bd. III, S. 250 ff.

Landes hinwiesen und einen Abfluß des angesammelten Goldes in Aussicht stellten[1].

Wir wollen in diesem Zusammenhange, in dem wir nur die technische Seite der Reform behandeln, der Frage ihrer Zeitgemäßheit nicht näher treten, zumal da wir im Folgenden noch Gelegenheit haben werden, auf sie zurückzukommen. Übrigens hat das Mißtrauen gewisser Kreise hinsichtlich der Möglichkeit der Erhaltung des Goldvorrates nach der Herstellung der Einlösbarkeit der Kreditbillets den Entschluß Wittes, die Reform zum Abschluß zu bringen, keineswegs erschüttert. Obwohl er aber prinzipiell an seinem Plane festhielt, so schien er sich doch von der Richtigkeit der angeführten technischen Einwendungen überzeugt zu haben und nahm Abstand von gewissen Vorschlägen. Trotz der Modifizierung der bestrittenen Punkte im Sinne der Kritik, wagte es Witte doch nicht, sein Projekt zum zweiten Male dem Reichsrate vorzulegen. Er kannte jetzt die Stellung des Reichsrates zur Währungsfrage viel zu genau, um nicht vorauszusehen, daß jedes Reformprojekt, das auf der Devalvation basiert ist, prinzipiell abgelehnt werden würde. Deshalb beschloß er den Reichsrat zu umgehen und sein Projekt allmählich durch einzelne kaiserliche Erlasse durchzuführen[2].

Auf diesem Wege erhielten gesetzliche Kraft die neuen Bestimmungen Wittes über den Modus der Deckung der Kreditbillets, die mit der bevorstehenden, gesetzlichen Herstellung ihrer Einlösbarkeit die Qualität des Papiergeldes verlieren und sich in Banknoten verwandeln sollten[3]. „Die Reichskreditbillets — lautete der Ukas vom 29. August 1897 — werden von der Reichsbank in Beträgen, die den effektiven Bedürfnissen des Verkehrs streng entsprechen, ausgegeben und mit Gold gedeckt. Der Goldfonds, der für die Einlösung der Kreditbillets bestimmt ist, darf nicht geringer sein, als die Hälfte des gesamten Kreditbilletsumlaufs, falls letzterer den Betrag von 600 Mill. Rub. nicht überschreitet. Die weiteren im Umlaufe befindlichen Kreditbillets müssen mit Gold, mindestens Rubel für Rubel gedeckt sein, so daß jeweiligen 15 Kreditrubeln eine Deckung von 1 Imperial entspreche“[4].

Wir sehen also, daß wie bereits in dem ersten Witteschen Deckungsprojekt, so war auch in dem zweiten, zum Gesetz

[1] Vgl. besonders die Reden von Prof. Chodski im stenographischen Bericht über die Diskussionen in der Freien Ökonomischen Gesellschaft, herausgegeben unter dem Titel „Geldreform und Volkswirtschaft“. St. Petersburg 1896.

[2] So gelang es auch Witte, das oben angeführte Gesetz vom 3. Januar 1897 über die Umprägung der Goldmünzen durchzuführen.

[3] Vgl. Anmerkung auf S. 2.

[4] Gesetzsammlung 1897, § 1204.

erhobenen, für die Kreditbillets als Banknoten nur eine Art der Deckung vorgesehen, — der Barvorrat. Der Unterschied bestand nur darin, daß in dem zweiten Projekt das Kontingent der ungedeckten Kreditbillets eine Einschränkung von 500 auf 300 Mill. Rub. erfahren hat. Zweifellos ist durch diese Modifikation eine größere Garantie für die stete Einlösbarkeit der Noten (Kreditbillets) geschaffen worden, jedoch auf Kosten der Elastizität des Notenumlaufs. Es wirft sich demnach die Frage auf, warum Witte das russische Banknotenwesen nicht nach dem Vorbilde des westeuropäischen geregelt und nicht das System der bankmäßigen Deckung angenommen hatte, welches dem Notenumlauf die nötige Elastizität gewährt und gleichzeitig der Gefahr der Überemission vorbeugt. Es ist klar, daß das starre, russische Deckungssystem sich in mehrfacher Hinsicht als lästig erweisen mußte: die absolute Kontingentierung bedingte die schwache Anpassungsfähigkeit des Notenumlaufs an die Bedürfnisse des Verkehrs und setzte das Land der Gefahr häufiger und plötzlicher Diskontoschwankungen aus. Und doch war Rußland gewissermaßen gezwungen, durch diese Deckungsmethode die Einlösbarkeit der Banknoten zu verbürgen; einer bankmäßigen Deckung nach dem Vorbilde Deutschlands, Frankreichs oder Österreich-Ungarns war Rußland noch lange nicht gewachsen. „Nach der Theorie der bankmäßigen Deckung,“ sagt Wagner[1], „soll in der beliebten Realisierbarkeit der die Deckung der Noten bildenden Aktiva gewissermaßen eine Assekuranz aller der Fehler liegen, welche bei der Feststellung einer so inkommensurablen Größe, wie der Barfonds es ist, unvermeidlich gemacht werden. Wenn der Barbestand sich als ungenügend erweisen sollte, so kann derselbe durch Einziehung von Forderungen verstärkt oder der Notenumlauf entsprechend eingeschränkt werden. In beiden Fällen ist es die leichte und sichere Realisierbarkeit der Aktiva, wodurch die Hauptaufgabe des Zettelbankwesens gelöst, d. h. die Aufrechthaltung der Einlösbarkeit der Noten garantiert wird.“ Sind die Bedingungen für diese leichte Realisierbarkeit der Aktiva vorhanden, so darf man wohl sagen, daß die Zettelbank das Recht besitzt, von einer strengeren Kontingentierung des Notenumlaufs abzusehen, ohne die Einlösbarkeit zu gefährden. Wie bekannt, muß die deutsche Reichsbank nach dem Gesetze von 1875 nur den dritten Teil der ausgegebenen Noten bar gedeckt haben; der Rest darf durch kurzfristige Wertpapiere, nämlich durch dreimonatliche Primawechsel gedeckt werden. Tritt also eine Verminderung des Barbestandes der deutschen Reichsbank ein, so kann letztere durch Einziehung

[1] A. Wagner, Die Geld- und Kredittheorie der Peelschen Bankakte. Wien 1862. S. 3.

ihrer leicht realisierbaren Aktiva binnen kurzem auch die umlaufende Banknotenmenge einschränken. Auf ein derartiges Aktivum konnte aber die russische Reichsbank keineswegs rechnen. Infolge der verhältnismäßig schwachen Entwicklung des inländischen Bankwesens mußte sie verschiedene Aufgaben auf sich nehmen, die im Auslande meistens von einer Reihe besonderer Kreditinstitute erfüllt werden. Sie gewährt mit großer Nachsicht und Leichtigkeit Kredite an Industrielle, Handwerker, Landwirte, Eisenbahngesellschaften, Selbstverwaltungsorgane etc., diskontiert langfristige Wechsel, kurz gesprochen, legt ihre Mittel in Anlagen fest, deren Sicherheit manches zu wünschen übrig läßt[1]. Bei einem so schwer und langsam realisierbaren Aktivum, wie das der russischen Reichsbank, konnte selbstverständlich für die Deckung der ausgegebenen Noten nur der Metallvorrat in Betracht kommen. Unter diesen Umständen mußte Rußland auf die Vorteile eines modernen, auf bankmäßiger Deckung basierten Notenwesens verzichten und die Notenausgabe direkt und fest kontingentieren.

Wurden aber der Notenausgabe der Reichsbank notwendigerweise enge Grenzen gezogen, so mußte ihr auch ein verhältnismäßig bedeutenderer Metallvorrat zur Verfügung gestellt werden, als in Ländern, in denen die Notenbanken ein größeres Maß von Freiheit in der Ausgabe von Noten besitzen. Bei dem geschilderten Deckungsmodus konnte dem russischen Notenverkehr eine gewisse Ausdehnungsfähigkeit nur dann zugesichert werden, wenn die Reichsbank stets einen großen Goldfonds vorrätig hatte, um in Zeiten eines verstärkten Bedarfs an Umlaufsmitteln über die nötige Deckung für eine eventuelle neue Kreditbilletsausgabe zu verfügen. Je geringer die gesetzlich zulässige Zahl von ungedeckten Kreditbillets, desto größer mußte selbstverständlich der Goldvorrat der Bank sein, denn nur auf diesem Wege konnten die Mängel der direkten Kontingentierung abgeschwächt werden. Aus diesen Gründen sah sich auch Witte veranlaßt, den Goldvorrat der Reichsbank zu verstärken, als er sich nur entschlossen hatte, seinen ursprünglichen Deckungsmodus zu verändern und das ungedeckte Notenkontingent von 500 auf 300 Mill. Rub. herabzusetzen[2]. In der zweiten Hälfte des Jahres 1897, zur Zeit der Veröffentlichung des Gesetzes über die Regelung des Banknotenwesens, betrugen die Goldbestände des Umwechslungsfonds und des Reichsschatzes, entsprechend 750 und 565 Mill. Rub. neuer Prägung. Am 8. September

[1] Diese weit ausgebreitete Tätigkeit der Reichsbank datiert seit ihrer Reform im J. 1894.

[2] Für diesen Zweck wurde Mitte 1896 eine neue 3prozentige Goldanleihe im Betrage von 100 Mill. Rub. alter Prägung in Paris untergebracht.

desselben Jahres wurden die beiden Vorräte vereinigt und der Gesamtbetrag von 1315 Mill. Rub. zu den Aktivposten der Reichsbank überschrieben. Gleichzeitig fand auch im Laufe des Jahres 1897 eine Zurückziehung aus dem Verkehre von 122 Mill. Rub. Kreditbillets statt, an deren Stelle ein fast gleicher Betrag von Gold getreten war. Dem Goldfond der Reichsbank von 1315 Mill. Rub. stand also ein Kreditbilletumlauf von 999 Mill. Rub. gegenüber, was ein Deckungsverhältnis von 131,6 % ergab.

Zweifellos muß die Größe des Goldfond und die Relation zwischen ihm und der umlaufenden Kreditbilletmenge einen ausgezeichneten Eindruck machen, hauptsächlich wenn man sie mit den damaligen Deckungsverhältnissen der drei größten europäischen Notenbanken, der englischen Bank, der französischen und der deutschen Reichsbank vergleicht[1]:

	In Millionen Rubel neuer Prägung				Verhältnis
	Gold	Silber	Zusammen	Banknoten	%
Englische Bank	461,0	—	461,0	233,7	197,1
Russische Reichsbank[2]	1315,0	—	1315,0	999,0	131,6
Französische Bank . .	732,9	237,9	970,8	1340,0	72,4
Deutsche Reichsbank .	325,6	64,5	390,1	456,3	85,5

Hierbei muß jedoch eine Tatsache berücksichtigt werden, die zur Zeit der Durchführung der Reform von der Kritik stark betont wurde. Der Goldfond der russischen Reichsbank bildete im Jahre 1897 den Löwenanteil des gesamten Goldbestandes Rußlands, da der Betrag des umlaufenden Goldes sich kaum auf 155 Mill. Rub. stellte. Wesentlich anders waren die Verhältnisse in Frankreich, England und Deutschland, wo das Quantum des im Verkehre sich befindenden Goldes, die Goldvorräte der Notenbanken beträchtlich überschritt. Im Jahre 1896 befanden sich: in Frankreich 990 Mill. Rub. Gold im Verkehre, in Deutschland 970,5 Mill. Rub., in England 756 Mill. Rub.[3]. Die gesamten Goldvorräte der vier in Betracht kommenden Länder betrugen also im Jahre 1896 (in Millionen Rubel):

---

[1] Nach Berechnungen von Haupt in Reuters Finanzchronik, Februar 1896.

[2] Die Zahlen für Rußland beziehen sich auf das Jahr 1897, die für England, Deutschland und Frankreich — auf das Jahr 1896.

[3] Nach Haupt in Reuters Finanzchronik, Februar 1896. — Die Zahlen betreffend den Hartgeld- resp. Goldmünzenverkehr dürfen nur als Schätzungen unsicherer Art angesehen werden.

	Bank	Verkehr	znsammen	pro Kopf der Bevölkerung Rubel
Frankreich . . .	732,9	990,0	1722,9	48
England	461,0	756,0	1217,0	32
Deutschland . .	325,6	970,5	1296,1	25
Rußland[1]	1315,0	155,0	1470,0	12

Wir ersehen aus dieser Zusammenstellung, daß der russische Goldbesitz, im Verhältnis zur Größe des Landes, weit geringer war, als die Goldbestände anderer Goldwährungsländer. Der ganze, auf den ersten Blick imponierende Metallvorrat erwies sich kaum als ausreichend, um den Verkehr des Landes mit einer verhältnismäßig ganz dünnen Goldschicht zu decken. Obwohl aber die Feststellung dieser Tatsache an und für sich wichtig ist, so dürfte doch aus ihr zur Zeit der Herstellung der Metallwährung nicht der Schluß gezogen werden, daß der Goldvorrat Rußlands überhaupt zu gering sei, um seine Aufgaben zu erfüllen. Infolge der schwach entwickelten Geldwirtschaft, ist in Rußland das Bedürfnis nach Zirkulationsmitteln ein durchaus geringes gewesen. Im Jahre 1895, als der Verkehr noch gänzlich durch Kreditbillets und Scheidemünze vermittelt wurde, beschränkte sich die Zahl der Umlaufsmittel auf ca. 1211 Mill. Rub. (1121 Mill. Rub. Kreditbillets und ca. 90 Mill. Rub. Scheidemünze), was einen Kopfbetrag von ca. 10 Rubel ergibt. Dagegen betrug der Geldumlauf Frankreichs, Deutschlands und Englands im Jahre 1898 in Millionen Rubel neuer Prägung[2]:

	Goldvorrat	Silbervorrat	Nicht bargedeckte Noten	zusammen	Kopfbetrag in Rubel
Frankreich. .	1520	950,0	209,0	2679	70,5
England . . .	1026	212,8	241,3	1480	39,0
Deutschland .	1174	408,5	159,5	1742	33,5

In Anbetracht dieses außergewöhnlich niedrigen Geldbedarfs ist man wohl berechtigt zu behaupten, daß ein Geldbestand von 12 Rubel pro Kopf vollständig ausreichend gewesen war, um den Verkehr des Landes mit Goldmünzen zu sättigen und gleichzeitig die Einlösbarkeit der umlaufenden Kreditbillets zu sichern. Sogar bei der Annahme, daß in Rußland, so wie in Frankreich, 60 % des gesamten Gold-

[1] Ende 1897.

[2] Nach dem Bericht des amerikanischen Münzdirektors für das Jahr 1899 (umgerechnet in Rubel).

vorrates, also außer den 155 Mill. Rub. noch 727 Millionen allmählich in den Verkehr übergehen und an Stelle eines gleichen Betrages an Kreditbillets treten werden, so würde noch immer den im Umlaufe überbleibenden 272 Mill. Rub. Kreditbillets ein Barfonds von 588 Mill. Rub. gegenüberstehen.

Die gesetzliche Wiederaufnahme der Einlösung der Kreditbillets und die Einführung der Hartgeldes in den Verkehr.

Durch den Kaiserlichen Erlaß vom 14. November 1897 wurde die Wiederaufnahme der Einlösung der Kreditbillets gesetzlich festgestellt, indem befohlen wurde, letztere mit folgender neuer Inschrift zu versehen: 1. Die Einlösung der Reichskreditbillets in Goldmünze ist durch das Gesamtvermögen des Staates garantiert. 2. Die Reichskreditbillets sind im ganzen Reiche mit den Goldmünzen gleichberechtigt. 3. Die Reichsbank tauscht die Kreditbillets gegen Goldmünze, ohne Beschränkung des Betrages, um (1 Rubel = $^1/_{15}$ Imperial, enthält 17,424 Doli Feingold).[1, 2]

Mit der Aufhebung der Nichteinlösbarkeit verlor der Kreditrubel naturgemäß sein langjähriges Recht, die Funktionen des russischen Währungsgeldes zu erfüllen. Sein Wert ist abhängig geworden vom Werte des bestimmten Metallquantums, auf das er lautete und dessen Stellvertretung er im wirtschaftlichen Verkehr, in der Qualität der Banknote übernahm. Diese radikale Umwälzung des Geldwesens vollzog sich jedoch außerhalb der Grenzen des Bewußtseins der breiten Volksmassen. Durch die Reform wurde der Kreditrubel als Währungsgeld, nicht aber als Zirkulationsmittel vom Goldrubel ersetzt. Durch seinen 50jährigen, ausschließlichen Gebrauch, hat er sich in den Verkehrskanälen des Landes so tief eingewurzelt, daß es dem Hartgelde nicht leicht gewesen war, ihn zu verdrängen. Vom juristischen Standpunkte wurde der Goldrubel über den Kreditrubel gestellt; vom Standpunkte der volkstümlichen Gewohnheiten mußte der neue Goldrubel erst seine Gleichberechtigung mit dem Kreditrubel sich erkämpfen. Wir sahen schon oben, daß alle früheren Bemühungen der Regierung, das Gold in den Verkehr einzuführen, vergeblich gewesen sind, da die Bevölkerung sich einfach weigerte, die unbekannte Münze, deren Kurswert den Nominalwert ums $1^1/_2$fache überstieg, anzunehmen. Erst nach der Umprägung der Goldmünzen (laut dem Gesetz vom 3. Januar 1897) begannen die Imperiale und Halbimperiale allmählich in den Verkehr einzudringen, doch befanden sich am Ende des Jahres 1897 im Umlaufe kaum 155 Mill. Rub. gegen 999 Mill. Rub.

[1] 17,424 Doli = 0,774234 gr.
[2] Gesetzsammlung 1897, § 1636.

Kreditbillets. „Die Erfahrungen der Jahre 1896 und 1897 — schrieb Witte in seinem Budgetbericht für 1898 — zeigten deutlich, daß das Publikum, infolge der langjährigen Gewohnheit an Kreditbillets, die Münze vorwiegend für Zahlungen an die Staatskassen verwendet.“ Es lag aber im Interesse der Solidität der Reform, daß sie nicht lediglich auf dem Papier verblieb, und daß die Goldmünze in den Verkehr eindrang. Ist der überwiegende Teil des Metallvorrats in den Bankkassen konzentriert, so ist bei irgendwelcher ungünstiger Gestaltung der Verhältnisse das Geldsystem größeren Gefahren ausgesetzt, als im Falle einer Sättigung des Verkehrs mit Gold; denn das Metall fließt in viel rascherem Tempo aus der Bank, als aus dem Verkehre ab. Um also die Anhänglichkeit des Publikums an die Kreditbillets zu bekämpfen und das Gold in den Verkehr einzuführen, bewahrten die Staatskassen seit Ende des Jahres 1897 eine besondere Zurückhaltung bei der Ausgabe von Kreditbillets und verwandten für die Zahlungen in möglichst starkem Maße Goldmünzen.

Selbstverständlich konnte das Gold nur für den größeren Verkehr in Betracht kommen, obwohl der Kreis seiner Anwendung durch die Schaffung einer neuen 5-Rubel-Goldmünze (laut dem Gesetz vom 14. November 1897) etwas erweitert wurde. Für die Vermittlung des Kleinverkehrs wurde, außer der Scheidemünze, die vollwertige Silbermünze (zu 1 Rub., 50 Kop. und 25 Kop.) bestimmt, die an Stelle kleinerer Abschnitte der Kreditbillets treten sollte. Um diesen Ersatzprozeß zn fördern, wurde den Staatskassen befohlen, Kreditbillets zu 1, 3 und 5 Rubel aus dem Verkehr zurückzuziehen und zu vernichten, so daß das Publikum gewissermaßen gezwungen wurde, von seiner Gewohnheit abzukommen und das neue Silbergeld anzuerkennen. Seine Zahlungskraft, die nach dem ursprünglichen Reformprojekt Wittes auf 50 Rubel festgesetzt sein sollte, wurde von ihm selbst später beträchtlich eingeschränkt und durch den Erlaß vom 28. März 1898 bestimmt. Kraft dieses Gesetzes sind Privatpersonen verpflichtet, bei jeder Zahlung vollwertige Silbermünze bis zum Betrage von 25 Rubel entgegenzunehmen; von den Staatskassen werden diese Münzen in jedem Betrage bei allen Zahlungen angenommen, mit Ausnahme der Zollentrichtung, die nur bis zum Betrage von 5 Rubel in Silber stattfinden kann. Der Gesamtbetrag des umlaufenden Silbergeldes (Scheide- und vollwertige Silbermünze) darf 3 Rubel pro Kopf der Bevölkerung nicht übersteigen. —

Wie alle früheren Bestimmungen Wittes betreffend die Regelung der Währungsfrage, so wurden auch seine Maßnahmen zur Einführung des Hartgeldes in den Verkehr mit vollem Erfolge gekrönt. Seit Ende 1897 bis Ende 1899 hat sich der Kreditbilletsverkehr von 930 auf 517 Mill. Rub., also um 413 Mill. Rub. vermindert, der Goldmünzenverkehr dagegen von 155 auf 639 Mill. Rub., also um 484 Mill. Rub., und der Verkehr vollwertiger Silbermünzen von 99 auf 164 Mill. Rub., also um 65 Mill. Rub., vergrößert.

Der Geldverkehr[1]
in Mill. Rubel.

	Gold		Kreditbillets		Silber	
	Barfond	Verkehr	Reichsbank. Reichsschatz	Verkehr	Reichsbank. Reichsschatz	Verkehr
Ende 1896	1206	37,5	139,7	981,6	73	50
	1243,5		1121,3		123	
Ende 1897	1315	155	69	930	63	99
	1470		999		162	
Ende 1898	1146	445	41,8	683,2	48	142
	1591		725		190	
Ende 1899	927	639,4	112,7	517,3	56,3	164,2
	1566,4		630		220,5	

In kürzester Zeit hat also der Geldverkehr Rußlands eine radikale Umgestaltung erfahren. Am Anfange des Jahres 1896 bildeten die Gold- und vollwertige Silbermünze 2 % der Zahlungsmittel, die Kreditbillets und die Scheidemünze 98 %; am Ende des Jahres 1899 bildete die Goldmünze 46 %, die vollwertige Silbermünze 12 %, die Kreditbillets und die Scheidemünze 42 % der Gesamtzahl der Zahlungsmittel. Laut dem Gesetze bedingten die 517,3 Mill. Rub. Banknoten, die sich im Umlaufe befanden, eine Bardeckung von 50 %, also von 258,7 Mill. Rub., der Goldfond stellte sich dagegen auf 927 Mill. Rub., was ein Deckungsverhältnis von 179 % ergibt.

Durch das Gesetz vom 9. Juni 1899, welches den Goldrubel zur Reichsmünzeinheit erklärte, wurde die Geldreform zum gesetzlichen Abschluß gebracht. Vom technischen Standpunkte kann gegen ihre Durchführung kaum etwas eingewendet werden. „Die Reform — sagt Schwanebach — könnte verglichen werden mit der Schaffung eines neuen Fundaments unter einem Gebäude, in dem inzwischen das Leben ungestört fortgeht und dessen Einwohner es überhaupt nicht merken, daß die Grundlagen der ganzen Struktur eine wesentliche Veränderung er-

[1] Zusammengestellt nach den Angaben des Finanzministers in den Budgetberichten für die betreffenden Jahre.

fahren haben“ [1]. Aber ein günstiger Übergang zur Metallwährung entscheidet noch nicht über ihre Lebensfähigkeit; die Geschichte der italienischen Goldwährung bietet wohl den besten Beweis dafür, daß es sich in dieser Hinsicht nicht nur um die technische Seite und um die Anhäufung eines bedeutenden Metallvorrats handelt, sondern auch um das Vorhandensein derjenigen Bedingungen, die für die Möglichkeit einer dauernden Erhaltung dieses Vorrats in der Zukunft maßgebend sind. Waren aber in Rußland zur Zeit der Durchführung der Reform diese natürlichen Bedingungen vorhanden und sind sie es auch noch heutzutage, nachdem die Goldwährung eine zehnjährige Existenz bereits hinter sich hat? Um ein Urteil darüber zu gewinnen, müssen wir uns vor allem zu vergegenwärtigen suchen, auf welchem Wege der enorme russische Goldvorrat entstanden und bis zur Gegenwart erhalten worden ist. Denn die Art und Weise seiner Entstehung und Erhaltung bildet den Ausgangspunkt für jede weitere Untersuchung der Währungsfrage.

Zweites Kapitel.

Die Entstehung und Erhaltung des Goldvorrates.

A. Die inländische Goldgewinnung.

Die Entwicklungsgeschichte der sibirischen Goldindustrie.

Unter den goldproduzierenden Ländern der Welt spielt Rußland seit Jahrzehnten eine ansehnliche Rolle. Bis auf das Jahr 1892 folgte es mit seiner Goldgewinnung, die zwischen 2000—2600 Pud pro Jahr schwankte, direkt nach den Vereinigten Staaten von Amerika und Australien und wurde erst zu dieser Zeit von Transvaal überflügelt und auf die vierte Stelle verdrängt. Am Ural beginnend, erstrecken sich die russischen Goldlager über das weite Gebiet Sibiriens bis zu den Ufern des Stillen Ozeans. Die Lager der Orenburger Steppen gehen in das Gebiet von Ssemipalatinsk über, wo sie sich im Flußbett des Oberen Irtisch konzentrieren. Weiter folgen die Lager Zentralsibiriens, in den Flußbetten der Obj und Tomj und die des Jenissejs, die in zwei Gruppen zerfallen, die eine südlich von der Stadt Krasnojarsk, die zweite auf der Oberen und Mittleren Tunguska (Nebenflüsse des Jenissejs) gelegen. Jenseits des Bajkals befinden sich die Goldwäschen der Lena, von denen die der Olekma und des Witims (Nebenflüsse der

[1] Schwanebach, Geldreform und Volkswirtschaft. St. Petersburg 1900. S. 67.

Lena) die reichsten sind, und weiter südlich, in Transbajkalien, die Lager von Onon und an der Schilka. Endlich im fernen Osten, im Flußbett des Amurs, die Lager an der Seja, Bureja, Ussuri und Amgunj[1].

Der weitaus überwiegende Teil des in Rußland gewonnenen gelben Metalls ist Waschgold. Berggold wird nur in geringen Quantitäten produziert und seine Gewinnung machte in den 90er Jahren nur 0,7 % der Gesamtproduktion aus. Für das Berggold kommt hauptsächlich der Ural in Betracht, wo alljährlich zwischen 130—175 Pud gewonnen werden. In Sibirien ist Golderz nur in bescheidenen Mengen vorhanden, so daß das Maximum der dortigen Berggoldproduktion sich auf kaum 33,5 Pud in den Jahren 1886/87 stellte; die gegenwärtige Ausbeute beschränkt sich auf ca. 20 Pud pro Jahr. Dagegen ist aber Sibirien, wie auch der Ural, das eigentliche Gebiet der russischen Waschgoldgewinnung.

Die sibirische Goldproduktion datiert seit dem Ende der 20er Jahre des 19. Jahrhunderts. Sie begann im westlichen Teil Sibiriens, in den Gouvernements Tomsk und Jenissejsk, und dehnte sich allmählich auf die östlichen Gebiete, Jakutsk, Transbajkalje, Amur und Ussuri-Land aus[2].

Im Jahre 1829 wurden die ersten Gewinnungsarbeiten im Kreise Marjinsk (Gouvern. Tomsk) vorgenommen. Die Ausbeute der dortigen Goldwäschen war lange Zeit sehr bescheiden und hob sich erst in den Jahren 1876—1880 auf 55 Pud pro Jahr; nach dieser kurzen Aufschwungsperiode trat von neuem eine Verminderung der Produktivität ein, so daß letztere sich heutzutage auf ca. 25—30 Pud stellt.

Im Jahre 1830 trat der Kreis Altaj mit seinen Goldwäschen auf den kaiserlichen Domänen hervor. Ihre Produktivität hob sich allmählich bis auf 57 Pud im Jahre 1857, wonach sie stark zu sinken begann: sie stellte sich auf 12 Pud im Jahre 1880 und verminderte sich weiter seit 1893 bis auf 9—10 Pud pro Jahr. Die private Goldproduktion des Kreises Altaj begann erst im Jahre 1863, erreichte ihr Maximum von 119 Pud im Jahre 1872, wonach sie bis auf 66 Pud gesunken war. In den Jahren 1877 und 1878 wurden in dieser Gegend neue Lager entdeckt, wodurch sich die Gewinnung von neuem ver-

---

[1] Vgl. „Die Grenzgebiete Rußlands“, unter der Redaktion von Ssemenow herausg. v. Finanzministerium. St. Petersburg 1900. S. 25 ff., 49 ff., 66 ff., 81 ff., 117 ff. — Baranowski, „Die Goldproduktion in Ostsibirien“, Wiestnik Ewropy 1898. — Art. Goldproduktion, im Enzyklopädischen Wörterbuch v. Brockhaus u. Efron, Bd. XII u. Suppl. I. — Wiestnik Finansow 1898 Nr. 25.

[2] Eine Ausnahme bildet der Kreis Nertschinsk (östlicher Teil des Gebiets von Transbajkalje), der, trotz seiner östlichen Lage, zu den frühestens ausgebeuteten goldproduzierenden Gebieten Sibiriens gezählt wird.

stärkte und im Jahre 1890 eine Höhe von 100 Pud erreichte; seit der Zeit trat eine neue Verringerung bis auf 82 Pud im Jahre 1895 ein.

Im Jahre 1832 begannen die Gewinnungsarbeiten auf den kaiserlichen Domänen des Kreises Nertschinsk. Ihre Produktivität stieg bis auf 171 Pud im Jahre 1853, seit der Zeit schwankte sie zwischen 60—150 Pud pro Jahr. Die ersten privaten Ausbeutungen wurden im Jahre 1865 vorgenommen, erreichten ihr Maximum im Jahre 1877 mit 227 Pud und verringerten sich seitdem bis auf 36½ Pud im Jahre 1895.

Im Jahre 1834 begann die Goldgewinnung in den Kreisen Atschinsk und Minussinsk (Gouv. Jenissejsk); das Maximum wurde im Jahre 1856 mit 109 Pud erlangt, wonach sich die Produktivität der Lager zu verringern begann und seit 1865 die Höhe von 60 Pud pro Jahr nicht überschritt.

In den Kreisen Kansk (im östlichen Teil des Gouv. Jenissejsk) und Nischneudinsk (im westlichen Teil des Gouv. Irkutsk) begann die Produktion im Jahre 1838. Sie erreichte ihr Maximum von 204 Pud im Jahre 1842 und sank allmählich bis auf 23½ Pud im Jahre 1891.

Im Jahre 1840 wurden die reichen Goldwäschen im Flußbette der Biriussa im Kreise Jenissejsk entdeckt. Die höchste Ausbeute wurde im Jahre 1847 mit 1212 Pud erreicht; seit 1849 schränkte sich die Produktion stark ein, indem sie sich schon im Jahre 1850 auf 864 Pud verminderte und im Jahre 1895 auf 182 Pud sank.

Im Jahre 1849 begann die Ausbeute der reichen Goldwäschen im Flußbette der Olekma, im Kreise gleichen Namens, im Gebiete Jakutsk. Sie erreichte ihren Höhepunkt im Jahre 1880 mit 939 Pud, verminderte sich aber nachher stark und schwankte in den 90er Jahren zwischen 545 bis 718 Pud.

Im Jahre 1854 tritt der Kreis Bargusin (im westlichen Teil des Gebiets von Transbajkalje) hervor, dessen Maximalproduktion sich auf 131½ Pud im Jahre 1862 stellte; in den nächsten Jahren hat sich die Produktivität seiner Lager stark vermindert, so daß er im Jahre 1891 nur 28 Pud geliefert hat. Erst in den 90er Jahren gewinnt er von neuem an Bedeutung, dank der Entdeckung reicher Lager im Flußbette des Witims.

Im Jahre 1868 beginnt die Goldgewinnung im Kreise Amur, dessen Produktivität bis auf 486½ Pud im Jahre 1890 gestiegen und auch in den nächsten Jahren, als sich die Ausbeutung verminderte, nicht unter 410 Pud gesunken war.

Endlich wurden im Jahre 1871 die Goldlager des Ussurilandes entdeckt; sie lieferten in den ersten 20 Jahren nur ca. 20 Pud pro Jahr und gewannen an Bedeutung erst am

Anfange der 90er Jahre, als die Amgunj-Wäschen entdeckt wurden, deren Produktivität in den ersten Jahren zwischen 70—120 Pud pro Jahr schwankte[1].

Die Rückständigkeit der Goldindustrie und ihre Ursachen.

Ein Blick auf die geschilderte Entwicklung der sibirischen Goldproduktion genügt, um ihren Charakter zu erkennen. Überall liefern die Lager erhebliche Quantitäten des gelben Metalls während der ersten Jahre nach ihrer Entdeckung, wonach sie eine starke Verringerung ihrer Produktivität aufweisen und an Bedeutung verlieren. Der Grund dafür ist in der Art und Weise der Bearbeitung des Sandes zu suchen, die höchst unwirtschaftlich geführt wird und alle Merkmale eines verschwenderischen, auf momentan sehr hohe Gewinnste gerichteten Systems besitzt. Nur der reichste Sand wird verwaschen und zwar nach ältesten, billigsten Methoden, mit primitivsten Waschapparaten, die die unteren Schichten unberührt lassen und sogar aus den obersten nicht das ganze Metall zu entfernen vermögen. Wenn aber nach einer gewissen Zeit die reichsten und zugänglichsten Schichten verwaschen sind und die weitere Ausbeutung einen größeren Kostenaufwand und ein sorgfältigeres Verfahren erfordert, so verläßt man die einst hoch rentierenden Lager und sucht neue auf. Dadurch läßt sich auch der Umstand erklären, daß von der großen Zahl der dem Bergamte angemeldeten Lager nur ein geringer Teil bearbeitet wird; auf den übrigen, bei denen eine gewisse Erschöpfung zum Vorschein tritt, werden überhaupt keine Gewinnungsarbeiten mehr vorgenommen.

So befanden sich im Jahre 1894 im Bergbezirk Tomsk[2]:

im Kreise	angezeigte Lager	bearbeitete Lager
Tobolsk-Akmolinsk	76	14
Ssemipalatinsk-Ssemirjetschensk	149	71
Marjinsk	252	95
Altajsk	150	78
Atschinsk-Minussinsk	332	112
Süd-Jenissejsk	673	177
Nord-Jenissejsk	777	123
Der gesamte Bergkreis Tomsk	2109	670

Es war auch ausschließlich der andauernden Ausdehnung der Goldproduktion auf das ganze Gebiet Sibiriens zu ver-

[1] Vgl. Wiestnik Finansow 1898, Nr. 25.

[2] Emeljanow, Goldproduktion und Arbeiterfrage in Sibirien. Russkij Wiestnik 1899. Nr. 11. S. 405.

danken, daß die Gewinnung sich seit den 70er Jahren auf der gleichen Höhe hielt, trotz der Verminderung der Leistungsfähigkeit einzelner Produktionsgebiete.

Es wurden gewonnen[1]:

im Jahre	Pud chemisch reinen Goldes	Wert in Mill. Rub. n. Präg.
1881	1908,1	40,3
1882	1878,0	39,6
1883	1848,1	39,0
1884	1878,8	39.7
1885	1717,7	36,3
1886	1719,9	36,3
1887	1897,9	40,0
1888	1922,5	40,6
1889	2022,6	42,7
1890	2155,7	45,6
1891	2129,5	45,0
1892	2317,7	49,0
1893	2422.6	51,1
1894	2310,4	48,8
1895	2654,3 [2]	56,1
1896	1978,2	41,9
1897	2135,2	45,2

Von dieser Gesamtgewinnung fällt mehr als die Hälfte auf die ostsibirischen Goldwäschen; in den Jahren 1890 und 1895 verteilte sich die russische Waschgoldproduktion in folgender Weise (in Pud)[3]:

	1890	1895
Ural	642,5	594,25
Westsibirien . .	161,0 .	162,5
Ostsibirien . . .	1599,0	1752,0
Finnland	1,0	0,25
Zusammen	2403,5	2509,0

Es waren Faktoren verschiedener Art, die die räuberischen Ausbeutungsmethoden und das extensive Betriebssystem der russischen Goldindustrie bedingt und auf ihren Fortschritt einen hemmenden Einfluß ausgeübt haben. Die große Entfernung der meisten Lager von den bewohnten Plätzen

[1] Die Produktivkräfte Rußlands; herausgegeben vom Finanzministerium. St. Petersburg 1896. Abschn. VII. S. 7.
[2] Kaschkaroff, a. a. O. Bd. I, S. 153.
[3] Ibid. Bd. I, S. 152.

Sibiriens, die höchst unvollkommenen Kommunikationsmittel, die den Transport von Werkzeugen und Lebensmitteln in die waldsumpfigen Gebiete ungemein verteuern und die schlechten Arbeiterzustände, erschweren in hohem Maße die Produktionsbedingungen in den sibirischen Goldwäschen. Nur die Lager des Steppengebietes arbeiten unter verhältnismäßig günstigen Bedingungen, obwohl hier die Verkehrswege größtenteils aus gewundenen Pfaden bestehen und Landstraßen selten zu finden sind; dagegen ist aber die Entfernung von bewohnten und Getreide produzierenden Kreisen gering, die Bevölkernng seßhaft, die Lebensmittelpreise nicht besonders hoch. So z. B. sind die Lager des Kreises Tobolsk-Akmolinsk nur um 4 bis 12 Werst von den bewohnten Plätzen entfernt, so daß die Transportkosten sich im Winter und Sommer auf 1—8 Kopeken pro Pud stellen; daher ist die Bearbeitung dortiger Goldwäschen schon bei einer jährlichen Gewinnung von 20 Solotnik pro Arbeiter (= $^1/_4$ kg) lohnend. Im Kreise Ssemipalatinsk-Ssemirjetschensk ist die Entfernung der Lager von bewohnten Plätzen 12—100 Werst; Landstraßen bilden nur 20 % der Verkehrswege; die Transportkosten stellen sich im Sommer auf 20—80 Kopeken pro Pud, im Winter — auf 10 bis 40 Kopeken. Die Produktivität eines Arbeiters muß hier schon 22 Solotnik pro Jahr betragen. Weit schwieriger sind die Bedingungen in östlichen Kreisen, die fast ausschließlich in der Tajga gelegen sind und wo die hohen Transportkosten die Lebensmittelpreise stark emporschrauben. Im Kreise Süd-Jenissejsk ist die Entfernung der Lager von bewohnten Plätzen 40—200 Werst; Landstraßen bilden 45 % der Verkehrswege, die Transportkosten stellen sich im Winter auf 15—80 Kopeken pro Pud, im Sommer auf 30—150 Kopeken. Die Bearbeitung der Lager wird hier lohnend erst bei einer jährlichen Produktivität von 80 Solotnik pro Arbeiter. Im Kreise Nord-Jenissejsk ist die Entfernung der Lager von bewohnten Plätzen 35—300 Werst; die Transportkosten stellen sich im Sommer auf 40—250 Kopeken pro Pud, im Winter auf 35—120 Kopeken. Die jährliche Produktivität eines Arbeiters muß hier, infolge der hohen Löhne, mindestens 88 Solotnik betragen[1].

Doch war lange Zeit das Heranschaffen von Maschinen und Werkzeugen nicht nur infolge außergewöhnlich hoher Transportkosten erschwert; auch der bedeutende Zoll, der die weit vollkommeneren ausländischen Gerätschaften mit einem Satze von 140 Kopeken pro Pud belastete, hat zur Erhöhung ihrer Preise in starkem Maße beigetragen. Anderseits waren die hohen Löhne, die in gewissen Gebieten, wie z. B. im Amurlande, ca. 1800 Rubel jährlich pro Arbeiter betragen,

[1] Emeljanow, a. a. O. S. 407, 408.

nicht das einzige Übel der sibirischen Arbeiterfrage. Es müssen auch die Mißstände in Betracht gezogen werden, die durch den Charakter der aus niedrigsten Schichten sich rekrutierenden Arbeiterschaft bedingt sind; vor allem die häufige Flucht der Arbeiter, für die man in der waldsumpfigen Gegend oft überhaupt keinen Ersatz finden kann. Meistens vertrinken die Arbeiter schon auf dem Wege zum Lager ihr ganzes Handgeld, Anzüge, alles, was sie überhaupt besitzen, und müssen von den Unternehmern von neuem ausgestattet werden. Infolgedessen kommt es nicht selten vor, daß einige von ihnen noch vor dem Arbeitsantritt so stark dem Unternehmer gegenüber verschuldet sind und ihr künftiger Lohn so belastet, daß sie bei erster Gelegenheit durchbrennen, um in anderen Goldwäschen Arbeit zu suchen [1].

Aber außer diesen Hemmungen, die meistens mit den territorialen und klimatischen Eigentümlichkeiten des Landes in Verbindung stehen und mit denen der Kampf der kapitalarmen russischen Industrie besonders schwer fallen muß, hatte die sibirische Goldproduktion bis auf die letzten Jahre noch unter dem Drucke gesetzgeberischer Beschränkungen und fiskalischer Lasten zu leiden gehabt. Durchdrungen von der Notwendigkeit der Anhäufung eines möglichst großen Goldvorrates zwecks Wiederherstellung der Metallwährung, suchte die Regierung sich in den Besitz des Gesamtquantums des gewonnenen Goldes zu setzen und dieses Streben wurde zum Leitmotiv ihrer ganzen gesetzgeberischen Tätigkeit auf dem Gebiete der Goldindustrie.

Durch die Verordnung des Jahres 1870 wurde allen Ständen das Recht, den Beruf eines Goldproduzenten auszuüben, verliehen, die verschiedenen Verfügungen über die speziellen Forschungs- und Ausbeutungsmethoden in einzelnen Kreisen abgeschafft und die ganze Goldproduktion gleichen Vorschriften untergeordnet. Obwohl aber das Betreiben des Gewerbes allen zugestanden wurde, so muß doch der vom Gesetze vorgeschriebene Weg als durchaus lästig und weitläufig bezeichnet werden. Jedermann, der Gold in irgend welcher Gegend zu suchen beabsichtigt, ist verpflichtet, das nächstliegende Bergamt darüber zu benachrichtigen. Erst nachdem ihm die Bestätigung zugesandt wird, darf er die ersten Untersuchungen vornehmen und muß über die Resultate dem Bergamte von neuem Kenntnis erteilen. Dann müssen die Gewinnungsarbeiten ausgesetzt und die Ankunft des Bergingenieurs erwartet werden, durch den das Territorium, auf dem sich die Lager befinden, vermessen wird. Dazu kamen noch bis auf die letzten Jahre allerlei Formalitäten, die mit dem Anschaffen von Bergbüchern, mit der Buchführung etc. verbunden waren.

[1] Emeljanow, a. a. O. S. 413.

Durch diese strenge Kontrolle, die über die ganze Goldindustrie stets ausgeübt wurde, suchte die Regierung ihren Zweck zu erreichen: sie hatte selbstverständlich ein lebhaftes Interesse daran, einen Überblick über die ganze Goldproduktion zu gewinnen und exakte Kenntnisse über das Quantum des produzierten Goldes zu besitzen, um den Verkauf des Metalls an das Ausland zu verhindern und die ganze Ausbeute in die Münzstätte heranziehen zu können. Es wäre zweifellos weit leichter gewesen, dieses Ziel auf dem Wege der Verstaatlichung der Goldindustrie zu erreichen, doch haben die Erfahrungen früherer Zeiten die vollständige Unfähigkeit des russischen Staates auf diesem Gebiete nachgewiesen, so daß seit dem Ende der 70er Jahre sich die russische Regierung fast gänzlich aus der Goldindustrie zurückgezogen und sie den privaten Unternehmern überlassen hat. Dagegen genoß aber das gelbe Metall nicht die Rechte aller anderen Produkte, da es dem freien Verkehr gesetzlich vollständig entzogen wurde. Das Gesamtquantum des gewonnenen Goldes mußte in Barren in die staatlichen Prüfungslaboratorien nach Jrkutsk, Tomsk, oder Ekaterinburg geliefert werden, wo der Feingehalt festgestellt und der dem Produzenten für das Metall zukommende Betrag berechnet wurde und zwar nach Abzug sämtlicher Steuern, der Prüfungsgebühr, der Kosten des Goldtransportes nach Petersburg und der Münzprägungskosten. Der Produzent erhielt vom Laboratorium einen auf die ihm zukommende Geldsumme lautenden Forderungsschein mit sechsmonatlichem Verfallstermine, eine sogenannte Bergassignation, die von der Petersburger Münze in geprägtem Golde eingelöst wurde. Nur auf diesem Weg durfte die Realisation des gewonnenen Metalls erfolgen. Der Verkauf des Goldes an Private, sein Export ins Ausland, wie auch der Ankauf von Gold, waren strengstens verboten, wobei die Zuwiderhandelnden wegen Diebstahls angeklagt wurden und einer Geldstrafe in der Höhe des Doppelwertes des Goldes unterlagen.

Die Steuern, die der Unternehmer bei der Einlieferung des Goldes in die Prüfungslaboratorien zu entrichten hatte, und die von dem ihm für das Metall zukommenden Betrage abgezogen wurden, unterlagen im Laufe der Zeit häufigen Veränderungen. Im Großen und Ganzen waren sie jedoch durchaus drückend und verminderten in hohem Maße die Gewinnste der Unternehmer, indem sie in gewissen Jahren sogar 25—35 % des Bruttoertrages betrugen. Unter diesen Umständen mußte jede Verminderung der Abgaben anregend auf die Goldindustrie einwirken, jede Vergrößerung den Unternehmungsgeist schwächen.

Im Jahre 1838 wurde zum erstenmal eine Goldsteuer in Höhe von 15 % des Bruttoertrages eingeführt und schon 1840 bis auf 20 % erhöht. Sieben Jahre darauf wurden sämtliche

Lager in zehn Gruppen eingeteilt, gemäß dem Quantum des jährlich gewonnenen Goldes, und eine Progressivsteuer von 5—35 % festgesetzt; nur Lager, die weniger als 1 Pud pro Jahr lieferten, waren von der Progressivsteuer befreit und zahlten eine fixe Abgabe von 300 Rubel jährlich. Diese hohe Belastung der Goldindustrie bewirkte sofort eine Verminderung der Produktion: von 1396 Pud im Jahre 1847 sank die Gewinnung bis auf 878 Pud im Jahre 1853. Infolgedessen wurden die Steuersätze im Jahre 1854 bis auf 5—20 % ermäßigt, doch am Anfange der 70er Jahre wieder erhöht. Die Goldproduktion, die nach der Ermäßigung der Steuer sich günstiger entwickelt hatte, erlitt von neuem eine beträchtliche Einschränkung: Im Jahre 1871 wurden 2400 Pud gewonnen, im Jahre 1875—1995 Pud. Das starke Bedürfnis nach gelbem Metall, das durch die Einführung der obligatorischen Entrichtung der Einfuhrzölle in Gold im Jahre 1877 hervorgerufen wurde, veranlaßte die Regierung zur Abschaffung der Steuer, um auf diesem Wege die Goldindustrie zu stärkerer Produktion anzuregen. Unter dem Einflusse der Steuerentlastung stieg die Gewinnung bis auf 2631 Pud im Jahre 1879, also auf ein Niveau, die sie nur noch einmal, nach der Entdeckung der reichen Lager im Amurlande, am Anfange der 90er Jahre erreicht hat. Im Jahre 1882 wurde die Steuer aus fiskalischen Rücksichten von neuem eingeführt und zwar in Höhe von 10 % des Bruttoertrages für die Lager des Kreises Olekma, 5 % für die des Amurlandes und 3 % für alle übrigen Lager. Außerdem hatten so die exploitierten wie auch die nicht exploitierten, aber angezeigten Lager eine spezielle Territorialsteuer zu entrichten: im Kreise Olekma 10 Rubel, im Amurgebiete 5 Rubel und in den übrigen Gebieten 3 Rubel pro Dessjatina jährlich[1].

Faßt man alle diese natürlichen und künstlichen Produktionsbedingungen zusammen, so erscheint es leicht begreiflich, daß die Goldindustrie überhaupt nicht aufblühte und daß sie sich auf das extensive Betriebssystem beschränkte. Die hohen Steuern, die vom Bruttoertrage erhoben wurden, machten ja die Bearbeitung unterer Landschichten und die Berggoldgewinnung, die eine größere Kapitalanlage erfordern, fast unrentabel. Nicht minder nachteilig mußte auch auf die Entwicklung der Goldindustrie die Ausschließung des gelben Metalls vom freien Verkehr und die vorschriftsmäßige Realisation des gewonnenen Goldes einwirken. Man bedenke nur, wie lästig und kostspielig bei den enormen Entfernungen und dem schwach entwickelten Transportwesen Sibiriens, die obligatorische Einlieferung des Metalls in die Prüfungslaboratorien

---

[1] Enzyklop. Wörterbuch von Brockhaus u. Efron. Bd. IX. S. 235 ff. Art. „Bergsteuer".

sein mußte. Dasselbe läßt sich auch betreffs jener Formalitäten sagen, die vor dem Beginn der Produktion zu erledigen waren und die die Goldindustrie zum Monopolgewerbe wohlhabender und einflußreicher Klassen machten.

Aber trotz aller dieser Verfügungen, die als Vorbeugungsmaßregel gegen heimliche Produktion des Goldes anzusehen sind, gelang es der Regierung doch nicht, die ganze Goldindustrie zu beherrschen und den Abfluß eines Teils des gewonnenen Metalls in das Ausland zu verhindern.

Die öde, sumpfwaldige Gegend gewährte den freiwilligen Nachforschern vollständigen Schutz vor dem Rechte und ermöglichte ihnen Goldlager aufzusuchen, ohne sich um das gesetzmäßige, viel Zeit und Geld in Anspruch nehmende Verfahren zu kümmern. Es ist interessant, daß diese kleinen Leute, meistens gewöhnliche Landstreicher, die vom Gesetze als Diebe verfolgt werden, eine nicht zu unterschätzende Rolle in der Geschichte der Sibirischen Goldproduktion gespielt haben. Regelmäßige Untersuchungsarbeiten durch speziell organisierte Expeditionen werden von den Goldindustriellen Sibiriens verhältnismäßig selten veranstaltet, angesichts der Kostspieligkeit und des Risikos, das mit der vollen Aussichtslosigkeit für das Gelingen dieses Unternehmens verbunden ist. Das Aufsuchen von Goldwäschen ist Hauptbeschäftigung der sogenannten sibirischen Plünderer geworden, die bei Hunger und Frost die Tajga durchwandern und oft den Goldproduzenten die Wege zu neuen Lagern ebnen. So haben z. B. im Jahre 1895 zwei Landstreicher die reichen Witim-Wäschen entdeckt, die sie bald darauf, aus Furcht vor Verfolgungen, an einen Goldproduzenten zu einem Spottpreis veräußerten [1].

Nicht selten kommt es aber vor, daß die entdeckten Lager vollständig ausgeplündert werden, wie es z. B. mit einem der Lager an der Seja der Fall gewesen ist. Tausende von Landstreichern erschienen am Platze bald nach der Entdeckung und raubten in kürzester Zeit über 100 Pud Gold [2]. Manche dieser Plünderer haben sich sogar mit einer rechtlichen Untersuchungserlaubnis versorgt, die ihnen das Rauben erleichterte; so ist an der Seja, gegenüber einer der größeren goldindustriellen Unternehmungen, eine ganze Plündererkolonie Namens Sachalin entstanden, die sich ausschließlich mit Golddiebstahl beschäftigt und unter dem Anschein vom Aufsuchen neuer Goldwäschen die Lager der Unternehmung bei jeder Gelegenheit auszuplündern sucht. Das auf diesem Wege ge-

---

[1] Bieletzki, Zur Frage der Reform der Goldproduktion. Russkoje Bogatstwo 1902. Nr. 8.

[2] Baranowski, Die Goldproduktion in Ostsibirien. Wiestnik Ewropy. Bd. IV. S. 173, 175.

wonnene oder geraubte Metall konnte natürlich in die Prüfungslaboratorien nicht eingeliefert werden, weil die Plünderer, falls sie nicht sogar die den Privatunternehmern angehörenden Lager ausraubten, ihren Beruf doch heimlich ausübten und gesetzlich verfolgt wurden. Da anderseits das Gesetz sich auch gegen die Käufer von Gold wendete, so konnte das Metall auch an Goldindustrielle nicht verkauft werden und floß notwendigerweise ins Ausland ab. Der Handel wurde durch Chinesen vermittelt, die stets in das Amurland mit ihren Waren hinüberkamen, sie dort oft mit Verlusten veräußerten und für das eingelöste Geld das geplünderte und geraubte Gold zu spottbilligen Preisen den Plünderern abkauften. Mit den großen Verdiensten, die ihnen beim weiteren Verkauf des Metalls zufielen, deckten sie die Verluste, die sie bei dem Verkauf ihrer Waren erlitten. Das Gold wurde nach den Häfen transportiert und von dort aus nach Europa verschifft. Daß es sich dabei keineswegs um unbeträchtliche Quantitäten handelte, beweist der Umstand, daß man sogar in den russischen Regierungskreisen den heimlichen Goldhandel und die mit ihm in Verbindung stehende Einfuhr chinesischer Waren nach Ostsibirien, als Ursache der ungünstigen Gestaltung der russisch-chinesischen Handelsbilanz betrachtete und den jährlichen Goldschmuggel auf 450—550 Pud schätzte[1].

Wir sehen also, daß die jährliche russische Goldgewinnung um 20—25 % größer gewesen ist, als es die amtlichen Statistiken anzeigen. Von dieser Mehrproduktion hatte aber Rußland gar keinen Vorteil; es mußte sich mit den 40—45 Mill. Rub. begnügen, die von der unter staatlicher Aufsicht stehenden Goldindustrie gewonnen und in die Prüfungslaboratorien geliefert wurden.

Die Reformen auf dem Gebiete der Goldindustrie.

So gestalteten sich die allgemeinen Verhältnisse auf dem Gebiete der Goldproduktion, als in der ersten Hälfte der 90er Jahre die Möglichkeit ihrer weiteren territorialen Ausdehnung fraglich wurde. Mit der Entdeckung der reichen Amgunjwäschen (im Amurgebiet) im Jahre 1892, gelangte die Goldindustrie an die östlichen Grenzen Sibiriens, so daß im großen und ganzen die leichter zugänglichen Gebiete des Landes von ihr bereits in Anspruch genommen waren. Als nach einer kurzen Periode starker Produktion, die Goldwäschen der Amgunj eine Erschöpfung erlitten, da bestanden nur geringe Aussichten darauf, daß die Folgen dieser Erschöpfung bald wieder durch Entdeckung neuer Lager aufgehoben sein werden, wie es bis jetzt der Fall gewesen war. Von 2739 Pud im Jahre 1893 sank die Waschgoldgewinnung

[1] Wiestnik Finansow 1901. Nr. 16.

auf 2126 Pud im Jahre 1896, vom höchten auf das niedrigste Niveau des ganzen Jahrzehnts. Zur gleichen Zeit befand sich Rußland im letzten Stadium seines Übergangs zur Goldwährung; es ist also leicht begreiflich, wie unerwünscht für die russische Regierung — die damals ein besonderes Interesse an der Vergrößerung der Goldgewinnung hatte — eine eventuelle Verminderung der Leistungsfähigkeit der Goldindustrie sein mußte. Um diesem vorzubeugen und eine Steigerung der Produktivität herbeizuführen, entschloß man sich zu Reformen zu greifen, die den Goldindustriellen den Übergang zu intensiveren Betriebssystemen ermöglichen sollten.

Den ersten Schritt in dieser Richtung hat die Regierung bereits im Jahre 1893 getan, als es der Reichsbank befohlen wurde, die Bergassignationen vor ihrer Verfallzeit ohne jeglichen Abzug einzulösen. Dank dieser Maßregel konnte die Realisation des gewonnenen Metalls nicht wie bisher, erst nach 6 Monaten, sondern bald nach der Einlieferung des Goldes in die Prüfungslaboratorien erfolgen, was besonders für die kapitalärmeren Unternehmer eine große Erleichterung der Produktionsbedingungen bedeutete. Aber erst in der zweiten Hälfte der 90er Jahre begann die energische Beseitigung einer Reihe von Bestimmungen, die auf den Fortschritt der Goldindustrie einen mehr oder weniger hemmenden Einfluß ausgeübt haben. Im Jahre 1897 wurde die Zahlung für die Umprägung des Goldes in Münze, die, wie bekannt, der Goldproduzent entrichten mußte, von 136 Rub. auf 42 Rub. 31,5 Kop. pro Pud Feingold herabgesetzt. Im Jahre 1898 wurde die zollfreie Einfuhr (bis zum 1. Januar 1909) ausländischer Maschinen und ihrer Bestandteile für die Goldindustrie des Urals und Sibiriens gestattet. Im Jahre 1899 wurde das Gesetz von 1893 vervollkommnet, indem es sämtlichen Schatzämtern Sibiriens genehmigt wurde, Bergassignationen zu ihrem vollen Werte auf Rechnung der Reichsbank einzukaufen. Im Jahre 1901 wurde es allen Privatbanken, die Filialen im Ural und in Sibirien besitzen, gestattet, Darlehen gegen Waschgold zu gewähren.

Endlich wurden ebenfalls am Anfange des laufenden Jahrzehnts die zwei wichtigsten Reformen vorgenommen, welche die Goldindustrie auf eine neue rechtliche Basis gestellt haben. Durch das Gesetz vom 12. März 1901 ist die bisherige Bergsteuer, die vom Bruttoertrage bei der Einlieferung des Goldes in die Prüfungslaboratorien erhoben wurde, durch die allgemeine Gewerbesteuer ersetzt. Dank dieser Maßregel, beträgt die gegenwärtige Belastung der Goldindustrie ca. 15 % ihres Nettoertrages, während sie sich früher durchschnittlich auf 30 % des Reinertrages stellte und für einzelne Kreise zwischen 13—78 % schwankte [1]. Das Gesetz dehnte sich jedoch nicht

[1] Enzyklop. Wörterbuch von Brockhaus u. Efron, Bd. IX. S. 235.

auf das ganze Gebiet Sibiriens aus: die Unternehmungen gewisser Kreise Transbajkaljens[1] und der Gebiete Altajsk und Nertschinsk unterliegen noch jetzt der alten Bergsteuer, die in der Höhe von 5, 10 und 15 % des Bruttoertrages zugunsten des kaiserlichen Kabinetts erhoben wird.

Durch die Reform der Besteuerung wurden die Lasten, die die Goldindustrie zu tragen hatte, wesentlich erleichtert. Es blieben noch die hohen, auf den Unternehmer fallenden Kosten über, die mit der obligatorischen Einlieferung des Metalls in die Laboratorien und seine Weiterbeförderung nach Petersburg in Verbindung standen. Doch mußte das Verbot der freien Veräußerung des gewonnenen Goldes nicht nur aus diesem Grunde als mißlich bezeichnet werden. Wir sahen, daß der Zweck, den man mittelst dieses Verbotes verfolgte, nicht im geringsten erreicht wurde. Im Gegenteil, statt der Regierung zu verhelfen, sich in den Besitz der ganzen Ausbeute zu setzen, förderte es im gewissen Grade den Abfluß des Goldes ins Ausland, indem es den Goldräubern unmöglich machte, das von ihnen gewonnene Metall im Inlande zu verkaufen. Dies sah man endlich ein. Dieselben Erwägungen, welche die Regierung seiner Zeit zur Verordnung über die obligatorische Einlieferung des Goldes in die Prüfungslaboratorien veranlaßt haben, veranlaßten sie im Jahre 1902 jenes Gesetz wieder aufzuheben. Das Gold wurde allen anderen Produkten gleichgestellt und dem freien Verkehr zugänglich gemacht. Dagegen suchte die Regierung durch andere Mittel die ganze Ausbeute in die Laboratorien heranzuziehen und den Verkauf des Metalls an das Ausland zu verhindern. Um den Unternehmern keinen Anlaß zur Veräußerung des produzierten Goldes an Private zu geben, beschloß man die Bedingungen des Verkaufs an den Staat zu erleichtern. „Bei der Durchführung des Gesetzes über den freien Verkehr des Goldes, — schrieb das offiziöse Blatt des Finanzministers, — muß vor allem für die Organisation eines möglichst einfachen Ankaufs des Goldes seitens des Schatzamtes gesorgt werden. Ein derartiger Ankauf liegt nicht nur im Interesse der Goldproduzenten, im Sinne der Erleichterung der schnellen Realisation des Metalls, sondern auch im Interesse der Volkswirtschaft; es wäre wünschenswert den Abfluß des Goldes nach China zu verhindern[2].“ In Anbetracht dessen, wurden im Jahre 1903 in Sibirien 4 neue staatliche Prüfungslaboratorien gegründet: in Blagowjeschtschensk, Nikolajewsk, Kransnojarsk und Bodajbo, wodurch die Kosten der Lieferung des Goldes in die Laboratorien, zwecks Veräußerung an den Staat, in hohem Maße ermäßigt wurden. Gleichzeitig hatte

[1] Werchne-Udinsk, Bargusinsk, Selentschinsk, Troitzkosawsk.
[2] Wiestnik Finansow 1903, S. 228.

auch der Staat und nicht mehr der Produzent, die Kosten der weiteren Beförderung des Goldes nach Petersburg zu tragen.

Die Bestimmungen über das der Produktion vorangehende Verfahren blieben bestehen, so daß die Goldindustrie noch immer nicht als ein freies Gewerbe angesehen werden darf und diejenigen, die Goldlager aufsuchen, ohne die mühsamen und kostspieligen Formalitäten im Voraus erledigt zu haben, sich der Gefahr der Bestrafung für gesetzwidriges Handeln aussetzen. Doch wurden seit der Durchführung des Gesetzes von 1902 die heimlichen Goldaufsucher nicht mehr darauf angewiesen, das von ihnen gewonnene Metall an chinesische Händler zu verkaufen. Wenn auch für sie die direkte Einlieferung des Goldes in die Prüfungslaboratorien noch immer mit einer gewissen Gefahr verbunden blieb, so konnten sie es stets zu etwas niedrigerem Preise an irgend welchen inländischen Vermittler veräußern. Inwieweit auch tatsächlich die Reformen ihren Zweck erreicht haben, ergibt sich aus folgender Tabelle:

Jahr	Goldgewinnung der legalen Goldindustrie	eingeliefert in die staatl. Laboratorien
	in Pud	
1902	2126,75	2365,5
1903	2118,75	2572,0
1904	2072,00	2668,5

Wie aus den angeführten Zahlen zu ersehen ist, hat die Erleichterung der Produktionsbedingungen in den ersten Jahren keine Erhöhung der Leistungsfähigkeit der legalen Goldindustrie zur Folge gehabt. Die offiziell angezeigte Ausbeute der Unternehmungen, die eine regelmäßige Produktion betreiben, hat sich sogar verringert, was jedoch wahrscheinlich falschen Deklarationen der Produzenten — mit Rücksicht auf die Verminderung ihrer Steuerzahlung — zuzuschreiben ist. Dagegen ist es der Regierung gelungen, durch Umgestaltung der gesetzlichen Bestimmungen auch das heimlich gewonnene und geraubte Metall in die staatlichen Laboratorien heranzuziehen und das Quantum des von ihr erworbenen inländischen Goldes auf ein Niveau emporzuheben, welches früher nur in den Jahren der Entdeckung neuer Lager zu erreichen war. Relativ genommen, muß dieses Resultat zweifellos als ein Fortschritt bezeichnet werden, da es sich ja um eine Erhöhung von ca. 20 % handelt. Betrachten wir aber die russische Goldproduktion unter dem Gesichtspunkte einer Quelle zur Versorgung des Landes mit dem zur Anhäufung und Erhaltung seines Goldvorrates nötigen Metall, so kann ihr weder vor, noch nach der Reform von 1902 keine ausschlaggebende Bedeutung zugeschrieben werden. Die 40, 50 oder 55 Mill. Rub., welche die Goldproduktion dem Lande alljährlich zu liefern vermochte, waren alles unbedeutende Beträge im Vergleich mit den Summen, über die Rußland verfügen mußte, um einen Metallvorrat anzusammeln und zu erhalten. Die Gründe dieses großen Goldbedarfs und die zu seiner Deckung angewandten Mittel, wollen wir im folgenden untersuchen.

B. Die Politik der Goldansammlung.

Die Politik Wyschnegradskis.

Als Graf Kankrin sich am Ende der 30er Jahre entschloß, das Geldsystem Rußlands auf der Basis des Silbers aufzubauen, brauchte er nur das auszunutzen und in eine gesetzliche Form zu fassen, was durch den natürlichen Lauf der Dinge gegeben war. Dank der privilegierten Stellung Rußlands auf dem Getreidemarkte und guten ausländischen Getreidepreisen einerseits, anderseits der geringen, durch hohe Zolltarife stark beschränkten Einfuhr, wurde die Handelsbilanz stets mit einem Mehr zugunsten Rußlands abgeschlossen. Da gleichzeitig die Staatsschuld und der ausländische Anleihedienst unbedeutend gewesen sind, so mußte sich auch die gesamte Zahlungsbilanz günstig gestalten. „Es ergibt sich aus den Berichten des Zollamtes — schrieb seinerzeit Speranski —, daß in den zwei Jahrzehnten, 1814 bis 1834, nach Rußland mehr Gold und Silber eingeführt, als ausgeführt wurde und zwar um rund 522 Mill. Rub.“ [1]. Das ausländische Metallgeld drang allmählich in den inneren Verkehr des Landes ein; in den Ostseeprovinzen zirkulierten preußische Münzen, in der Krim — türkische, in Grusien — persische, im zentralen Rußland — französische. Da schon seit dem Ende der 20er Jahre sämtliche Münzen von der Regierung zu festgesetztem Kurse in Zahlung genommen wurden, so floß das umlaufende Hartgeld reichlich den Staatskassen zu. Unter diesen Umständen waren nur noch budgetäre Überschüsse erforderlich, um das in die Kassen strömende Metall teilweise festzuhalten und zur Ansammlung eines Barvorrates zu verwenden.

Wesentlich anders gestalteten sich die Verhältnisse gegen das Jahr 1887, als Wyschnegradski die Leitung des Finanzministeriums übernahm. Die auswärtige Staatsschuld Rußlands, die vor dem Türkischen Kriege verhältnismäßig gering war, begann seit dem Ende der 70er Jahre rasch anzuschwellen, so daß der ausländische Anleihedienst das Passivum der Zahlungsbilanz in wachsendem Maße belastete. Gleichzeitig mit der

---

[1] Zitiert bei Schwanebach, a. a. O. S. 5.

Steigerung der auswärtigen Zahlungsverpflichtungen, trat für Rußland eine beträchtliche Verschlimmerung der Exportkonjunktur ein. Infolge der enormen Ausdehnung des Getreideareals in den Vereinigten Staaten hat der nordamerikanische Weizenexport geradezu riesenhafte Fortschritte gemacht; während er sich in den 50er Jahren im Jahresdurchschnitt auf 5,5 Mill. Hektoliter stellte, stieg er in den nächsten zwei Jahrzehnten auf 22 und 73 Mill. hl. Auch Indien, das seit 1860 sein Eisenbahnnetz stark erweitert hatte, warf jetzt große, von Jahr zu Jahr wachsende Getreidemengen auf den Weltmarkt; die indische Weizenausfuhr, die 1871 nur 630000 englische Zentner betrug, verzehnfachte sich binnen kurzer Zeit und stellte sich 1877 auf 6,3 Mill. Zentner[1]. Begünstigt durch die vortreffliche Qualität und Billigkeit des Bodens, durch stete Ermäßigung der Transportkosten etc., begannen die überseeischen Getreideproduzenten mit den europäischen zu konkurrieren, wodurch ein starker Druck auf die Zerealienpreise ausgeübt wurde. Schon seit der zweiten Hälfte der 70er Jahre haben die Preise auf dem Weltgetreidemarkt eine Rückwärtsbewegung eingeschlagen und setzten sie im großen und ganzen in den nächsten Jahren fort. Der unverzollte danziger Weizen, dessen Preis sich in der Zeit von 1871—1875 im jährlichen Durchschnitt auf 234,5 Mk. pro 1000 kg stellte, sank in den zwei folgenden Jahrfünften 1876—80 und 1881—85 auf 215 Mk. und 177,7 Mk. In denselben Zeitabschnitten wurde der unverzollte Roggen entsprechend mit 176, 163,5 und 144,6 Mk. pro 1000 kg notiert. Wie alle getreideproduzierenden und -exportierenden Länder, so mußte auch Rußland unter diesem heftigen Preissturz stark leiden. Vom privatwirtschaftlichen Standpunkte aus betrachtet war diese Tatsache nicht so nachteilig, da die Exporteure vor größeren Verlusten durch den damals stark gesunkenen Rubelkurs gewissermaßen geschützt waren, aber für die gesamte Volkswirtschaft und für die günstige Gestaltung der Handelsbilanz ist nur der reelle Wert der Ausfuhr von maßgebender Bedeutung. Es ist klar, daß bei sinkenden Preisen ein gewisser Steigerungsgrad des reellen Wertes des Exports nur durch eine entsprechende Erhöhung des ausgeführten Quantums erreicht werden konnte. Rußland war jedoch nicht im Stande, seine Getreideausfuhr in genügendem Maße zu vergrößern und den schlimmen Folgen des Preissturzes entgegenzuwirken. Während der ersten Jahre nach dem Türkischen Kriege hat sich der Zufluß ausländischer Kapitalien bedeutend vermindert, wodurch der noch vor kurzem so stark geförderte Eisenbahnbau ins Stocken geriet. Infolgedessen wurden wenig neue Flächen für den Anbau erschlossen und der Getreideexport

[1] Entnommen aus der polnischen „Landwirtschaftlichen Enzyklopädie". Warschau 1893.

konnte während des ganzen Jahrzehnts nur auf einem ungefähr gleichen Niveau verbleiben. So betrug die Getreideausfuhr in der zweiten Hälfte der 70er Jahre durchschnittlich 279,8 Mill. Pud jährlich, in der ersten Hälfte der 80er Jahre 294 Mill. Pud, erhöhte sich also kaum um 5,1 %. Nur einer gleichzeitigen Steigerung der Ausfuhr anderer Exportartikel war es zu verdanken, daß der Wert des Gesamtexports sich damals nicht erniedrigt hat; er stellte sich in der Zeit von 1876—80 auf 359,7 Mill. Goldrub. jährlich, im folgenden Jahrfünft auf 366,8 Mill. Rub., blieb aber fast stationär.

Weit günstiger gestalteten sich die damaligen Einfuhrverhältnisse, beeinflußt durch die neuen, handelspolitischen Maßnahmen. Infolge des freihändlerischen Tarifs von 1868 und der Erhebung der Zölle in entwertetem Papiergelde, ist der Import im letzten Jahrzehnt vor dem Kriege bedeutend angeschwollen. Auch die wirtschaftliche Krisis, die sich in den Jahren 1873—79 in Westeuropa verbreitete und daselbst ein Sinken der Warenpreise verursachte, rief in Rußland eine verstärkte Nachfrage nach deutschen und englischen Fabrikaten hervor. Dank diesem Umstande hatte die russische Einfuhr seit 1873 von neuem beträchtlich zugenommen uud stieg in den nächsten Jahren fortwährend, bis sie endlich im Jahre 1875 mit 408 Mill. Metall-Rub. den Höhepunkt des ganzen Jahrhunderts erreicht hat. Da aber infolge der eingetretenen Unterbrechung des Zuflusses ausländischer Kapitalien, die Defizite der Handelsbilanz zu dieser Zeit weniger denn jemals erwünscht waren, so beschloß die Regierung, dem Übel entgegenzuwirken. Ende 1876 wurde beschlossen, mit Beginn des nächsten Jahres sämtliche Zölle in Gold zu erheben, was nach dem damaligen Kurse eine Erhöhung des Zolltarifs von ca. 33 % bedeutete. Die Folgen dieser Maßregel traten bald hervor. Sogar abgesehen von dem Jahre 1877, in welchem der Krieg eine Verringerung der Einfuhr bis auf 234 Mill. Rubel verursachte, machte sich bei dem Import folgender Jahre eine sinkende Tendenz bemerkbar, die in der Amtszeit Bunges durch das weitere Anziehen der Zollschraube noch verstärkt wurde.

Jahre	Ausfuhr	Einfuhr	Überschuß (+) od. Fehlbetrag (—) der Handelsbilanz
	in Millionen Goldrubel		
1878	398,3	389,6	+ 9,7
1879	396,7	373,4	+ 23,3
1880	323,1	391,6	— 68,5
1881	333,2	358,7	— 25,5
1882	390,4	358,9	+ 31,5
1883	396,3	347,8	+ 48,5
1884	374,0	341,0	+ 31,0
1885	340,5	274,8	+ 65,7

Während in den Jahren 1871—75 die Einfuhr im jährlichen Durchschnitt sich auf ca. 389 Mill. Rub. stellte, betrug sie zehn Jahre darauf nur 336,2 Mill. Rub. Dieser Verminderung war es zu verdanken, daß trotz stagnierender Ausfuhr, die Handelsbilanz, die seit der Mitte der 60er Jahre meistens Fehlbeträge ergab, sich seit den 80er Jahren zugunsten Rußlands gestaltete. Obwohl diese Herabdrückung der Einfuhr unter die Ausfuhr vom währungspolitischen Standpunkte zweifellos als ein Fortschritt anzusehen ist, so waren doch die Überschüsse noch immer viel zu gering, um als Gegengewicht für die stark angeschwollenen ausländischen Zahlungen dienen zu können. Außer dem Erlös für den Mehrexport hatte aber Rußland keine anderen größeren Zahlungen vom Auslande zu empfangen, die für die Deckung seiner Verbindlichkeiten dem Auslande gegenüber verwendet werden könnten. Das Aktivum der russischen Zahlungsbilanz hatte niemals, außer dem Saldo der Handelsbilanz, noch einen anderen wichtigen Posten aufzuweisen. Als kapitalarmes Land ist Rußland selbstverständlich nie in der Rolle eines ansehnlichen Darlehngebers aufgetreten. Sein Besitz an fremden Wertpapieren — und demnach die Zinszahlungen, die ihm jährlich das Ausland zu leisten hatte —, war stets und ist noch heute ganz geringfügig. Auch hat Rußland niemals irgendwelche internationale Vermittelungsgeschäfte in beachtenswertem Umfange betrieben, sei es auf dem Gebiete des Handels und der Schiffahrt, sei es im Geldverkehr. Im Gegenteil; infolge der schwachen Entwicklung seiner Handelsflotte, konnte es sogar seine eigenen für den Export bestimmten Erzeugnisse nicht selbständig ins Ausland befördern und war in dieser Hinsicht stets auf die Dienste fremder Reedereien in starkem Maße angewiesen [1].

Endlich war auch die Zahl der Ausländer, die in Rußland ständig lebten oder reisten, sehr gering, und die von ihnen verausgabten Summen unbeträchtlich.

Trotz der verhältnismäßig günstigen Handelsbilanz hatte also Rußland in der ersten Hälfte der 80er Jahre eine ziemlich stark passive Zahlungsbilanz. Von einem Metallzuflusse aus dem Auslande konnte unter diesen Umständen kaum die Rede sein. Sogar das in Sibirien gewonnene und vom Staate so sorgfältig beschützte Gold strömte notwendigerweise, sobald

---

[1] So z. B. zählte die Flotte, die im Jahre 1897 den Export von Naphta aus Batum ins Ausland vermittelte, 115 Dampfer mit einem Fassungsraum von 221 318 Registertonnen. Davon lieferte England 67 Schiffe mit 135 245 R.-T., Deutschland und Holland 30 Schiffe mit 65 551 R.-T., Rußland 4 Schiffe mit 4881 R.-T. Der Rest verteilte sich zwischen Belgien, Frankreich usw. Demnach gehörten Rußland nur 3,48 % aller Schiffe mit 2,2 % des Fassungsvermögens der ganzen Flotte. Mertens, Die Naphtaindustrie in Baku, Archiv für Eisenbahnwesen 1900, S. 458.

es nur in gemünzter Form in den Verkehr übergegangen war, ins Ausland ab. Die Bemühungen Bunges, diesem Übel abzuhelfen, blieben erfolglos. Seine Politik, die auf die Hebung der wirtschaftlichen Kräfte des Landes gerichtet war, konnte erst nach geraumer Zeit ihre Früchte tragen. Er suchte durch hohe Zölle die Industrie vor der ausländischen Konkurrenz zu schützen und ihre Entwicklung zu fördern. Ferner durch Steuerentlastung des Bauerntums, Herabsetzung der Ablösungszahlungen, Errichtung ländlicher Kreditinstitute, die Leistungsfähigkeit des Ackerbaues zu steigern und auf diesem Wege den ganzen Wirtschaftsorganismus zu stärken, und es ihm zu ermöglichen, seine Lasten selbständig zu tragen. Es war zweifellos ein sicherer, aber langer und mühsamer Weg; inzwischen ergab die Zahlungsbilanz bedeutende Fehlbeträge, die starke Nachfrage nach Gold drückte den Kurs des Rubels, die wachsenden Staatsausgaben, auf deren Einschränkung man nicht eingehen wollte, widersprachen der liberalen Steuerpolitik.

Von einem entgegengesetzten Standpunkte betrachtete Wyschnegradski die Lage. Für ihn war die Reorganisation der Volkswirtschaft undenkbar bei der Fortdauer damaliger Währungsverhältnisse. Nur auf der Grundlage eines stabilen, geordneten Geldsystems konnte, seiner Meinung nach, ein gesunder Wirtschaftsorganismus aufgebaut werden, und er beschloß, die Vorbedingungen zu schaffen, welche ihm die Herstellung dieser Grundlage ermöglichen würden. Die Ersetzung der passiven Zahlungsbilanz durch eine aktive, wurde demnach zum Leitmotiv der ganzen, sowohl wirtschaftlichen wie auch finanziellen Politik des neuen Ministers erhoben. Möglichst starke Vergrößerung der Ausfuhr, Einschränken der Einfuhr, Verminderung der ausländischen Zahlungen, Heranziehung des Goldes in das Land und Ansammlung desselben im Schatzamte — das war sein Plan, an den er sich während seiner ganzen Amtszeit mit größter Konsequenz und Rücksichtslosigkeit hielt.

Diese ernste Aufgabe, die er in kürzester Zeit zu lösen beabsichtigte, wurde ihm wesentlich erleichtert durch die vorzüglichen Ernten der Jahre 1887 und 1888 und durch die günstige Gestaltung der Ausfuhrkonjunktur. Die heftige nordamerikanische Agrarkrisis, die durch die fieberhafte Getreideproduktion der letzten Jahre hervorgerufen war, hat zu einer Beschränkung des Weizenareals und zu einem Rückgang des Exports der Vereinigten Staaten geführt. Die Weizenausfuhr Nordamerikas, die sich in der Zeit von 1880 bis 1884 im jährlichen Durchschnitt auf 97,4 Mill. Bush. stellte, sank im Jahrfünft 1885—1889 auf 65 Mill. Bush., wodurch die europäischen Märkte dem russischen Getreide zugänglicher geworden sind. Die Einfuhr von russischem

Weizen nach England belief sich 1877—1886 auf ca. 8 Mill. Quart. jährlich und betrug nur 10 % der gesamten Weizeneinfuhr Englands; im Zeitabschnitte 1887—91 stieg sie auf 16,6 Mill. Quart. und betrug 20,2 % der Gesamteinfuhr. Dasselbe gilt auch für Deutschland, wo das Verhältnis der russischen Getreideeinfuhr zur Gesamteinfuhr in den Zeitabschnitten 1880—84 und 1885—89 für Weizen entsprechend 34,7 % und 52 %, für Roggen 55,9 % und 69,4 % betrug[1].

Obwohl die günstige Konjunktur schon von selbst eine Erhöhung des Exports herbeigeführt hätte, suchte Wyschnegradski ihre Wirkung noch zu verstärken und durch verschiedene Maßnahmen zur weiteren Vergrößerung der Getreideausfuhr beizutragen. Durch Einführung eines Staffeltarifs für den Korntransport im Jahre 1889 wurde es den entfernten östlichen Provinzen ermöglicht, Getreide für den Export zu produzieren. Anderseits wurde der Bauer durch Erhöhung der Steuer und gewaltsame Einziehung der Rückstände zu möglichst starken Getreideverkäufen gezwungen. Dank diesen natürlichen und künstlichen Begünstigungen hat der Getreideexport bedeutende Fortschritte gemacht. Es wurden ausgeführt:

Jahr	Mill. Pud	Jahr	Mill. Pud
1882	301,3	1887	390,7
1883	349,6	1888	546,5
1884	319,5	1889	465,5
1885	330,6	1890	416,7
1886	260,8	1891	389,5
Jahresdurchschnitt	312,4	Jahresdurchschnitt	441,8

Mit der Vergrößerung der Ausfuhr hielt eine starke Einschränkung der Einfuhr Schritt. In dieser Hinsicht folgte Wyschnegradski dem von seinem Vorgänger, Bunge, angebahnten Wege, und suchte durch Erhebung hoher Zölle der ausländischen Industrie den Absatz ihrer Produkte auf dem russischen Markte zu erschweren. Schon im Jahre 1887 wurden die Zollsätze auf Eisen, Stahl, Maschinen, Lokomotiven, Erze, Kohlen, Garn, landwirtschaftliche Werkzeuge etc. von 35 Kopeken auf 1 Rubel pro Pud erhöht. Im Jahre 1890 wurden die Zollsätze auf sämtliche Waren, die in die Häfen der Ostsee eingeführt wurden, provisorisch um 20 % erhöht mit der Begründung, daß die starke damalige Steigerung des Rubelkurses einer Herabsetzung der bestehenden Zollsätze

[1] Entnommen aus Conrad, Die Wirkung der Getreidezölle in Deutschland. Conrads Jahrbücher 1891 und 1894.

gleichkäme und die Einfuhr begünstige. Im Jahre 1891 endlich wurde der Protektionismus durch einen neuen Tarif auf die Spitze getrieben und das Schutzzollsystem fast in ein Prohibitivsystem umgewandelt.

Zollsätze pro Pud in Goldkopeken[1]:

	nach dem Tarif von:	
	1868	1891
Gußeisen	5	75—52,5
Schmiedeeisen	20—50	90—150
Schienen	20	90
Maschinen zu Industriezwecken . .	30	250
Dampfmaschinen	75	300

Wie streng der neue Tarif gewesen ist, das läßt sich am besten aus dem Vergleich verschiedener Zollsätze für Rußland und für das Ausland ersehen:

Zoll pro Pud in Goldkopeken[2]:

	Rußland	Deutschland	Frankreich
Eisen	60—100	7,6—12,7	14,3—26,6
Eisen- und Stahlerzeugnisse .	170—270	30,4	26,6—53,3
Kleine Eisen- und Stahlwerkzeuge	140	50,7—76	49—95
Grobe Baumwollgewebe . . .	1440—5800	618	250—2500

Durch diese stark merkantilistische Politik hat Wyschnegradski das erwünschte Ziel erreicht; der vergrößerten Ausfuhr stand eine verminderte Einfuhr gegenüber und die Handelsbilanz Rußlands begann alljährlich mit bedeutenden Überschüssen abzuschließen.

Jahr	Ausfuhr	Einfuhr	Überschuß	Ausfuhr	Einfuhr	Überschuß
	in Millionen Kreditrubel			in Millionen Goldrubel		
1882	617,8	567,9	49,8	390,4	358,9	31,5
1883	640,3	561,8	78,4	396,3	347,8	48,5
1884	589,9	537,9	52,0	374,0	341,0	32,9
1885	537,9	434,1	103,8	340,5	274,8	65,7
1886	484,1	438,2	45,9	285,1	258,1	27,0
Jahresdurchschnitt	574	508	66	357,5	316,1	41,4

[1] Wittschewsky, Rußlands Handels-, Zoll- und Industriepolitik. Berlin 1905. S. 149.

[2] Issajeff, Zur Politik des russischen Finanzministeriums seit der Mitte der 80er Jahre. Stuttgart 1898. S. 11.

Jahr	Ausfuhr	Einfuhr	Überschuß	Ausfuhr	Einfuhr	Überschuß
	in Millionen Kreditrubel			in Millionen Goldrubel		
1887	617,3	393,2	224,1	343,8	219,0	124,8
1888	784,0	390,7	393,3	466,5	232,5	234,0
1889	750,8	437,0	313,8	494,8	288,0	206,8
1890	693,4	416,0	277,4	503,4	302,0	201,4
1891	707,3	379,3	328,0	472,5	253,4	219,1
Jahres-durchschnitt	710,5	403,2	307,3	456,2	259	197,2

Das Aktivum der Zahlungsbilanz hat also seit dem Amtsantritt Wyschnegradskis ganz enorm zugenommen; es handelte sich nur noch darum, zu verhindern, daß das Passivum anwachse. Den überwiegenden Teil ausländischer Zahlungen bildete der Anleihedienst für die Staats- und Eisenbahnschuld und gegen diesen Posten richtete sich der neue Minister mit größter Energie. Er beschloß vor allem, die 5 % amortisierbaren Anleihen in 4 % Rente umzuwandeln und auf diese Weise die jährliche Zins- und Tilgungsquote zu verringern. An eine gleichzeitige Durchführung der ganzen Operation konnte man jedoch nicht denken, da die Kurse 5prozentiger Papiere den Parikurs noch nicht erreicht hatten. Wyschnegradski faßte daher den Entschluß, mit der Umwandlung nur einer dieser Anleihen zu beginnen und den Gläubigern eine hohe Konversionsprämie anzubieten, so daß der ganze Vorteil sich nur auf die Ersparung der Tilgungsquote beschränken sollte; erst später, nach einer durch Börsenspekulation hervorgerufenen Hebung der Kurse der übrigen 5prozentigen Papiere, sollte die Konversion schon zu günstigeren Bedingungen festgesetzt werden. Auf diesem Wege gelang es dem Minister, schon in drei Jahren ca. 750 Mill. Rub. Goldanleihen umzuwandeln, und zwar gemäß seinem Plane, mit stets geringeren Konversionsprämien; während die erste seiner Konversionsanleihen zu 83,5 % emittiert wurde, stellte sich der Emissionskurs der letzten auf 95,05 %[1]. Obwohl die ganze Operation eine Erhöhung des Kapitalbetrages der Staatsschuld zur Folge haben mußte, so hat sich doch, dank ihr, der jährliche Anleihedienst wesentlich vermindert. (Vgl. die Tabelle auf S. 61.)

Wie aus dieser Zusammenstellung zu ersehen ist, bezogen sich von den 20,7 Mill. Rub., welche die russische Regierung an dem Anleihedienst erspart hat, ca. 15 Mill. Rub. auf die Zahlungen für die auf Metallwährung lautende Schuld, d. h. auf denjenigen Teil der Gesamtschuld, der fast gänzlich im Auslande untergebracht war. Ein wichtiger Passivposten der

---

[1] Schwanebach, Geldreform und Volkswirtschaft, S. 175.

	Betrag	Zins	Tilgung	Gesamter Anleihedienst
	in Millionen Rubel neuer Prägung			
am 1. Januar 1887				
Metallschuld[1]	1975,4	92,9	16,9	109,8
Kreditschuld[1]	2366,3	119,3	33,1	152,4
Zusammen	4341,7	212,2	50,0	262,2
am 1. Januar 1893				
Metallschuld	2064,0	83,6	11,4	95,0
Kreditschnld	2507,0	118,7	27,8	146,5
Zusammen	4571,0	202,3	39,2	241,5
Verminderung (—) event. Vergrößerung (+) . .	+ 229,3	— 9,9	— 10,8	— 20,7

Zahlungsbilanz hat also eine nicht unbeträchtliche Verminderung erfahren. Um ihn auch keiner Vergrößerung auszusetzen, vermied Wyschnegradski sorgfältig die Ausgabe neuer Staatspapiere im Auslande und suchte die Anleihen, die der Staat nicht entbehren konnte, nach Möglichkeit auf dem inländischen Markte unterzubringen. Während seiner fünfjährigen Amtszeit hat Wyschnegradski nur zwei Serien Eisenbahnobligationen zu je 75 Mill. Rub. und eine Staatsanleihe[2] im Auslande emittiert. Auch die Obligationen privater Eisenbahngesellschaften, die seinerzeit ausgegeben wurden, lauteten meistens auf russische Währung (163,4 Mill. Rub. Kredit, gegen 133,6 Mill. Rub. Gold); in der Amtszeit Bunges dagegen hatten sämtliche private Eisenbahngesellschaften ihre Anleihen in ausländischer Valuta emittiert (im Betrage von 168,2 Mill. Rub.)[3].

Außer dem Anleihedienst für den im Auslande untergebrachten Teil der Staatsschuld hatte aber Rußland noch andere Abgaben an das Ausland zu entrichten, nämlich: Zins- und Dividendenzahlungen für die in ausländischen Händen be-

[1] Unter Metallschuld versteht die amtliche russische Terminologie denjenigen Teil der Staatsschuld, der auf ausländische Metallwährungen (oder ausdrücklich auf Goldrubel) lautet und für den auch der Anleihedienst stets in Metall (Gold) zu entrichten ist, unter Kreditschuld — denjenigen Teil der Staatsschuld, der einfach auf Rubel lautet und für den die Entrichtung des Anleihedienstes in Metall von der Erhaltung der Metallwährung abhängig ist. Dementsprechend werden auch die im Umlaufe befindlichen Staatswerte in Metall-(Gold-)Schuldscheine (oder Metallfonds) und Kreditschuldscheine (Kreditfonds) geteilt.

[2] 3 % Goldanleihe von 125 Mill. Rub. (alter Prägung) vom Jahre 1891, von der aber nur 3/5, also 75 Mill. Rub. realisiert wurden.

[3] Migulin, a. a. O. Bd. II, S. 518.

findlichen Aktien und Obligationen privater Eisenbahngesellschaften, Banken und industrieller Unternehmungen, Ausgaben der Regierung für Konsulate, Armee und Marine, endlich Ausgaben der im Auslande weilenden oder ständig lebenden Russen. Eine Einschränkung der beiden ersten Abgaben war selbstverständlich kaum möglich, dagegen war aber, nach der Meinung Wyschnegradskis, eine Verminderung der dritten Abgabe, der Ausgaben der im Auslande lebenden Russen, besonders empfehlenswert und leicht durchführbar. Durch eine starke Erhöhung der Paßsteuer, die seit 1856 nur 5 Rubel halbjährlich betrug (50 Kopeken Steuer und 4,50 Abgabe zu gunsten des Invalidenfonds) sollte den Russen der Aufenthalt im Auslande erschwert werden. „Die russischen Unterthanen“ — schrieb Wyschnegradski in seiner dem Reichsrate vorgelegten Denkschrift — „befinden sich während ihres Aufenthaltes im Auslande unter dem Schutz der Vertreter ihrer Regierung, für deren Unterhalt bedeutende Summen aus der Staatsrentei verausgabt werden. Außerdem beteiligen sich nicht die russischen Reisenden an der Zahlung gewisser Steuern, die in Rußland erhoben werden und führen bei ihrer Rückkehr nach Rußland gewisse Sachen zollfrei ein nur deswegen, weil diese Sachen als gebrauchtes Passagiergut angesehen werden. Endlich ist der Aufenthalt der Russen im Auslande mit der Ausfuhr von Hartgeld verbunden, entweder direkt, oder per Anweisung, was auf das Sinken des Wechselkurses einwirkt und demnach die Ausgaben der Regierung für ausländische Zahlungen vergrößert“.[1] Auf Grund dieser Erwägungen schlug Wyschnegradski vor, die bestehende Paßsteuer durch eine progressive zu ersetzen, die für die ersten 3 Monate des Aufenthalts im Auslande 10 Rubel pro Monat betragen würde, für die nächsten 3—15 Rubel pro Monat usw. bis auf 30 Rubel monatlich[1]. Dieses Projekt wurde jedoch vom Reichsrate zurückgewiesen mit der Begründung, daß auch bei der bestehenden Steuer die Reisen in Zeiten eines Kurssturzes erschwert werden, daß der überwiegende Teil der Reisenden sich aus jungen Leuten rekrutiere, welche sich im Auslande der weiteren Ausbildung wegen länger aufhalten usw. Man beschränkte sich demnach auf eine Erhöhung der Invalidenabgabe von Rb. 4,50 auf 9,50 halbjährlich, was selbstverständlich keine Verminderung der Zahl der Reisenden herbeiführen konnte. Dieser Mißerfolg war jedoch nicht imstande, die Pläne Wyschnegradskis zu durchkreuzen. Der durchschnittliche Überschuß der Handelsbilanz von ca. 300 Mill. Rub. jährlich war weit mehr als ausreichend, um sämtliche ausländische Zahlungen zu decken. Nur im Jahre 1887, als die anti-russische Politik Deutschlands einen starken Kurssturz russischer Werte und ihr massenhaftes Ab-

[1] Zitiert und angegeben bei Migulin, a. a. O. Bd. II, S. 520.

strömen nach Rußland hervorgerufen hatte, ging das Passivum der Zahlungsbilanz über das Aktivum hinaus. Dagegen schloß aber in den folgenden 4 Jahren der Wyschnegradskischen Amtszeit die Zahlungsbilanz stets mit Überschüssen ab. Nach den Berechnungen, die seiner Zeit unter der Leitung des Ministers aufgestellt wurden, war ihre Gestaltung die folgende[1]:

	Aktivum	Passivum	Überschuß
	in Millionen Rubel		
1888	543,3	417,9	125,4
1889	1123,9	1073,9	50,0
1890	763,2	755,7	7,5
1891	768,2	675,3	92,9

Selbstverständlich müssen diese Zahlen als höchst problematisch angesehen werden, da, wie bekannt, die Aufstellung einer exakten Zahlungsbilanz auf unüberwindliche Schwierigkeiten stößt. Dieser Umstand ändert aber nichts an der Tatsache, daß die Zablungsbilanz Rußlands sich unter Wyschnegradski aus einer passiven in eine aktive umgewandelt hat. Den besten Beweis dafür bietet der Kurs des Papierrubels, der im Jahre 1890, nach der Beseitigung der Befürchtungen eines Kriegsausbruchs, mit 77 notiert wurde, und zwar trotz der starken Goldeinkäufe der Regierung.

Mit vollem Erfolge hat also Wyschnegradski den wichtigsten und schwierigsten Teil seines Programms durchgeführt; es blieb nur noch der Regierung übrig, sich gleichzeitig Mittel zu verschaffen, um den Überfluß an Golddevisen anzukaufen und zur Verstärkung des Barfonds zu verwenden. Doch waren zur Zeit des Amtsantritts Wyschnegradskis keine Aussichten vorhanden, daß bei Fortdauer der budgetären Verhältnisse vergangener Jahre dem Schatzamte in der nächsten Zukunft irgendwelche disponible Summen zur Verfügung stehen würden und daß das Schatzamt imstande sein würde, Goldeinkäufe vorzunehmen. Seit Jahrzehnten ist das Budgetdefizit zur chronischen Krankheit der russischen Finanzwirtschaft geworden. Dank äußerster Sparsamkeit, Vervollkommnung des Steuersystems und anderer Maßregeln gelang es zwar dem Minister Bunge das Defizit zu vermindern; aber die großen Geldbedürfnisse für den Ausbau der Flotte, für den Betrieb nicht rentierender Eisenbahnen, für den wachsenden Zinsdienst usw., konnten durch die Einnahmen immer noch nicht befriedigt werden. Die geringe Ergiebigkeit der Steuer paralysierte das ganze Bestreben Bunges und gestattete ihm nicht,

[1] Angegeben bei Migulin, a. a. O. Bd. II, S. 505.

die Ausgaben mit den Einnahmen in Einklang zu bringen. Wyschnegradski beschloß, das Übel um jeden Preis zu bekämpfen. „Man darf unser Finanzsystem nicht eher als befriedigend gelöst betrachten“ — sagte er in seinem ersten Bericht — „als bis im ordentlichen Etat ein Überschuß erreicht wird, der zusammen mit den außerordentlichen Einnahmen, aber ohne Inanspruchnahme der Kredite für die Deckung außerordentlicher Ausgaben ausreichen könnte. Man darf daher keine Anstrengung scheuen, um dieses Ziel zu erreichen.“ Die Zeiten des Bungeschen Steuerliberalismus waren vorbei: schon im Jahre 1887 wurde eine Akzise auf Petroleum und auf Zündhölzer eingeführt, die Getränke-, Tabak- und Zuckerakzise, die Stempelgebühr, die Grund- und Gewerbesteuer wurden erhöht. Dank diesen Maßnahmen haben sich die ordentlichen Einnahmen um 70 Mill. Rub. vergrößert. Gleichzeitig verminderte sich auch, infolge der vorgenommenen Konversionen, der Anleihedienst. Auf diesem Wege gelang es endlich, das Budget ins Gleichgewicht zu bringen und die Fehlbeträge durch Überschüsse zu ersetzen. Im Jahre 1888 überstiegen die ordentlichen Einnahmen die Ausgaben um 58,1 Mill Rub., im Jahre 1889 um 69,1 Mill. Rub., 1890 um 65,9 Mill. Rub., 1891 um 16,3 Mill. Rub., 1892 um 59,4 Mill. Rub., was einen Durchschnittsüberschuß von 53,8 Mill. Rub. pro Jahr ergibt.

Diese Mittel waren aber nicht ausreichend, um die Goldoperation in dem Umfange zu führen, wie es Wyschnegradski beabsichtigte. Er suchte die günstige Konjunktur am stärksten auszunutzen und sich in kürzester Zeit in den Besitz möglichst vieler Golddevisen zu setzen. Um seinen Plan durchzuführen, beschloß er für den Ankauf von Golddevisen nicht nur die budgetären Überschüsse, sondern auch einen Teil der Mittel der Reichsbank zu verwenden. Da man aber das Gold für die Vermittlung des Verkehrs noch nicht verwenden konnte, so wurden die in Gold umgewandelten Mittel der Reichsbank vollständig unbeweglich. Dadurch läßt sich auch die sonderbare Tatsache erklären, die bei der Betrachtung der damaligen Reichsbankausweise deutlich zum Vorschein tritt, nämlich die starke Einschränkung der Handelsoperationen der Reichsbank in den Jahren 1888—92.

(Vgl. die Tabelle[1] auf S. 65.)

Die Golddevisen, die Wyschnegradski alljährlich in bedeutenden Mengen ankaufte, wurden den ausländischen Korrespondenten zugeschickt und bildeten dort ein Guthaben der russischen Regierung. Man verzichtete auf eine sofortige Realisierung aller Devisen und auf eine Heranziehung des baren Goldes

---

[1] Zusammengestellt nach den Tabellen in: Kaschkaroff, Der Geldverkehr in Rußland, Bd. II, S. 35, 37.

im Jahre	Diskontierte Wechsel	Lombard	Darlehen an Landwirtschaft u. Industrie	Zusammen
	Millionen Rubel			
1888	324,7	42,7	20,3	387,7
1889	289,5	53,2	18,8	361,5
1890	237,1	47,3	18,2	302,6
1891	221,7	50,1	17,6	289,4
1892	165,3	49,0	17,9	232,2

nach Rußland, erstens weil die Regierung stets große Zahlungen im Auslande zu entrichten hatte und die Verfügung über ein Guthaben ihr diese Aufgabe erleichterte, zweitens weil man befürchtete, daß eine plötzliche Steigerung der Nachfrage nach barem Golde dessen Preis auf dem Markte erhöhen würde. Die Realisierung der Tratten wurde daher mit äußerster Vorsicht nur allmählich vorgenommen und erst seit 1891 begann das Gold nach Rußland einzuströmen. Bis dahin ließ sich, äußerlich betrachtet, ein Zufluß des gelben Metalls nach Rußland überhaupt nicht feststellen und die Statistik verzeichnete eine alljährliche Mehrausfuhr des Goldes. Da aber letztere geringer war als das Quantum des in Sibirien gewonnenen Metalls, so vergrößerte sich gleichzeitig, wenn auch nur um verhältnismäßig geringe Beträge, der im Lande sich befindende Vorrat. Erst im Jahre 1891 begann ein starkes Einströmen des Goldes nach Rußland und ein bedeutendes Anschwellen des inländischen Metallvorrates auf Kosten des ausländischen Guthabens.

Fassen wir die Resultate der gesamten russischen Goldbeschaffung und -bewegung in den Jahren 1887—1892 zusammen, so erhalten wir folgendes Bild:

Während des Jahres	Mehrausfuhr oder Mehreinfuhr d. Goldes[1]	Goldgewinnung	Am 1. Januar	Gold in Rußland	Gold im Ausland[2]	Zusammen
	Millionen Rubel neuer Prägung			Millionen Rubel neuer Prägung		
—	—	—	1887	332,1	90,1	422,2
1887	— 25,0	39,0	1888	346,0	64,7	410,7
1888	— 21,0	41,4	1889	366,4	79,2	445,6
1889	— 22,2	45,0	1890	389,2	169,4	558,6
1890	— 1,6	41,1	1891	428,7	297,0	725,7
1891	+ 107,5	47,0	1892	583,2	159,6	742,8
1892	+ 156,3	46,0	1893	785,5	86,8	872,3

[1] Angegeben bei Kaschkaroff, a. a. O. Bd. I, S. 226.
[2] In Form von Guthaben bei den ausländischen Korrespondenten.

Das Ergebnis der sechsjährigen Tätigkeit Wyschnegradskis war also eine Vergrößerung des Goldvorrats um rund 450 Mill. Rub. Diesem glänzenden währungspolitischen Erfolge entsprach aber keineswegs die wirtschaftliche Lage des Landes. Die außergewöhnlich hohen Zolltarife hemmten den Fortschritt der Landwirtschaft, indem sie die Einfuhr landwirtschaftlicher Maschinen und künstlicher Düngemittel erschwerten; die rücksichtslose Steuerbelastung des Volkes und der ausgepreßte Getreideexport führten zu einer vollständigen Erschöpfung der Getreidevorräte, was für ein Land mit so stark wechselnden Erntekonjunkturen wie Rußland, höchst bedenklich sein mußte. Darum kümmerte sich aber Wyschnegradski wenig; eine stark aktive Zahlungsbilanz und möglichst schnelle Anhäufung des Goldvorrats war der Zweck, den er verfolgte, alles übrige — nur Mittel zum Zweck. Als im Jahre 1891 die Symptome einer bevorstehenden Mißernte zum Vorschein traten und die Gefahr eines Goldabflusses nahe lag, war Wyschnegradski fest entschlossen, alles mögliche zu tun, um eine stärkere Verminderung der Ausfuhr zu verhindern; „hungern werden wir, aber exportieren werden wir doch!“ sagte er damals[1]. Das Jahr 1891/92 offenbarte die Gefahren dieses ganzen Systems. Infolge der Verarmung des Volkes und der Erschöpfung der Getreidevorräte war das Land vollständig hilflos, um der Hungersnot vorzubeugen. Die Regierung sah sich gezwungen, bedeutende Getreideeinkäufe vorzunehmen; da aber die Nachfrage nach russischem Getreide seitens des Auslandes infolge schlechter europäischer Ernten stark gewesen war und die Konkurrenz der Regierung mit den ausländischen Exporteuren bei den Einkäufen von Getreide dessen Preis erhöht hatte, so beschloß man, die Getreideausfuhr zu verbieten. Da anderseits in den letzten Jahren alle disponiblen Summen des Schatzamtes und der Reichsbank in Gold umgewandelt worden waren, so mußte sich die Regierung die für die geplanten Einkäufe nötigen Mittel auf dem Wege einer Ausgabe von 150 Mill. Rub. Kreditbillets verschaffen. Viel wichtiger war aber der Umstand, daß das Verbot der Getreideausfuhr einen Goldabfluß hervorrufen mußte. Der Überschuß der Handelsbilanz sank von 328 Mill. Kreditrubel im Jahre 1891 auf 71,7 Mill, Rub. im Jahre 1892, die Zahlungsbilanz ergab einen bedeutenden Fehlbetrag, der sich nach den Berechnungen Wyschnegradskis auf ca. 171,5 Mill. Rub. stellte. Um der Gefahr einer stärkeren Verringerung des angesammelten Metallvorrats vorzubeugen, versuchte die Regierung eine 3%ige Goldanleihe im Betrage von 125 Mill. Rub. alter Prägung im Auslande unterzubringen, es gelang ihr aber nur $^{3}/_{5}$ der veranschlagten Summe (75 Mill. Goldrub. = 112,5 Mil-

[1] Schwanebach, a. a. O. S. 21.

lionen Kreditrub.) zu realisieren. Selbstverständlich darf man das System Wyschnegradskis nicht einzig und allein für die Krisis verantwortlich machen. Infolge der Eigentümlichkeiten des Klimas und der primitiven Bodenkultur sind Mißernten eine fast periodische Erscheinung in Rußland. Aber es unterliegt keinem Zweifel, daß die Politik des Ministers die wirtschaftlichen Kräfte des Landes vollständig erschöpft und infolgedessen zur Verschärfung der Krisis im höchsten Maße beigetragen hat. Bei seiner geringen Widerstandsfähigkeit konnte der ganze Wirtschaftsorganismus nur unter besonders günstigen Bedingungen normal funktionieren und jede Stockung war für ihn mit gefährlichsten Folgen verbunden.

Die Politik Wittes.

Die schwere Katastrophe von 1891, die den Sturz Wyschnegradskis herbeigeführt hat, blieb nicht ganz ohne Einfluß auf die wirtschaftspolitischen Ansichten der Regierung. Unter dem ersten Eindrucke der Krisis tauchten gewisse Projekte auf, welche eine Umkehr von dem durch Wyschnegradski eingeschlagenen Wege anzukündigen schienen. Man konnte meinen, daß die Regierung den Gedanken an eine baldige Durchführung der Reform aufgegeben und sich auf wirtschaftspolitischem Gebiete zum Programm Bunges bekehrt hätte. Es wurde z. B. seitens gewisser Regierungskreise vorgeschlagen, die Mittel für den Bau der Sibirischen Eisenbahn auf dem Wege einer neuen Kreditbilletausgabe zu verschaffen und obwohl man sich dazu nicht entschlossen hat, so ist doch die Entstehung eines solchen Projektes charakteristisch für die damals herrschenden Ansichten. Gleichzeitig entschloß man sich auch zu einer Reform der Reichsbank, die bisher vorwiegend kurzfristigen, kaufmännischen Kredit gewährt hatte und deren Tätigkeit in den letzten Jahren der „Goldpolitik“ Wyschnegradskis angepaßt war. Im Jahre 1894 wurde der Reichsbank die Befugnis erteilt, ihre Tätigkeit auszudehnen, durch Gewährung von langfristigen Darlehen an Landwirte, Hausindustrielle, Städte etc.[1]). Diese wichtige Neuerung machte zweifellos den Eindruck des ersten Schrittes auf einem Wege, der vielleicht zu einer weiteren Förderung der Landwirtschaft, zu einer Entlastung des Bauerntums von fiskalischen Abgaben usw. führen sollte.

Bald erwies sich aber die eingeleitete Reformbewegung als Resultat einer vorübergehenden Schwankung auf währungspolitischem Gebiete, die durch die Erfahrungen des Jahres 1891 hervorgerufen wurde. Man sah im Finanzministerium nach kurzer Zeit ein, daß man mit den Vorbereitungsarbeiten

[1] Schwanebach, a. a. O. S. 45.

zur Geldreform zu weit gegangen war, um jetzt plötzlich halb unterwegs stehen zu bleiben und durch einen Systemwechsel die ganze Frage auf ein neues Gleis zu lenken. Infolge der eifrigen Umwandlung eines Teils seiner Einnahmen in Gold, geriet das Schatzamt in den letzten Jahren in eine höchst unbequeme Lage. Da für die inländischen Ausgaben der Regierung noch immer nur die uneinlösbaren Kreditbillets in Betracht kommen konnten, so war die große Goldbarschaft, über die sie verfügte, vom budgetären Standpunkte aus betrachtet, eine tote Last. Bei jeder Vergrößerung der Ausgaben empfand das Schatzamt einen Mangel an disponiblen Umlaufsmitteln und mußte entweder zu neuen Steuern oder zur Neuausgabe von Kreditbillets greifen. Dieses beweisen deutlich die Berichte der Reichskontrolle über die freie Barschaft des Schatzamtes, das heißt über diejenigen Summen, die dem Schatzamte zur Verfügung standen, nachdem sämtliche Zahlungen, die es zu entrichten hatte, berücksichtigt worden waren [1].

Am 1. Januar des Jahres	In Gold neuer Prägung	In Silber und Kreditbillets	Zusammen
	Millionen Rubel		
1887	+ 45,2	+ 41,0	86,2
1888	+ 45,6	+ 84,0	129,6
1889	+ 61,2	+ 80,0	141,2
1890	+ 151,3	+ 41,3	192,6
1891	+ 209,1	— 4,2	204,9
1892	+ 165,8	— 140,4	25,4
1893	+ 291,2	— 219,3	71,9

Seit 1891 hatte das Schatzamt ein beständiges Minus in seiner Kreditbilletbarschaft und unter diesen Umständen mußte der allmähliche Übergang zur Goldwährung für die Regierung höchst wünschenswert sein, da er ihr die eventuelle Inanspruchnahme der Goldbarschaft für laufende Ausgaben ermöglicht hätte. Anderseits wollte man wahrscheinlich die weitere Umwandlung der Mittel des Schatzamtes in Gold nicht unterlassen, in Anbetracht der außergewöhnlich günstigen Lage des Goldmarktes. Seit dem Beginn der 90er Jahre hat die Weltgoldproduktion beträchtliche Fortschritte gemacht, wodurch die Beschaffung des gelben Metalls in hohem Maße erleichtert wurde, und diese Begünstigung mußte auf die Absichten der Regierung bezüglich der Geldreform stark anregend wirken. Endlich hat sich auch unter dem Einflusse der vorzüglichen

[1] Kaschkaroff, a. a. O. Bd. II, S. 125.

Ernte des Jahres 1893 die Erinnerung an die traurigen Erfahrungen des vorhergehenden Jahres etwas verwischt.

Die allgemeine Gestaltung der Verhältnisse veranlaßte also den Nachfolger Wyschnegradskis, Witte, dem System seines Vorgängers treu zu bleiben und die endgültige Durchführung der Geldreform in den Vordergrund seiner Finanzpolitik zu stellen. Doch hatten sich mit dem Rücktritte Wyschnegradskis die Zustände ganz wesentlich verändert. Der prohibitive Zolltarif von 1891 hat zu einem Zollkriege mit Deutschland geführt; der Zoll auf wichtigste russische Waren wurde um 50 % erhöht, wodurch der russischen Landwirtschaft der Absatz ihrer Produkte auf einem ihrer wichtigsten Märkte im hohen Maße erschwert wurde. Unter dem Einflusse der abnorm hohen Zölle, mußte sich die russische Ausfuhr nach Deutschland stark vermindern. Ihr Wert betrug [1]:

im Jahre	Mill. Mark
1890	522,8
1891	578,7
1892	381,7
1893	352,4
1894	439,3

Der Export des Jahres 1893, zur Zeit des Zollkrieges, war also noch geringer, wie der des Jahres 1892, als die Hungersnot ein Verbot der Getreideausfuhr herbeigeführt hatte. Die mißlichen Folgen des Zollkrieges veranlaßten Rußland, das Prinzip der Autonomie des Zolltarifs aufzugeben, und mit Deutschland und anderen Staaten Handelsverträge abzuschließen. Nach dem Konventionaltarif von 1894, betrugen z. B. die Zollermäßigungen für den deutschen Import, im Vergleich zum Tarif von 1891: 17—20 % für unbearbeitetes Eisen, 18 % für eiserne Geräte und Maschinen, 10 % für kupferne Geräte und Maschinen, 20 % für Lederwaren, 17 % für Schreibpapierwaren, 12—30 % für Wollstoffe, 17—20 % für Töpfer-Fayencewaren [2].

Die Folgen waren leicht vorauszusehen: nach der Herabsetzung der Zollsätze vergrößerte sich beträchtlich die russische Einfuhr, die seit dem Beginn der 80er Jahre in fast andauerndem Sinken begriffen war.

(Vgl. die Tabelle auf S. 70.)

Von 403,3 Mill. Rub. im Jahresdurchschnitte der Periode 1887—1892 stieg die russische Einfuhr auf 554,8 Mill. Rub.

[1] Zweig, Die russische Handelspolitik seit 1877. Leipzig 1906. S. 40.
[2] Wittschewsky, Rußlands Handels-, Zoll- und Industriepolitik. S. 162.

Einfuhr in Millionen Rubel[1]:

Jahre	Maschinen	Schmiede-eisen	Stahl	Eisen- und Stahlwaren	Kupfer-fabrikate
1885	14,3	8,66	1,32	4,81	1,38
1889	22,44	9,0	3,06	3,92	1,63
1890	20,55	9,52	3,12	3,44	1,5
1891	20,81	6.58	3,15	3,45	1,57
1892	23,3	5,23	3.26	2,97	1,53
1893	28,0	9,36	5,18	4,09	1,84
1894	45,28	19,7	8,99	5,82	2,36
1895	51,96	23,76	7,31	6,62	2,42
1896	59,83	29,3	7,98	8,25	2,6
1897	52,63	28,0	8,53	8,4	2,75
1898	80,0	18,1	6.26	9,1	3,34

Jahre	Gußeisen-fabrikate	Woll-fabrikate	Baumwoll-fabrikate	Papier-waren	Leder-waren
1885	1,04	4,6	2,98	1,33	4,82
1889	0,87	3,27	2,13	1,32	3,3
1890	0,85	3,32	1,9	1,31	3,1
1891	0,81	3,36	1,3	1,46	2,55
1892	0,59	2,6	0,93	1,43	2,03
1893	0,74	2,75	0,87	1,56	2,53
1894	1,1	3,7	1,27	1,97	2,63
1895	1,42	4,5	1,38	2,61	2,95
1896	1,82	4,9	1,54	3,05	2,9
1897	2,1	4,73	1,75	2,67	3,43
1898	2,9	5,03	2,22	5,28	3,82

in den folgenden 6 Jahren 1893—1898. Dieses starke Anwachsen läßt sich jedoch nicht ausschließlich auf die Herabsetzung der Zölle zurückführen. Auch der plötzliche Aufschwung der russischen Industrie im Zeitabschnitte 1894—98 hat dazu in hohem Maße beigetragen, indem er die Nachfrage nach ausländischen Maschinen und Werkzeugen bedeutend erhöhte[2]. Infolgedessen hat auch den stärksten Steigerungsgrad die Einfuhr von Metallen und Metallfabrikaten erfahren. Sie betrug:

---

[1] Zweig, a. a. O. S. 156 ff.

[2] Man könnte auf den ersten Blick glauben, daß die Aufwärtsbewegung der russischen Industrie einzig und allein durch die Erleichterung der Einfuhr von ausländischen Maschinen hervorgerufen worden war. Wir werden im Folgenden sehen, daß die Industrialisierung Rußlands in den Jahren 1894—98 durch mehrere Faktoren gefördert wurde.

im Jahre	Mill. Rub.	im Jahre	Mill. Rub.
1887	48,5	1893	90,2
1888	54,2	1894	137,3
1889	69,2	1895	135,9
1890	67,7	1896	165,6
1891	62,2	1897	151,2
1892	70,5	1898	171,8
Durchschnitt	62,05	Durchschnitt	142,0

Die Vergrößerung der Einfuhr von Metallerzeugnissen war aber für Witte keineswegs eine unerwünschte Erscheinung. Im Gegenteil; es lag gewissermaßen in seinem Interesse, die Einfuhr ausländischer Maschinen und Werkzeuge zu erleichtern und auf diesem Wege die Entwicklung der russischen Industrie zu fördern. Der Gedanke aber, die merkantilistische Politik Wyschnegradskis vollständig aufzugeben, lag ihm fern. „Indem wir einmal den Weg der Beschützung der inländischen Industrie betreten haben, — schreib er in seinem Berichte über das Budget für 1898, — sind wir gezwungen, die Resultate dieser Politik abzuwarten. Eine Änderung der bestehenden Verhältnisse des internationalen Verkehrs wäre äußerst schädlich und ungerecht; sie würde viele Unternehmer der Gefahr ganz unverdienter Verluste aussetzen und eine Zurückziehung der Kapitalien von den schon eingebürgerten Zweigen der Produktion hervorrufen. Eine derartige Umwälzung der industriellen Verhältnisse des Landes müßte ungünstig auf alle Geldgeschäfte einwirken und die Stabilität der Valuta gefährden.“ Die liberale Zollpolitik Wittes beschränkte sich also nur auf diejenigen Produkte, die zum Aufschwunge der russischen Industrie beitragen konnten. Sein Merkantilismus war tiefer und scharfsinniger als der Wyschnegradskis. Durch die Erleichterung der Einfuhr gewisser ausländischer Erzeugnisse suchte er der russischen Volkswirtschaft eine allmähliche Bekämpfung der ausländischen Konkurrenz zu ermöglichen. Obwohl die Handelsbilanz unter der verstärkten Einfuhr leiden mußte und ihre großen Überschüsse der letzten Jahre einer Verminderung ausgesetzt wurden, so war dies für Witte nur ein Übel vorübergehender Natur. Denn die russische Industrie sollte schon in der nächsten Zukunft den inländischen Markt mit ihren Erzeugnissen versorgen und eine Verminderung der Einfuhr herbeiführen. Nicht im Ziel, wohl aber in den Wegen zur Erreichung dieses Zieles unterschied sich das System Wittes von dem seines Vorgängers. Beide erstrebten Einschränkung des Imports und möglichst große Ausfuhrüberschüsse, diese wichtigsten Vorbedingungen für die natürliche Balancierung der Zahlungsbilanz und Erhaltung des Metallvorrates im Lande. Da aber die hochschutzzöllnerische, fast prohibitive Politik Wyschnegradskis sich als unhaltbar erwiesen hatte, so wurde sie von seinem Nachfolger durch eine andere ersetzt, die zwar in der ersten Zeit gewisse Opfer forderte, aber in der Zukunft reifere, dauernde Früchte tragen sollte.

Durch allerlei Unterstützungen suchte die russische Regierung seit dem Amtsantritt Wittes, die Entwicklung der inländischen Industrie zu fördern und ihr zur Emporhebung auf eine höhere Stufe zu verhelfen. Schon der noch immer hohe Zolltarif erleichterte den russischen Waren die allmähliche Verdrängung fremder Produkte vom inländischen Markte. Aber nicht nur der Schutzzoll sicherte der jungen Industrie einen Absatz ihrer Erzeugnisse. So z. B. waren die privaten Eisenbahngesellschaften verpflichtet, mindestens die Hälfte ihres Schienenbedarfs im Inlande zu decken und ihr Betriebsmaterial gänzlich aus den russischen Werken zu beziehen[1]. Die rapide Ausdehnung des staatlichen Eisenbahnnetzes unter Witte begünstigte die Eisenbahnindustrie in besonders starkem Maße und machte den Staat zum Hauptabnehmer der Erzeugnisse dieses wichtigsten Produktionszweiges. In der zweiten Hälfte der 90er Jahre lieferten die Eisenwerke von Jusowka ca. 82 % ihrer Gesamtproduktion an den Staat, die Werke Druschkoff 72 %, die von Brjansk 58 %, die Werke der Russisch-Belgischen Gesellschaft 56 %, von Taganrog 29 %[2]. Die Regierung suchte aber die Leistungsfähigkeit der Eisenfabriken nicht nur durch große staatliche Bestellungen, sondern auch durch Gewährung von verhältnismäßig hohen Prämien zu steigern. Für die an den Staat gelieferten Produkte wurde den Werken ein Preis von 1,25 Rub. pro Pud Eisen gezahlt, während der Marktpreis sich gleichzeitig auf 80 Kop. stellte[3].

Hat die Regierung auf diesem Wege den Boden für das Anpflanzen einer heimischen Industrie vorbereitet, so hat andererseits das Ausland die nötige Aussaat dafür geliefert — das Kapital. Wir werden in einem anderen Zusammenhange auf den Umfang und die allgemeine Bedeutung der Kapitalinvestierungen näher eingehen. Hier begnügen wir uns mit

---

[1] Diese Verfügung stammt aus dem Jahre 1876, hat jedoch damals zum Aufschwunge der Eisenindustrie nicht beitragen können. Der Staat gewährte den Werken gleichzeitig hohe Produktionsprämien, und zwar nicht nur denjenigen, die neue Schienen verarbeiteten, sondern auch solchen, die verbrauchte Schienen aus dem Auslande bezogen und umarbeiteten. Da anderseits der Import von Gußeisen und Stahlbruch für Fabrikationszwecke zollfrei war, so konnten die selbständigen Werke mit den Umarbeitungsfabriken nicht konkurrieren. Erst mit der Abschaffung der zollfreien Einfuhr von Gußeisen im Jahre 1887 haben sich die Verhältnisse verändert. (Näheres: Wittschewsky, a. a. O S. 236,)

[2] Oserow, Das wirtschaftliche Rußland und seine Finanzpolitik. Moskau 1905. S. 118 ff.

[3] Ibid. S. 120.

der Feststellung der Tatsache, daß der mächtige Strom ausländischer Kapitalien, den die günstigen Aussichten nach Rußland gelenkt haben, die allmähliche Industrialisierung des Landes ermöglicht hat.

Es läßt sich nicht leugnen, daß die ersten Ergebnisse der Witteschen Politik den besten Hoffnungen entsprachen. Die rapide Aufwärtsbewegung der russischen Industrie ist leicht zu ersehen aus folgender Zusammenstellung des Finanzministers, die zwar an Zuverlässigkeit etwas zu wünschen übrig läßt, aber doch den allgemeinen Entwicklungsgang widerspiegelt.

Produktionswert in Millionen Rubel[1]:

	1887	1892	1897
Textilstoffe	464,2	581,6	946,3
Nahrungsstoffe	37,9	47,9	95,7
Tierische Stoffe	79,6	72,6	132,6
Holzstoffe	25,7	33,3	102,9
Papier	21,0	25,5	45,5
Chemische Produkte	21,5	35,3	59,6
Keramische Produkte	29,0	32,3	82,6
Metallfabrikate	112,6	162,3	310,6
Sonstige	10,4	19,5	41,0
Zusammen	802,0	1010,3	1816,8

Von 1887—1892 ist der Produktionswert der russischen Fabrikate um 26 %, der von 1892—1897 dagegen um ca. 80 % gestiegen. Einen gleichen Aufschwung hat auch die Montanindustrie erfahren.

Produktion in Millionen Pud:

	1887	1892	1897	1898
Steinkohle	277	424	684	746
Naphta	167	299	478	507
Roheisen	36	64	113	134
Eisen	22	29	30	30
Stahl	14	31	74	90

Dank dem Schutzzolle und der eifrigen Unterstützung der Regierung, gelang es tatsächlich der russischen Industrie auf gewissen Gebieten die ausländische Konkurrenz zu bekämpfen und den inländischen Markt in wachsendem Maße mit ihren Erzeugnissen zu versorgen. Den Beweis dafür bietet der sinkende

[1] Bericht des Finanzministers an den Kaiser über das Budget für das Jahr 1900.

Anteil des Imports an der Deckung des Bedarfs an einer Reihe von Artikeln. Für Roheisen stellte sich das Verhältnis des Verbrauches von in- und ausländischem Produkt zum Gesamtverbrauch folgendermaßen[1]:

im Jahre	Verbrauch von Roheisen und Eisen in Millionen Pud	davon	
		russischer Erzeugung	ausländischer Erzeugung
1880	69,2	20,1 %	79,9 %
1890	82,3	68,0 %	32,0 %
1894	126,9	62,6 %	37,4 %
1896	148,0	66,6 %	34,2 %
1897	164,5	68,6 %	31,4 %

Auch die inländische Baumwolle hatte in einem Jahrzehnt stark an Bedeutung gewonnen[2].

im Jahre	Verbrauch von Baumwolle in Millionen Pud	davon	
		russischer Erzeugung	ausländischer Erzeugung
1890	7,9	24,8 %	75,2 %
1895	11,9	29,6 %	70,4 %
1900	16,7	45,7 %	54,3 %

Die Produktion von chemischen Produkten hat sich bedeutend vergrößert, während bei der Einfuhr sich eine Tendenz zum Sinken bemerkbar machte[3].

Produktion		Einfuhr	
im Jahre	Millionen Rubel	im Jahre	Millionen Rubel
1890	18,2	1891/95	30,4 im Jahresdurchschnitt
1893	25,6		
1896	38,1	1896	31,5
1897	38,9	1897	28,7
1900	47,7	1900	26,1

Es wäre hier nicht am Platze, auf die Berechtigung der ganzen Industriepolitik einzugehen und ihren Einfluß auf die gesamte russische Volkswirtschaft zu untersuchen. Vom währungspolitischen Standpunkte ist für uns nur der Umstand maßgebend, daß die Bestrebungen Wittes nicht vollständig

---

[1] Brandt, Ausländische Kapitalien und ihr Einfluß auf die wirtschaftliche Entwicklung des Landes, Bd. II, S. 72.
[2] Wiestnik Finansow 1906, Nr. 3.
[3] Zweig, a. a. O. S. 94.

fruchtlos geblieben waren, und daß sich schon in verhältnismäßig ganz kurzer Zeit eine erhöhte Verwendung russischer Produkte für den inneren Konsum geltend machte. Die erste schwierigste Probe hat keineswegs Schiffbruch gelitten. Für ganz berechtigt betrachtete man also den festen Glauben des Finanzministers an „die stetige Weiterentwicklung der produktiven Kräfte Rußlands“, und auch daran, daß die inländische Industrie sich in einiger Zeit auf die Höhe der westeuropäischen emporheben und den Import von fremden Fabrikaten allmählich zurückdrängen würde. Man dachte sogar an eine Ausdehnung ihres Absatzmarktes über die Grenzen des Russischen Reiches hinaus, an eine industrielle Eroberung des fernen Ostens nach dem Ausbau der Sibirischen Bahn, die den russischen Erzeugnissen den Weg bis zum Stillen Ozean ebnen sollte.

Alle diese Hoffnungen waren aber nur Zukunftsmusik. Bisweilen war die, durch den Aufschwung der Industrie hervorgerufene Steigerung der Einfuhr von Metallerzeugnissen weit stärker, als das Zurückdrängen des Imports durch die Eigenproduktion, und die Fabrikatenausfuhr hatte nicht die geringsten Fortschritte zu verzeichnen. Im Gegenteil; sie verminderte sich beträchtlich und ihr Wert sank von 20,4 Mill. Rub. im Jahresdurchschnitte der Periode 1888—1893 auf 8,75 Mill. Rub. in den Jahren 1894—1899. Auch die Ausfuhr von rohen und halbverarbeiteten Materialien hat eine Einschränkung erfahren: sie stellte sich in den beiden erwähnten Zeitabschnitten entsprechend durchschnittlich auf 248 Mill. Rub. und 240 Mill. Rub. pro Jahr.

Wenn nun auch die Vergrößerung der Einfuhr als eine vorübergehende Erscheinung angesehen wurde, so lag es doch im Interesse der Regierung einer sogar zeitweisen Verschlimmerung der Handelsbilanz entgegenzuwirken und für eine möglichst starke Erhöhung des Getreideexports zu sorgen. Durch Ausdehnung des Eisenbahnnetzes und weitere Vervollkommnung des Frachttarifes suchte Witte dem Kornbau neue Flächen aufzuschließen und zur internationalen Getreidekonkurrenz heranzuziehen. Seit 1892—1898 hat sich das Eisenbahnnetz von 28,718 Werst bis auf 37,800 Werst erweitert. Im Jahre 1893 wurde der neue Korntarif mit stark abstufenden Sätzen eingeführt; die Fracht betrug:

für den Auslandsverkehr		für den Inlandsverkehr	
Entfernung Werst	Kopeken pro Waggon und Werst	Entfernung Werst	Kopeken pro Waggon und Werst
0—180	25	0—320	18
180—980	9	320—980	9
980—	5	980—	5

Im Vergleich mit dem Tarif von 1889 haben die Transportkosten folgende Ermäßigung erfahren[1]:

Entfernung in Werst	Fracht für Wagenladung von 610 Pud in Rubel		
	Tarif 1889	Tarif 1893 Innenverkehr	Tarif 1893 Außenverkehr
100	25,40	18,0	25,0
300	68,54	54,0	55,8
500	92,99	73,8	
700	108,38	91,8	
900	123,65	109,8	
1100	138,64	123,0	
1300	153,98	133,0	
1500	169,13	143,0	
2000	189,15	158,0	
2500	204,42	193,0	

Wie erheblich der russische Tarif die Getreidefracht für weitere Entfernungen reduzierte, läßt sich am besten aus dem Vergleich der Transportkosten Rußlands und Deutschlands ersehen. Für eine Wagenladung von 610 Pud = 10 t wurden erhoben: (mit Nebengebühren in Mark)[2].

Entfernung	nach dem russ. Tarif von 1897		nach dem deutschen Tarif
	Inlands-verkehr	Auslands-verkehr	
180 Werst = 192 km	83,55	110,75	98,40
320 " = 342 "	137,95		165,90
800 " = 856 "	231,25		397,20
980 " = 1049 "	265,25		484,05
1500 " = 1605 "	322,45		744,25
2000 " = 2140 "	376,45		975,00
2500 " = 2657 "	430,45		1215,75

Die starke Differenzierung des Tarifs, dank welcher dem Getreide des entlegenen Steppenrayons und des Uralgebietes der Weg zu den Häfen eröffnet wurde, mußte die Getreideausfuhr in demselben Maße steigern wie der forcierte Eisenbahnbau und die wachsende Steuerbelastung des Volkes. Infolge dieser Maßnahmen gelang es tatsächlich, die Getreideausfuhr zu erhöhen; sie stellte sich im Jahrfünft 1893—1898

[1] Weryho, Die Getreide- und Mehl-Eisenbahntarife Rußlands im letzten Dezennium (1889—1899). Leipzig 1900. S. 20, 21.
[2] Weryho, a. a. O. S. 16.

durchschnittlich auf 522,8 Mill. Pud gegen 441,8 Mill. Pud des vorhergehenden Jahrfünftes. Inzwischen hat sich aber die Lage des Weltmarktes wesentlich verändert; die guten Ernten in den meisten getreideproduzierenden Ländern haben das Angebot von Getreide plötzlich stark vergrößert, was ein Sinken seines Preises hervorrufen mußte. In den Jahren 1887 bis 1892 (mit Ausnahme von 1891) stellte sich der Preis des unverzollten Weizens in Danzig pro 1000 kg durchschnittlich auf 143,5 Mk. in den Jahren 1893—97 auf 117,2 [1]. Infolgedessen hat sich der Wert der Getreideausfuhr beträchtlich vermindert, trotz ihrer quantitativen Steigerung.

Getreideausfuhr:

im Jahre	Millionen Rubel	im Jahre	Millionen Rubel
1887	322,6	1893	295,8
1888	442,4	1894	381,3
1889	376,3	1895	335,9
1890	339,7	1896	322,4
1891	354,3	1897	353,3
Durchschnitt	363,1	Durchschnitt	338,0

Die beiden Posten der Handelsbilanz haben also eine Umgestaltung erfahren; einerseits hat sich die Einfuhr infolge der Herabsetzung der Zölle und des Aufschwungs der Industrie vergrößert; anderseits hat sich der Wert der Ausfuhr infolge der ungünstigen Lage des Weltgetreidemarktes vermindert.

im Jahre	Ausfuhr	Einfuhr	Überschuß
	Millionen Rubel		
1893	599,2	463,5	135,7
1894	668,7	559,6	109,1
1895	689,0	538,5	150,5
1896	688,5	589,8	98,7
1897	726,6	560,0	166,6
1898	732,7	617,5	115,2
Jahresdurchschnitt:			
1893/98	684,1	554,8	129,3
1887/92	710,6	403,3	307,3

Die Überschüsse der Handelsbilanz der 90er Jahre sind im Vergleich mit den Überschüssen der Wyschnegradskischen Epoche durchschnittlich um rund 180 Mill. Rub. gesunken. Selbstverständlich konnte die sibirische Goldgewinnung diese

[1] Statistisches Jahrbuch für das Deutsche Reich.

Lücke nicht ausfüllen. Sie hat zwar seit 1893 gewisse Fortschritte gemacht, doch konnten die paar Millionen Rubel, um die es sich handelte, nur eine ganz minimale Rolle spielen; der Wert des produzierten Goldes betrug in den Jahren 1887 bis 1892 durchschnittlich ca. 43 Mill. Rub., in den Jahren 1893—97 ca. 47 Mill. Rub. Im ganzen besaß also Rußland für die Deckung seiner sämtlichen ausländischen Zahlungsverpflichtungen ca. 175 Mill. Rub. pro Jahr.

War dieser Betrag ein ausreichendes Gegengewicht für das damalige Passivum der russischen Zahlungsbilanz?

Wir sind weit entfernt, letzteres ziffernmäßig analysieren zu wollen, da es überhaupt unmöglich ist, den größeren Teil der Bilanzposten (wie Zins- und Dividendenzahlungen für die in Rußland angelegten ausländischen Kapitalien, Ausgaben der Regierung für Heer und Marine, endlich Ausgaben der im Auslande lebenden Russen) statistisch zu erfassen. Die Gestaltung der Zahlungsbilanz läßt sich keineswegs im einzelnen, sondern nur im ganzen beurteilen, und zwar allein nach der weiteren Entwicklung der allgemeinen Verhältnisse. Wir stützen uns deshalb auf die Ergebnisse der Untersuchung, die Wyschnegradski über die Höhe des Passivums der Zahlungsbilanz angestellt hat. Nach seinen Erhebungen stellte sich der Gesamtbetrag der Zahlungen, die Rußland dem Auslande in der Mitte der 90er Jahre alljährlich zu leisten hatte, durchschnittlich auf etwa 230 Mill. Rub., wovon etwa 140 Mill. Rub. auf den Anleihedienst, 90 Mill. Rub. auf die übrigen oben erwähnten Posten des Passivums der Zahlungsbilanz entfielen[1]. Selbstverständlich darf dieses Ergebnis nicht als ein mit der tatsächlichen Gestaltung der Dinge völlig übereinstimmendes betrachtet werden. Die genaue Bestimmung des Passivums der Zahlungsbilanz und ihres Fehlbetrages ist jedoch von nebensächlicher Bedeutung. Wichtig ist nur der Umstand, daß die Passivität der Zahlungsbilanz der 90er Jahre von einer Autorität, wie Wyschnegradski, öffentlich anerkannt wurde. Aber trotz der Unterbilanz verminderte sich der Goldvorrat Rußlands nicht im geringsten. Im Gegenteil: in den Jahren 1893—98 hat er eine Vergrößerung von über 700 Mill. Rub. erfahren.

Wie hat sich nun Rußland die enormen Summen beschafft, die es ihm ermöglichten, seine Zahlungsbilanz ins Gleichgewicht zu bringen und den Geldvorrat zu vergrößern? Durch Operationen dreifacher Art: 1. Emission von Staats- und Eisenbahnanleihen im Ausland, 2. Verkauf von inländischen Wertpapieren an das Ausland, 3. Heranziehung ausländischer Kapitalien für industrielle Zwecke.

---

[1] Angegeben bei Schwanebach, a. a. O. S. 81, 90.

1. Die Notwendigkeit, der Metallabfluß-Tendenz entgegenzuwirken, äußerte sich vor allem in der starken Vergrößerung der ausländischen Staatsschuld Rußlands seit dem Amtsantritt Wittes. In den Jahren 1893—1898 hat Rußland folgende, auf fremde Währung lautende Staatsanleihen ausgegeben:

1893	erste 3 % Goldanleihe[1], im Betrage von	75,0	Mill. Rub.
1894	zweite „ „ „ „ „	62,4	„ „
1896	dritte „ „ „ „ „	150,0	„ „
1895	3,5 % „ „ „ „	55,8	„ „
1893—98	3,5 % Pfandbriefe der Adelsbank	250,0	„ „
	Zusammen	593,2	Mill. Rub.

Außer den Staatsanleihen hat Rußland in den Jahren 1893—98 im Auslande neue Eisenbahn-Obligationen im Betrage von 426,8 Mill. Rub. untergebracht[2]. Obwohl diese Anleihen für den Ausbau des Eisenbahnnetzes bestimmt waren, so hatten sie doch auch eine wichtige, währungspolitische Rolle zu spielen. „Der Golderlös aus diesen (Eisenbahn-)Anleihen — schrieb der ehemalige Reichskontrolleur, Schwanebach, der über den Gang der Goldoperationen wohl gut informiert war —, gelangt in die ausländischen Kassen der Regierung und dient dort als eine direkte Quelle zur Deckung der laufenden ausländischen Zahlungen. Dagegen werden den Eisenbahnkompagnien entsprechende Summen aus den inländischen Geldbeständen ausgezahlt, einerlei ob in Kreditbillets oder in Gold, denn diese Mittel werden von den Eisenbahnen im Inlande verausgabt, so daß das Gold ins Ausland nicht abfließt. Auf diesem Wege werden gleichzeitig zwei Zwecke erreicht: die Ausdehnung des Eisenbahnnetzes und die Erhaltung des Goldes im Lande“[3].

Insgesamt hat also Rußland in den ersten sechs Jahren der Witteschen Amtsperiode neue Staatspapiere im Betrage von 1020 Mill. Rub. untergebracht.

2. Die Balancierung der passiven Zahlungsbilanz mittels staatlicher Inanspruchnahme des ausländischen Kredits, erfolgte nicht nur durch Ausgabe neuer Anleihen, sondern auch durch Veräußerung russischer, im Inlande untergebrachter Staatspapiere an das Ausland, oder mit anderen Worten, durch Vergrößerung der ausländischen Staatsschuld auf Kosten der inländischen. Durch verschiedene Maßnahmen suchte die Finanzverwaltung die russischen Fonds ins Ausland abzustoßen. So machte man im Jahre 1897 den Inhabern von Wertpapieren, die auf ausländische Währung lauteten, den Vorschlag, letztere zu günstigen Bedingungen gegen 4 % Staatsrente um-

[1] Zweiter Teil der 3%igen Goldanleihe von 1891 (2/5).
[2] Schwanebach, a. a. O. S. 189.
[3] Schwanebach, a. a. O. S. 94.

zutauschen; die Goldschuldscheine, welche die Regierung auf diesem Wege erhalten hat, wurden an das Ausland veräußert. Um auch der russischen Rente das Abströmen ins Ausland zu ermöglichen, wurde beschlossen, die ausländischen Inhaber der letzteren von der 5 % Kouponsteuer zu befreien und die Zinszahlung für die auf inländische Währung (auf Rubel) lautende Werte auch in Mark, Francs und Pfund Sterling zu entrichten [1]. Diese Maßregeln haben das erwünschte Resultat nicht herbeigeführt, da man im Auslande stets die sogenannten Metallfonds bevorzugte. Daß der Abfluß letzterer bedeutend gewesen war, beweist die Statistik der in inländischen Kreditanstalten hinterlegten russischen Staatswerte [2], aus der sich die stark sinkende Beteiligung des Inlandes an der auf Metallwährung lautenden Staatsschuld leicht ersehen läßt [3].

im Jahre	Goldschuldscheine im Verkehr	deponiert in russischen Kreditanstalten	% Verhältnis
	Millionen Rubel		
1893	3207,3	429,8	13,4
1894	3180,0	384,1	12,1
1895	3460,4	326,0	9,4
1896	3373,6	316,0	9,4
1897	3601,0	301,7	8,4
1898	3644,1	288,6	7,9
1899	3503,2	244,0	7,0

Der Gesamtbetrag der in das Ausland abgestoßenen russischen Staatspapiere stellte sich in den Jahren 1893 bis 1895 nach den Ermittelungen von Wyschnegradski auf 174 Mill. Rub., in den Jahren 1896—1898, nach Schwanebach, auf 200 Mill. Rub.

So hat sich die russische Regierung zu helfen gesucht, als sie auf einen automatischen Metallzufluß aus dem Auslande, wie er unter Wyschnegradski stattfand, infolge der Umgestaltung der Verhältnisse nicht mehr rechnen konnte. Sie hatte jetzt keine Möglichkeit, das zur Ansammlung des Goldvorrates nötige Metall sich durch Ankauf von Golddevisen zu beschaffen, da der ehemalige Überfluß durch einen Mangel ersetzt wurde. Aber dank dem bedeutenden ausländischen Guthaben, über das die Regierung verfügte und das sie durch andauernde Inanspruchnahme des fremden Kredits stets auf der erforderlichen Höhe zu erhalten pflegte, war sie imstande gewesen, durch

[1] Schwanebach, a. a. O. S. 190.

[2] Dank der in Rußland üblichen Sitte, Wertpapiere in Kreditanstalten zu hinterlegen, wird bei dieser Statistik fast der Gesamtbetrag der im Inlande befindlichen Staatswerte berücksichtigt.

[3] Jahrbuch des Finanzministeriums für 1905/6, S. 78, 79.

Ausstellen von Wechseln auf ihre Korrespondenten das Angebot an Golddevisen der Nachfrage anzupassen. Der Teil des Guthabens, der nach der Balancierung der Zahlungsbilanz eventuell übrig blieb, wurde zur Verstärkung des Goldvorrates verwendet.

3. In demselben Sinne wie die Anleihen und das Abstoßen russischer Fonds ins Ausland, mußte auf die Währungsverhältnisse auch der Zufluß fremder Kapitalien für industrielle Zwecke einwirken. Der gewaltige Aufschwung der russischen Industrie in der zweiten Hälfte der 90er Jahre war, wie schon erwähnt, fast ausschließlich den westeuropäischen Kapitalisten zu verdanken, die seit dem Amtsantritt Wittes ihre Gelder in Rußland anzulegen suchten; sei es durch Gründung neuer, sei es durch Ankauf bestehender Unternehmungen oder Beteiligung an ihnen. Die Stabilisierung der Valuta eröffnete dem fremden Kapital den Weg nach Rußland, der bisher, infolge der finanziellen und währungspolitischen Zerrüttung versperrt gewesen war. „Das Kapital — sagt Helfferich — scheut bei der Investierung in fremden Ländern nichts mehr als unsichere Valutaverhältnisse. Solange die Geldgeber fürchteten, daß sie an dem Kurs der von ihnen ausgeliehenen oder in Unternehmungen investierten Kapitalien mehr verlieren, als ihnen an Zins oder Unternehmergewinn in Aussicht steht, lassen sie sich zu solchen Investierungen überhaupt nicht, oder nur zu sehr viel härteren Bedingungen herbei.“ [1] Gleichzeitig mit der Beseitigung der wichtigsten Hindernisse wurden dem fremden Kapital günstige Bedingungen für die Beteiligung an der russischen Industrie geboten. Alle Maßnahmen, welche die Regierung zur Förderung der nationalen Produktion vorgenommen hatte, erhöhten nicht nur die Leistungsfähigkeit der jungen Industrie, sondern auch die Gewinnste der Unternehmer. Der Schutzzoll schaltete die fremde Konkurrenz zum großen Teil aus; der eifrige Eisenbahnbau dehnte den Absatzmarkt für die Produkte aus; die Gewährung von Prämien seitens der Regierung sicherte bei den großen staatlichen Bestellungen, den in der Industrie angelegten Geldern eine hohe Rentabilität. In den Jahren 1897 und 1898 zahlten von den 48 länger als ein Jahr bestehenden metallurgischen und kohlenindustriellen Unternehmungen drei — eine Dividende von 20 % und mehr, fünf — eine Dividende von 10—16,7 %, achtzehn — eine Dividende von 5—10 % [2].

Angelockt durch die Begünstigungen der Witteschen Industriepolitik strömte das fremde Kapital nach Rußland zwecks Aufschließung seiner wirtschaftlichen Hilfsquellen und

[1] Helfferich, Das Geld im russisch-japanischen Kriege. Berlin 1906. S. 25.

[2] Brandt, Ausländische Kapitalien, Bd. II, S. 228 ff.

Nutzbarmachung der schlummernden natürlichen Reichtümer. In der Zeit von 1894—99 wurden in Rußland insgesamt 151 ausländische Aktiengesellschaften gegründet, darunter 135 belgische mit einem Kapital von 450 Mill. Francs [1]. Allein in der metallurgischen Industrie Süd-Rußlands wurden in den drei Jahren 1895—97 24 neue Unternehmungen ins Leben gerufen, deren Gesamtkapital, fast ausschließlich ausländischer Herkunft, sich auf ca. 73 Mill. Rub. bezifferte [2]. Im Jahre 1896 betrug das Kapital sämtlicher fremder Unternehmungen in der Kohlen- und metallurgischen Industrie rund 154 Mill. Rub., im Jahre 1897 dagegen — 223,5 Mill. Rub., ist also im Laufe des einen Jahres um 69,5 Mill. Rub. gestiegen [3].

Im Jahre 1892, als es den Ausländern gestattet wurde, sich an der Ausbeutung der Bakuer Naphtaquellen zu beteiligen, begann ein starker Zufluß fremder Kapitalien in die Naphtaindustrie. In kürzester Zeit gingen die wichtigsten Unternehmungen in die Hände ausländischer, vorwiegend englischer Kapitalisten über, die auch gleichzeitig eine Reihe neuer Aktiengesellschaften mit bedeutenden Kapitalien gegründet haben. Aus bereits bestehenden Unternehmungen wurden gebildet [4]:

1.	Russian Petroleum and Liquid Fluel Co. Limited	5,0	Mill.	Rub.
2.	The Schibajeff-Petroleum Co. Limited . .	3,5	„	„
3.	European Co.	2,3	„	„
4.	Baku Russian Petroleum Co. Limited . .	7,0	„	„
5.	A. J. Mantascheff Co.	22,0	„	„
6.	G. M. Arafelow Co.	1,0	„	„

Das Kapital der fünf neugegründeten englischen Unternehmungen (Syndikat Romany, Naphta-Industriegesellschaft, Europäische Naphta, Kaukasische Naphta, Kalantaroff Co.) stellte sich auf 154,6 Mill. Rub., das der Gesellschaften von Balachany, Bibi-Eybat, Apscheron auf 11,25 Mill. Rub. [4].

Es muß jedoch bemerkt werden, daß das effektiv in Rußland investierte Kapital nicht immer dem Aktienkapital der neugegründeten ausländischen Unternehmungen vollständig entsprach, da oft bei der Gründung der Gesellschaften eine große Zahl von Aktien unentgeltlich unter die Vermittler, Bankiers und Beteiligte verteilt wurde. Dies betrifft vor allem das belgische Kapital, welches bei den Investierungen die bedeutendste Rolle gespielt hat. Schwanebach berechnete

---

[1] Bulletin russe de Législation et de Statistique financière. St. Petersburg 1899.

[2] Brandt, Ausländische Kapitalien, Bd. II, S. 43 ff.

[3] Ibid. S. 228 ff.

[4] Mertens, Die Naphtaindustrie in Baku, Archiv für Eisenbahnwesen 1900, S. 427.

seinerzeit, daß das effektive Kapital von vier großen belgischen Unternehmungen, deren Aktienkapital sich auf 17,2 Mill. Francs stellte, nur 4,7 Mill. Francs betrug[1]. Dieser Umstand erschwert selbstverständlich in hohem Maße die exakte Berechnung des Gesamtbetrages der in Rußland investierten fremden Kapitalien und macht jede rein ziffernmäßige Zusammenstellung problematisch. Eine verhältnismäßig zuverlässige Statistik bietet uns P. W. Ol.[2], dessen Untersuchung für die Periode 1851 bis 1899 zu folgenden Ergebnissen geführt hat:

Jahre	Neue ausländische Unternehmungen	Beteiligung d. Ausländer an bestehenden Unternehmungen	Zusammen	Obligationen-Emission	Gesamtbetrag der Kapitalinvestierungen
	in Millionen Rubel alter Prägung				
1851—88	48,5	2,2	50,7	8,6	59,3
1889	2,6	2,3	4,9	2,4	7,3
1890	9,0	0,6	9,6	2,4	12,0
1891	1,9	—	1,9	0,5	2,4
1892	0,6	0,2	0,8	1,9	2,7
1893	3,7	0,08	3,8	5,2	9,0
1894	0,9	1,6	2,5	2,6	5,1
Zusammen 1851—94	67,2	6,98	74,3	23,6	97,8
1895	15,3	7,2	22,5	1,4	23,9
1896	46,3	4,3	50,6	1,8	52,4
1897	27,3	5,2	32,5	7,1	39,6
1898	72,2	11,4	83,6	14,1	97,7
1899	65,2	11,1	76,3	17,0	93,3
Zusammen 1895—99	226,3	39,2	265,5	41,4	306,9

Demnach hätte also Rußland in der zweiten Hälfte der 90er Jahre insgesamt ca. 307 Mill. Rub. = 460 Mill. Rub. neuer Prägung, also im Jahresdurchschnitte über 90 Mill. Rub. für industrielle Zwecke aus dem Auslande herangezogen. Betrachtet man aber auch die angegebenen Zahlen nicht als genau übereinstimmend mit den Beträgen der effektiv stattgefundenen Investierungen, so bietet doch der Charakter der ganzen Industrialisierung Rußlands in der Witteschen Ära den besten Beweis dafür, daß diese große Bewegung dem Lande jedenfalls bedeutende Summen aus Westeuropa zugeführt hat.

[1] Schwanebach, a. a. O. S. 208.

[2] Angegeben bei Scharapoff, Zwei Denkschriften über russische Finanzen. Berlin 1901. S. 66 (russ.).

Ein Teil dieser fremden Kapitalien wurde meistens in Gestalt von Maschinen, Werkzeugen etc. eingeführt, die von den ausländischen Gründern neuer Unternehmungen im Auslande bestellt und bezahlt wurden. So z. B. betrugen die Kosten der Einrichtung der metallurgischen Petrowsk-Werke der Russisch-Belgischen Gesellschaft 15 Mill. Rub., von welchen ca. 3,4 Mill. Rub. also 23 % in Form von Maschinen nach Rußland versandt wurden[1]. Streng genommen war also das Passivum der russischen Handelsbilanz in der zweiten Hälfte der 90er Jahre geringer, als der Wert der importierten Waren, da die Zahlung für einen Teil der Einfuhr vom Auslande entrichtet wurde. Man könnte sagen, daß nicht nur die russische Regierung, sondern auch die russische Industrie ein Guthaben im Auslande besaß, welches ihr die Deckung gewisser dortiger Zahlungen ermöglichte. Der andere, nicht in Waren eingeführte Teil des fremden Kapitals, strömte in Gestalt von Bargeld ein, um für Lohnzahlungen und den ganzen Geschäftsbetrieb verwendet zu werden.

Vom währungspolitischen Standpunkte haben also die Kapitalinvestierungen der 90er Jahre gleichzeitig eine doppelte, äußerst wichtige Rolle gespielt. Einerseits trugen sie indirekt zu einer allmählichen, günstigen Umgestaltung der Handelsbilanz bei, indem sie die Industrialisierung des Landes und das Zurückdrängen des Imports durch die Eigenproduktion ermöglichten; andererseits dienten sie, zusammen mit den auswärtigen Anleihen und der Umwandlung eines Teils der alten, inländischen Schuld in eine ausländische, zur Balancierung der passiven Zahlungsbilanz und zur weiteren Heranziehung des Goldes aus dem Auslande.

Dank den geschilderten Maßnahmen gelang es Witte, dem natürlichen Lauf der Dinge entgegenzuwirken und das für den Abschluß der begonnenen Geldreform erwünschte Resultat herbeizuführen. Trotz der ungünstigen Gestaltung der Verhältnisse floß das Gold nach Rußland in noch stärkerem Maße als es unter Wyschnegradski der Fall gewesen ist. In den Zeitabschnitten 1887—92 und 1893—98 war die Goldbewegung Rußlands eine folgende (in Pud)[2]:

((S. die Tabelle auf S. 85.)

Die bedeutenden Beträge des aus dem Auslande herangezogenen Goldes vergrößerten, zusammen mit den im Inlande gewonnenen, den russischen Goldvorrat, der in den ersten sechs Jahren der Witteschen Amtszeit im andauernden und außergewöhnlich starken Wachstum begriffen war. Er stellte

[1] Brandt, a. a. O. Bd. II, S. 180.

[2] Bulletin Russe de Statistique Financière et de Législation 1899, S. 848—851.

im Jahre	Einfuhr	Ausfuhr	Mehreinfuhr (+) oder Mehrausfuhr (—)
1887	151,4	1304,8	— 1153,4
1888	1439,8	2316,0	— 876,2
1889	209,1	1380,6	— 1171,5
1890	1243,6	1338,2	— 94,6
1891	5624,8	48,7	+ 5576,1
1892	8220,9	18,1	+ 8202,8
1887—92 (zusammen)	16889,6	6406,4	+ 10483,2
1893	1039,2	13,3	+ 1025,9
1894	8627,1	2968,5	+ 5658,6
1895	1790,7	16,0	+ 1774,7
1896	6808,5	16,6	+ 6791,9
1897	6949,1	306,9	+ 6642,2
1898	4940,6	18,8	+ 4921,8
1893—98 (zusammen)	30155,2	3340,1	+ 26815,1

sich am 1. Januar 1893 auf 872,3 Mill. Rub., am Ende des Jahres 1898 auf 1591 Mill. Rub.

Der Widerspruch zwischen dem äußerlichen Glanze des neuen Währungssystems und der tatsächlichen Gestaltung der Verhältnisse bildet das charakteristische Merkmal der russischen Staatswirtschaft in der zweiten Hälfte der 90er Jahre. Während die Zahlungsbilanz des Landes alljährlich mit bedeutenden Fehlbeträgen abschloß, strömte das Gold massenweise nach Rußland, füllte die Kanäle des Geldverkehrs und vergrößerte den Metallvorrat der Reichsbank (siehe Tabelle auf Seite 38). Mit allen Mitteln suchte Witte in der öffentlichen Meinung des In- und Auslandes die Überzeugung von der Unerschütterlichkeit seines Systems einzuwurzeln. Und in der Tat: dank der außergewöhnlich günstigen Lage des Staatshaushaltes, den großen budgetären Überschüssen und dem aus ihnen gebildeten und der Regierung stets zur Verfügung stehenden freien Barbestände der Reichsrentei, dank der technisch musterhaft durchgeführten Geldreform, den amtlichen und halbamtlichen Publikationen, in denen stets von dem wachsenden Goldvorrate die Rede war, — verbreitete sich im Auslande ein gewisser Glaube an einen „embarras de richesse“ des russischen Staates. Am besten läßt sich der Erfolg der Witteschen Politik nach den Kursen der russischen Anleihen beurteilen. Die 4prozentige Goldrente wurde in Berlin im Jahre 1880 mit 80 notiert, im Jahre 1895 mit 97⅞, am Beginn des Jahres 1898 mit 102¼; im Jahre 1899 stellte sich der Kurs der 3,5 prozentigen deutschen Reichsanleihe auf 100,1, der 3,5 prozentigen russischen Goldanleihe auf 99,8; gleichzeitig stand die 3 prozentige deutsche Reichsanleihe auf 90, die 3 prozentige russische Goldanleihe auf 89,7 [1]. Dahin strebte aber Witte: ohne eine Kräftigung des Staatskredits wäre es ihm nicht möglich gewesen, die zahlreichen auswärtigen Anleihen unterzubringen. Für ihn war die Künstlichkeit des ganzen Systems, seine enge Abhängigkeit von der ausländischen Kapitalistenwelt, kein Geheimnis. Deswegen nutzte er auch jede Gelegenheit aus, um neues Gold ins Land heranzuziehen, den Goldvorrat möglichst stark in die Höhe zu treiben und auf diese Weise der Metallwährung auch in Zeiten wirtschaftlicher Krisis oder einer für den Abschluß neuer Kreditoperationen unvorteilhaften Lage des Geldmarktes, die Stabilität zu sichern.

Die Gestaltung der Währungsverhältnisse nach dem Abschluß der Geldreform.

Ein solches Moment trat tatsächlich ein. Gerade zur Zeit des gesetzlichen Abschlusses der Geldreform litt Rußland unter einem starken Mißwachse, dessen erste Symptome bereits im Jahre 1897 hervortraten und der bei der vollständigen Erschöpfung der Getreidevorräte zu einer beträchtlichen Verringerung der Getreideausfuhr führen mußte. Von 522,6 Mill. Pud in den Jahren 1893—1898 sank der Export auf 345,8 und 420,2 Mill. Pud in den Jahren 1899 und 1900. Der gesunkenen Ausfuhr stand eine vergrößerte Einfuhr gegenüber, — eine Folge der damals auf ihrem Höhepunkt sich befindenden Gründungsperiode. Das Ergebnis davon war selbstverständlich eine starke Verschlechterung der Handelsbilanz.

im Jahre	Ausfuhr	Einfuhr	Mehrausfuhr (+) Mehreinfuhr (—)
	Millionen Rubel		
1897	726,6	560,0	+ 166,6
1898	732,7	617,5	+ 115,2
1899	627,0	650,5	— 23,5
1900	716,4	626,4	+ 90,0

Bei der passiven Handelsbilanz des Jahres 1899 und dem verhältnismäßig geringen Ausfuhrüberschusse des folgenden, mußte das Defizit der Zahlungsbilanz sich bedeutend vergrößern. Dazu trugen auch bei die wesentliche Steigerung der ausländischen Ausgaben, sowohl der Regierung, — hervorgerufen durch

[1] Helfferich, Das Geld im russisch-japanischen Kriege. S. 19.

die Chinaexpedition, durch den Ausbau der Flotte im Stillen Ozean, der Ostchinesischen Bahn, — als auch der vielen Reisenden, welche die Pariser Ausstellung besuchten. Es ist klar, daß unter diesen Umständen eine starke Inanspruchnahme des ausländischen Kredits zur Unentbehrlichkeit wurde, wenn man einem rapiden Zusammenschmelzen des Goldvorrats vorbeugen wollte. Inzwischen hat sich aber die Lage des Geldmarktes ganz wesentlich geändert. Infolge des Metallabflusses nach den Vereinigten Staaten und des Transvaalkrieges brach in Westeuropa eine heftige Geldkrisis aus. Der Diskontosatz, der in den letzten Jahren mehrmals bis 2 und sogar 1,5 % gesunken war, stieg im Jahre 1899 in Paris auf 4,5 %, in Brüssel auf 6 %, in Berlin auf 7 % [1].

Das Unterbringen einer größeren, den damaligen Erfordernissen entsprechenden auswärtigen Anleihe war bei der im Auslande herrschenden Geldknappheit undenkbar. In den beiden Jahren 1899 und 1900 ist es kaum gelungen, neue Eisenbahnobligationen im Betrage von 47,5 Mill. Rub. zu realisieren. Viel erfolgreicher waren die Bemühungen der Regierung, betreffs des Abstoßens russischer Wertpapiere in das Ausland. In den in Betracht kommenden Jahren 1899 und 1900 veräußerte das Schatzamt nach Frankreich und Deutschland 108,5 Mill. Rub. nominal 4 % Staatsrente, 104 Mill. Rub. 3,5 % Pfandbriefe und 9,9 Mill. Rub. anderer Effekten [1]. Insgesamt hat sich also Rußland auf dem Wege verschiedener staatlicher Kreditoperationen 270 Mill. Rub. im Auslande verschafft. Gleichzeitig wurde auch eine Reihe von Maßnahmen vorgenommen, welche zur weiteren Linderung der Goldnot direkt oder indirekt beitragen sollten. Um das ausländische Kapital in noch stärkerem Maße an die russiche Industrie anzulocken, wurden am Ende des Jahres 1898 die Aktien der in Rußland konzessionierten, fremden Gesellschaften und auch die im Auslande realisierten Aktien russischer Gesellschaften von der 5prozentigen Steuer befreit. Zwei Jahre darauf wurde die Entlastung der ausländischen Inhaber der 4prozentigen Staatsrente von der 5prozentigen Kouponsteuer vorgenommen und auf diese Weise der Staatsrente der weitere Abfluß ins Ausland erleichtert. Auch die am Ende der 90er Jahre der Goldindustrie gewährten Konzessionen, die eine Steigerung ihrer Produktivität bezweckten und von denen wir schon oben ausführlicher gesprochen haben, sind auf die damals herrschende Goldnot zurückzuführen. Um endlich den Ausfuhrüberschuß zu erhöhen, wurde im Jahre 1900, unter dem Vorwande des Bedarfs größerer Einnahmen zur Deckung der Kosten des Chinafeldzuges, die Zollschraube von neuem angezogen. „Im Hin-

---

[1] Bericht des Finanzministers über das Budget für 1900.

[2] Migulin, Der Staatskredit Rußlands, Bd. III, S. 391, 392.

blick auf die außerordentlichen Ausgaben, welche die Ereignisse im fernen Osten erfordern und die zum größten Teil ins Ausland abfließen — lautete der Kaiserl. Befehl — sollen die Zölle für einzelne Artikel des allgemeinen Tarifs für den Handel über die Europäische Grenze und aus Finnland erhöht werden, wobei die durch Handelsverträge gebundenen Tarifsätze in Kraft verbleiben." Auf Grund dieser Verordnung wurden die Zölle auf Südfrüchte, Gemüse, Tabak, Heringe, Mehl usw. um 50 % erhöht, die auf Kaffee, Holz und mehrere andere um 30 %, auf Wäsche, Uhren, Fette, Öle um 20 %[1].

Trotz allem gelang es aber doch nicht, den Metallabfluß zu verhindern. Die bedeutenden Goldbeträge, welche die auswärtigen Kreditoperationen (270 Mill. Rub.), die inländische Goldproduktion (ca. 100 Mill. Rub.) und die Kapitalinvestierungen dem Lande in den beiden Jahren 1899 und 1900 zugeführt haben, waren alle nicht ausreichend, um die Lücke in der Zahlungsbilanz auszufüllen. Von 1591 Mill. Rub. am Ende des Jahres 1898 sank der russische Goldvorrat auf 1566,4 Mill. Rub. am Ende des Jahres 1899, und auf 1492,5 Mill. Rub. am Ende des folgenden, verminderte sich also um 98,5 Mill. Rub. Demnach hat Rußland im Laufe von 2 Jahren mindestens 500 Mill. Rubel (270 + 100 + 98,5 + (?) Investierungen) für Balancierung seiner Zahlungsbilanz verwenden müssen.

Die Jahre 1899 und 1900 offenbarten die Künstlichkeit des russischen Geldsystems und die Tatsache, daß die Goldwährung, obwohl technisch glänzend durchgeführt, auf stark schwankenden Grundlagen basiert war. Äußerlich betrachtet war aber die Lage keineswegs beängstigend; denn bei den großen Goldvorräten, über die Rußland verfügte, konnte ein Metallabfluß im Betrage von ca. 100 Mill. Rub. an und für sich die Währung nicht gefährden. Am Ende des Jahres 1900 war noch immer für die 522,3 Mill. Rub. umlaufenden Kreditbillets eine Deckung von 807 Mill. Rub. oder von 154,5 % vorhanden; gleichzeitig befanden sich im Verkehr 684,5 Mill. Rub. Gold.

Mit dem Jahre 1901 hatte sich die Lage des ausländischen Geldmarktes wesentlich gebessert, so daß es Rußland gelang, eine 4prozentige Anleihe im Betrage von 159 Mill. Rub. in Frankreich unterzubringen. Gleichzeitig war auch die Erntekonjunktur eine günstigere, der Getreideexport stieg auf 466,6 Mill. Pud, der Wert der Gesamtausfuhr erhöhte sich von 627 und 716,4 Mill. Rub. der Jahre 1899 und 1900 auf 761,6 Mill. Rub. War aber eine Krisis, die landwirtschaftliche, gewissermaßen überwunden, so hatte jetzt Rußland unter einer neuen zu leiden, die nicht ohne Einfluß auf die Währungs-

---

[1] Wittschewsky, a. a. O. S. 186.

verhältnisse des Landes verbleiben konnte — dem industriellen Krach.

Die fieberhafte Gründungsperiode der letzten Zeit hat, wie immer, zu einer Überproduktion geführt, die bei der ersten Gelegenheit einen Rückschlag hervorrufen mußte. Schon die, infolge schwacher Ernten der letzten Jahre gesunkene Kaufkraft der ländlichen Bevölkerung und die gedrückte Lage des ausländischen Geldmarktes wirkten nachteilig auf die Gestaltung der industriellen Verhältnisse Rußlands. Der entscheidende Schlag wurde aber der russischen Industrie zweifellos durch die plötzliche Einschränkung der staatlichen Bestellungen erteilt. Die mit der chinesischen Expedition von 1900 in Verbindung stehenden großen Ausgaben veranlaßten die Regierung, den Eisenbahnbau zeitweise einzustellen, wodurch die ganze metallurgische Industrie in eine höchst gefährliche Lage versetzt wurde. Die Absatzstockung verursachte den Ausbruch einer heftigen Krisis, die sich in kürzester Zeit auf die wichtigsten industriellen Zweige des Landes ausdehnte.

In einer Hinsicht ist die Krisis von 1900—1903 für die Gestaltung der Währungsverhältnisse vorteilhaft gewesen. Sie hat eine Besserung der Handelsbilanz herbeigeführt, indem sie hemmend auf die Einfuhr von Metallen und Metallerzeugnissen eingewirkt hat. Es wurden importiert in Mill. Rub.[1]:

	Maschinen	Schmiedeeisen	Eisen- u. Stahlwaren	Roheisen	Gußeisen	Stahl
1899	94,7	15,2	10,4	3,8	3,5	2,6
1900	72,0	5,4	7,5	1,4	2,3	1,2
1901	51,2	5,9	5,5	0,5	1,9	0,8
1902	45,8	4,5	5,6	0,25	1,5	0,6
1903	54,2	3,5	5,2	0,19	1,6	0,6

Dank der geringen Nachfrage nach den erwähnten Produkten betrug die Gesamteinfuhr des Jahres 1901 593,4 Mill. Rub. gegen 650,5 und 626,4 der Jahre 1899 und 1900. Der Ausfuhrüberschuß stellte sich auf 168,2 Mill. Rub. gegen 129,5 Mill. Rub. im Durchschnitte der Jahre 1893—98. Weit wichtiger war jedoch die Kehrseite dieses Prozesses. Die Verminderung der Einfuhr wurde hervorgerufen durch das Abflauen der Gründungstätigkeit, und der Kapitalienbetrag, den Rußland infolge der Abnahme der Investierungen verloren hat, war viel höher, wie der gewonnene Mehrüberschuß der Handelsbilanz. Wie stark der Zufluß ausländischer Kapitalien für industrielle Zwecke nachgelassen hat, läßt sich aus der Zahl der in Rußland konzessionierten ausländischen Aktiengesellschaften ersehen; sie

[1] Zweig, Die russische Handelspolitik, S. 171 ff.

betrug im Jahre 1901 nur 23 gegen 70 und 40 der Jahre 1899 und 1900[1]. So hat sich also für Rußland, unter dem Einflusse der Krisis von 1900—1903, eine durchaus wichtige Goldquelle teilweise verschlossen — die Aufnahme ausländischer, „industrieller“ Anleihen. Die Bedeutung dieser Tatsache für die Währungsfrage offenbarte sich sogleich in der Bewegung des Goldvorrates; am Ende des Jahres 1901 betrug der Goldvorrat Rußlands 1525 Mill. Rub. gegen 1492,5 Mill. Rub. des vergangenen Jahres, vergrößerte sich also um kaum 32,5 Mill. Rub. Die Bescheidenheit dieses Zuwachses ist auf die schwache Einwanderung ausländischer Kapitalien für industrielle Zwecke zurückzuführen; denn bei dem bedeutenden Defizit der Zahlungsbilanz waren die Goldbeträge, die dem Lande die Eigenproduktion, die staatliche, auswärtige Anleihe und das weitere Abstoßen russischer Fonds[2] ins Ausland geliefert hatten, nicht ausreichend, um den Goldvorrat auf das Niveau emporzuheben, auf dem er sich im Jahre 1898 befand.

Die Krisis von 1900—03 war für das Wittesche System zweifellos ein „Strich durch die Rechnung.“ Sie bewies, daß die rapide Aufwärtsbewegung der russischen Industrie künstlich hervorgerufen war, daß man auf weitere derartige Fortschritte und auf eine baldige Bekämpfung der ausländischen Konkurrenz nicht rechnen dürfe und daß auch dementsprechend der Zufluß industrieller Kapitalien aus dem Auslande eine so bedeutende Rolle nur zeitweise gespielt hat. Aber nicht der Umstand war beängstigend, daß der russische Goldvorrat sich in der nächsten Zukunft infolge der Verminderung der Investierungen nur verhältnismäßig schwach vergrößern oder sogar stationär bleiben könnte; denn das Niveau, auf dem er sich im Jahre 1901 befand, war noch immer so hoch, daß er sogar im Falle einer bedeutenden Ausdehnung des Notenverkehrs die Einlösbarkeit der Noten verbürgen würde. Bedenklich war nur, daß das ganze Geldsystem sich jetzt ausschließlich auf den staatlichen Kredit stützen mußte, daß es von ihm allein gewissermaßen abhängig geworden ist. Würde diese einzige Stütze einmal aus irgendwelchen Gründen versagen, so wäre der Goldvorrat, sogar bei einer normalen Ausfuhrkonjunktur, der Gefahr einer schnellen und starken Verringerung seines Bestandes ausgesetzt.

Es war ein glücklicher Zufall, daß gleichzeitig mit der industriellen Krisis sich im russischen Wirtschaftsleben eine

---

[1] Volkswirtschaftliche Chronik von Conrad für das Jahr 1901. S. 543.

[2] Im Laufe des Jahres 1901 verminderte sich der Bestand der in russischen Kreditanstalten deponierten Goldschuldscheine von 6,4 % auf 6,0 %, der Kreditschuldscheine von 66,1 % auf 65,3 % des Gesamtbetrages, woraus man auf ein Abströmen dieser Wertpapiere ins Ausland schließen darf.

Wendung geltend machte, welche die Abhängigkeit des Geldsytems von der Inanspruchnahme des ausländischen Kredits in hohem Maße abgeschwächt und den bedenklichen Folgen der Abnahme der Kapitalinvestierungen entgegengewirkt hat. Das neue Jahrhundert begann für Rußland unter dem Zeichen vorzüglicher Ernten, dank welchen die Getreideausfuhr eine plötzliche und ungemein starke Ausdehnung erfahren hatte[1].

Jahre	Rohertrag an Kornfrüchten in 72 Gouvern. Rußlands	Getreideexport	Getreideexport in Millionen Rubel
	in Millionen Pud		
1897/1901	3061	436,1	327,3
1902	4108	579,7	433,0
1903	3923	652,0	480,2

Die Folge dieser günstigen Wendung war eine bedeutende Besserung der Handelsbilanz, deren Überschüsse sich auf ein Niveau emporhoben, welches sie seit dem Rücktritte Wyschnegradskis kein einziges Mal erreicht hatten.

Jahre	Ausfuhr	Einfuhr	Ergebnis der Handelsbilanz
	Millionen Rubel		
1887—92	710,6	403,3	+ 307,3
1893—98	684,1	554,8	+ 129,3
1901	761,6	593,4	+ 168,2
1902	860,3	599,2	+ 261,1
1903	1001,3	681,7	+ 319,6

Unter Wyschnegradski haben ungefähr gleiche Ausfuhrüberschüsse einen starken Goldstrom ins Land gelenkt; jetzt konnte das nur in weit beschränkterem Maße zutreffen, da in der Zwischenzeit die Zahlungsverpflichtungen dem Auslande gegenüber bedeutend angeschwollen waren. Ob die Zahlungsbilanz der Jahre 1902 und 1903 überhaupt ein gewisses Mehr zugunsten Rußlands ergab, ist selbstverständlich schwer festzustellen; jedenfalls war aber die Gefahr eines Metallabflusses beseitigt, so daß die Beträge, über die Rußland außer dem Exportüberschuß noch verfügte, nicht mehr zur Balancierung der Zahlungsbilanz verwendet zu werden brauchten. Der Erlös aus der im Jahre 1903 im Auslande untergebrachten An-

[1] Rechenschaftsbericht des Finanzministers zum Etat für 1908. St. Petersburg 1907. S. 52.

leihe im Betrage von ca. 140 Mill. Rub.[1] und aus dem Verkaufe russischer Werte an das Ausland, das im Inlande gewonnene Gold und die aus dem Auslande, wenn auch in ganz geringen Beträgen für industrielle Zwecke herangezogenen Kapitalien, fielen jetzt gänzlich dem Goldvorrate zu, der sich seit Ende 1901 bis Ende 1903 von 1525 auf 1845 Mill. Rub., also um 320 Mill. Rub. vergrößerte.

Überblicken wir die Gestaltung des Geldverkehrs in der Periode 1899—1903[2].

	Gold		Kreditbillets		Silber	
	Reichsbank und Reichsrentei	im Verkehr	Reichsbank und Reichsrentei	im Verkehr	Reichsbank und Reichsrentei	im Verkehr
	in Millionen Rubel					
Ende 1899	927,0	639,4	112,7	517,3	56,3	164,2
	1566,4		630,0		220,5	
„ 1900	807,9	684,5	77,7	552,3	58,4	164,4
	1492,5		630,0		222,8	
„ 1901	830,0	694,9	71,6	558,4	61,8	161,6
	1525,0		630,0		223,4	
„ 1902	927,5	737,3	71,0	559,0	61,5	159,2
	1664,8		630,0		220,7	
„ 1903	1058,0	787,0	46,0	584,0	64,0	155,0
	1845,0		630,0		219,0	

Es unterliegt keinem Zweifel, daß mit dem Jahre 1902 für das russische Geldsystem eine der günstigsten Perioden eingetreten war und daß die Gestaltung der Verhältnisse am Beginn des neuen Jahrhunderts zu keinerlei Befürchtungen über die Solidität der Goldwährung Anlaß gab. Wenn auch diese plötzliche und bedeutende Besserung der Lage nur einen vorübergehenden Charakter besaß, da sie lediglich auf die außergewöhnlich guten Ernten zurückzuführen war, so muß sie doch — vom währungspolitischen Standpunkte — als eine sehr erfreuliche Erscheinung verzeichnet werden. Leider wurde

[1] Die 140 Mill. Rub. bildeten einen Teil der Anleihe von ca. 182 Mill. Rub., mittels welcher die russische Regierung die chinesische Kriegsentschädigung, die nur allmählich gezahlt sein sollte, realisierte. Davon wurden ca. 42 Mill. Rub. im Inlande untergebracht, der Rest in Deutschland.

[2] Nach den Angaben des Finanzministers in seinen Budgetberichten.

bald darauf die normale Gestaltung der Dinge durch zwei Ereignisse gestört, die eine radikale Umwälzung der staats- und volkswirtschaftlichen Verhältnisse des Landes hervorriefen und einen weitgehenden Einfluß auf die Währungsfrage ausüben mußten — den ostasiatischen Krieg und die innerpolitische Krisis.

Allgemeine Würdigung der Währungsreform.

Bevor wir aber auf die Gestaltung der Währungsverhältnisse Rußlands unter dem Einflusse der letzten politischen Ereignisse eingehen werden, müssen wir uns bemühen, das neue Geldsystem unter dem Gesichtspunkte der soeben dargestellten Art und Weise seiner Erhaltung zu untersuchen und zu beurteilen.

Wir sahen, daß seit dem Rücktritt Wyschnegradskis bis auf den Beginn des laufenden Jahrhunderts die Zahlungsbilanz Rußlands eine passive gewesen war, daß der Goldvorrat eine starke Neigung zum Abströmen ins Ausland aufwies und dass diesem Übelstande nur durch künstliches Eingreifen entgegengewirkt wurde. Der Unterschied zwischen den oben geschilderten Maßnahmen, deren Zweck die Erhaltung und weitere Anhäufung des Metallvorrates gewesen ist, war, währungspolitisch betrachtet, ein rein äußerlicher. Sowohl die auswärtigen Anleihen und das Abstoßen russischer, im Inlande sich befindender Werte ins Ausland, wie auch die Heranziehung fremder Kapitalien für industrielle Gründungen, gingen auf das Gleiche hinaus: auf das andauernde Anschwellen der Verschuldung Rußlands dem Auslande gegenüber. Im stärksten Maße trifft das für die allgemeine Staatsschuld zu, wie aus folgender Tabelle zu ersehen ist.

	Betrag	Anleihedienst
	in Millionen Rubel	
Im Jahre 1893		
Metallschuld	2064	95,0
Kreditschuld	2507	146,5
Im Jahre 1900		
Metallschuld.	3130	136,8
Kreditschuld	3020	135,1
Im Jahre 1904		
Metallschuld.	3470	154,0
Kreditschuld	3180	136,0

Der Anleihedienst für die auf Kreditwährung (oder Rubel) lautende Schuld hat sich seit 1893—1904, trotz der wesentlichen Vergrößerung des Schuldbetrages um ca. 10 Mill. Rub. vermindert, dank den von Wyschnegradski und Witte durchgeführten Konversionen. Dagegen hat sich gleichzeitig der Anleihedienst für die auf Metall- (oder ausländische) Währung lautende Schuld, die fast ausschließlich im Auslande untergebracht ist, um ca. 60 Mill. Rub. vergrößert. Wir wissen, daß der Anleihedienst für sämtliche, im Auslande sich befindende Staatswerte, — so Metall- wie Kreditschuldscheine —, sich gegen 1895 nach Wyschnegradski auf etwa 140 Mill. Rub. stellte. Im Jahre 1900 betrug der Anteil des Auslandes an dem Anleihedienste, nach den Erhebungen von Schwanebach[1]), 170 Mill. Rub. Da in den folgenden vier Jahren der Aufwand für die Metallschuld sich um 17 Mill. Rub. vergrößert hat, so darf angenommen werden, daß der gesamte ausländische Anleihedienst sich im Jahre 1904 auf etwa 190 Mill. Rub. stellte.

Der überwiegende Teil des dem Auslande zufallenden Anleihedienstes ging nach Frankreich, das den größten Betrag russischer Staatswerte aufgenommen hatte. Seitdem Deutschland infolge der Bismarckschen antirussischen Politik einen großen Teil russischer Fonds abgestoßen hat, flossen letztere massenweise nach Frankreich, wo sie stets auf eine freundliche Aufnahme rechnen konnten. Nach Helfferich befanden sich gegen 1904 von dem Gesamtbetrage von 6,6 Milliarden Rubel russischer Staatspapiere etwa 3,3 Milliarden Rubel (9 Milliarden Franken) in Frankreich und etwa 1,1 Milliarden Rubel (3 Milliarden Franken) in Deutschland, England und Holland[2]. Übrigens ist die genaue Bestimmung des Anteiles einzelner Länder an der russischen Staatsschuld von nebensächlicher Bedeutung. Entscheidend vom währungspolitischen Standpunkte ist der Umstand, daß das Ausland im allgemeinen die russischen Staatspapiere in stets wachsendem Maße absorbierte, was selbstverständlich ungünstig auf die Zahlungsbilanz einwirken mußte. Im Jahre 1895 entfiel auf das Ausland ca. 50 % der Anleihezahlungen, im Jahre 1904 — ca. 64 %.

Wir haben bereits oben darauf hingewiesen, daß schon zur Zeit der Durchführung der Geldreform die künstliche, lediglich auf dem fremden Kredit basierte Methode der Ansammlung des Goldvorrates schwerwiegende Zweifel an der Möglichkeit seiner dauernden Erhaltung hervorrief und daß sich in den Regierungskreisen und sogar unter den Sachverständigen Kritiker fanden, die mit Rücksicht auf die ungünstige Gestaltung der Zahlungsbilanz, die Zeitmäßigkeit der Reform

---

[1] Schwanebach, a. a. O. S. 90.
[2] Helfferich, Das Geld im russisch-japanischen Kriege, S. 13.

bestritten und gegen die Wiederherstellung des Metallverkehrs stimmten. Aber die passive Zahlungsbilanz berechtigte keinesfalls zur Bekämpfung des Überganges zur Goldwährung. Es war überhaupt vollständig verfehlt, bei der Untersuchung des Problems unmittelbar von der Währungsfrage auszugehen und die Möglichkeit der Erhaltung des neuen Geldsystems nach den bestehenden Verhältnissen prüfen zu wollen, ohne zu berücksichtigen, daß die Geldreform gerade eine Umgestaltung dieser Verhältnisse bezweckte. Das eigentliche Übel, der Kern der ganzen Frage, war die Unfähigkeit des Landes, seine sämtlichen ausländischen Zahlungen in normaler Weise, d. h. in Erzeugnissen der einheimischen Produktion zu decken, die verhältnismäßig geringe Leistungsfähigkeit des Wirtschaftsorganismus, die in der ungünstigen Zahlungsbilanz und in der Notwendigkeit fast andauernder Inanspruchnahme des fremden Kredits zum Ausdruck kam. Die Bekämpfung dieses Übels war der eigentliche Zweck, den man mit allen Mitteln verfolgen mußte, wenn man das Land der Gefahr eines allmählichen Ruins und den Staat einem Bankrott nicht aussetzen wollte. Die Geldreform war eine der wichtigsten Voraussetzungen für die Lösung dieser Aufgabe, denn der Mangel an geordnetem Währungssystem hemmte in höchstem Maße die Entfaltung der Produktivkräfte Rußlands und verschärfte den Gegensatz zwischen seinen ausländischen Verpflichtungen und seiner volkswirtschaftlichen Leistungsfähigkeit. Selbstverständlich konnte die Metallwährung nur auf künstlich geschaffenen Grundlagen aufgebaut und künstlich erhalten werden, denn nicht nur das zerrüttete Geldwesen beeinflußte ungünstig die Gestaltung der wirtschaftlichen Verhältnisse, sondern auch umgekehrt, die wirtschaftliche Schwäche des Landes wirkte zersetzend auf das Geldwesen. War es aber immer möglich, wenn auch durchaus nicht leicht, das Geldwesen durch künstliche Balancierung der Zahlungsbilanz zeitweise von dem störenden Einflusse der wirtschaftlichen Verhältnisse zu isolieren und die Reform durchzuführen, so war es ganz ausgeschlossen entgegengesetzt zu handeln, nämlich den störenden Einfluß der unsicheren Valutaverhältnisse auf die Volkswirtschaft zu bekämpfen, wenn man mit der Reorganisation letzterer beginnen würde. Es ist klar, daß von den beiden Wegen, die man einschlagen konnte, derjenige zu wählen war, dessen Ausgangspunkt sich isolieren und, sozusagen, vollständig beherrschen ließ. Mit der Beseitigung der bisherigen Mißstände auf dem Gebiete des Geldwesens räumte man der Aufwärtsbewegung der Volkswirtschaft ein wichtiges Hindernis aus dem Wege; und in der Kräftigung des Wirtschaftsorganismus und der mit ihr in Verbindung stehenden Herstellung des Gleichgewichts der Zahlungsbilanz sollte die künstlich eingeführte Goldwährung allmählich die natürlichen Bedingungen für ihre weitere Erhaltung finden.

Wir haben im Vorhergehenden auf die volkswirtschaftlichen Vorteile der Währungsreform bereits hingewiesen. Wir wissen, daß die Entfaltung der Produktivkräfte des Landes einen starken Zufluß fremden Geldes zur unerläßlichen Voraussetzung hatte und daß erst seit der Kursfixierung, die der Herstellung des Metallverkehrs unmittelbar vorausging, das Ausland dem russischen Reiche seine Kapitalien zur Verfügung gestellt hat, Die bedeutende Ausdehnung des Eisenbahnnetzes während der Witteschen Amtszeit, die Aufschließung der natürlichen Hilfsquellen des Landes, der Aufschwung seiner Industrie, die ganze große wirtschaftliche Bewegung Rußlands in den 90er Jahren war in letzter Linie auf die Geldreform zurückzuführen. Aber trotz dieser großen Erfolge durfte doch nicht darauf gerechnet werden, daß die Goldwährung selbständig den Boden beackern werde, indem sie nächstens ihre Wurzeln schlagen sollte. Der Wirtschaftsorganismus Rußlands bedurfte für eine den Erfordernissen entsprechende Kräftigung nicht nur einer Geldreform, sondern auch einer ganzen Reihe anderer wichtiger Reformen, besonders auf dem Gebiete des Agrarwesens. Mit der Einführung der Goldwährung war demnach die Frage noch nicht gelöst; es blieb die Aufgabe der Hebung der Produktivität des Ackerbaues, der Linderung der materiellen Not der ländlichen Bevölkerung, kurz gesprochen der Reorganisation der bäuerlichen Wirtschaft, die unter dem Einflusse ihrer Rückständigkeit und des Sinkens der Getreidepreise auf dem Weltmarkte einem allmählichen Verfall ausgesetzt war. Es ist leicht begreiflich, daß die bestehenden Verhältnisse diese Aufgabe erschwerten. Die große Verschuldung Rußlands unterband die Freiheit der Regierung auf wirtschaftspolitischem Gebiete, drängte ihr für gewisse Punkte ein bestimmtes Programm auf, dem sie sich fügen mußte, das aber zur Gesundung der agrarischen Zustände keinesfalls beitragen konnte. Auf die Förderung der Getreideausfuhr, auf das Anziehen der Zollschraube zwecks Einschränkung des Imports, konnte Rußland in Anbetracht seiner großen Zahlungsverpflichtungen an das Ausland bisweilen nicht verzichten, obwohl diese Politik, wie wir es im folgenden sehen werden, den Interessen der Landwirtschaft widersprach und ihren Fortschritt hemmte.

Man könnte meinen, daß die Geldreform eine weitere Einschränkung der wirtschaftlichen Freiheit zur Folge haben mußte, daß die mit der Ansammlung des Goldvorrates in Verbindung stehende Zunahme der ausländischen Verschuldung die Regierung dazu veranlaßte, bei dem bestimmten einseitigen Programm zu verharren, daß also die Goldwährung gleichzeitig volkswirtschaftliche Vorteile und Nachteile besaß, und mit der einen Hand das zurücknahm, was sie mit der anderen gab. Ein solches Urteil wäre jedoch falsch: denn wenn auch die ausländische Staatsschuld sich unter dem Einflusse der Geldreform beträchtlich vergrößert hat, so hat doch der Anleihedienst, der für die in Betracht kommende Frage allein maßgebend ist, eine verhältnismäßig geringe Steigerung erfahren.

	Schuld, lautend auf Metallwährung	Anleihedienst	Verhältnis in %
	in Millionen Rubel		
1. Januar 1887	1975,4	109,8	5.5
1. Januar 1904	3470,0	154,0	4,4
Vergrößerung in %	75,6	40,2	—

Im Laufe von 17 Jahren erhöhte sich die auf Metallwährung lautende, fast gänzlich im Auslande untergebrachte Staatsschuld Rußlands um 75,6 %, der entsprechende Anleihedienst dagegen — um kaum 40,2 % [1]. Diese auffallende Disproportion zwischen dem Wachstum der Schuld und der Zahlungen, die für sie zu entrichten waren, ist, wenn nicht ausschließlich, so jedenfalls vorwiegend auf die Herstellung des Metallverkehrs zurückzuführen. Ohne Goldwährung wäre es Rußland unmöglich gewesen, seinen ausländischen Kredit so zu stärken, den Zinsfuß für die im Auslande untergebrachten Anleihen in dem Maße zu erniedrigen, wie es in den 90er Jahren der Fall gewesen war. Hätte Rußland die Reorganisation seines Geldwesens zeitlich verschoben, so würde es zu Beginn des laufenden Jahrhunderts, sogar bei einem weit geringeren Staatsschuldenbetrage, mit einem ungefähr gleichen Schuldendienste belastet gewesen sein, so daß man sagen könnte, daß die Geldreform dem Lande bedeutende Goldbeträge kostenlos zugeführt hat. Von irgend welcher wirtschaftspolitisch nachteiligen Einwirkung der Goldwährung darf demnach kaum die Rede sein. Sie hat die Anpassung der wirtschaftlichen Kräfte des Landes an die auf ihm lastenden Verpflichtungen nur fördern, die Emporhebung der Volkswirtschaft auf eine höhere Entwicklungsstufe nur erleichtern können.

[1] Es muß noch der Umstand berücksichtigt werden, daß der Emissionskurs der seit der Mitte der 90er Jahre untergebrachten Anleihen ein höherer gewesen war, als der der früheren, was einer Ermäßigung des effektiven Zinsfußes entsprach. Streng genommen, müßte der Berechnung nicht der Nominalbetrag der Staatsschuld, sondern der Reinerlös zugrunde gelegt werden, was wir aber aus Mangel an erforderlichen statistischen Angaben unterlassen müssen.

Ist die mit der Beseitigung der schwankenden Währung so günstig eingeleitete Reorganisation der Volkswirtschaft auch weitergeführt worden, hat die Regierung gleichzeitig mit der Valutareform auch eine ernste reformatorische Tätigkeit auf dem Gebiete der Landwirtschaft vorgenommen? Nicht im geringsten: sie hat sich sogar nicht bemüht, denjenigen Maßnahmen, die sie zur Erhöhung der Ausfuhrüberschüsse vornehmen mußte und die den Interessen der Bauernwirtschaft nicht immer entsprachen, solche gegenüberzustellen, welche ihren Fortschritt fördern und sie demnach vor einem eventuellen allmählichen Untergange schützen würden. Für die Hebung der Volksbildung, für Beseitigung der Landnot und der Gemengelage der Grundstücke, für künstliche Meliorationen etc. wurde soviel wie gar nichts getan. Blindlings schien die Regierung jahrelang an der bedenklichen Gestaltung der landwirtschaftlichen Verhältnisse vorbeizugehen und richtete ihr Augenmerk fast ausschließlich auf die industrielle Entwicklung des Landes. Statt durch ein planmäßiges, wirtschaftspolitisches Eingreifen den Übergang des Ackerbaues zu intensiveren Anbausystemen zu fördern und dadurch eine Steigerung des Exports herbeizuführen, suchte man letzteres durch maßlose Steuerbelastung der ländlichen Bevölkerung zu erreichen. Während des ganzen ersten Jahrzehnts der Witteschen Amtszeit hat Rußland eine starke Vergrößerung seiner Getreideausfuhr, aber nicht die schwächste Tendenz zur Steigerung seiner Ernteerträge aufzuweisen gehabt. Der Bruttoertrag an Kornfrüchten in 64 Gouvernements des europäischen Rußlands bewegte sich wie folgt[1]:

	Bruttoertrag in Millionen Pud	Einwohnerzahl in Millionen	Ertrag per Kopf der Bevölkerung
1892	2577	102,05	25,2
1893	3460	102,55	33,7
1894	3323	103,85	32,0
1895	3061	105,21	29,1
1896	3080	106,41	28,9
Durchschnitt	3100	104,5	29,8
1897	2546	108,05	23,5
1898	3037	109,55	27,7
1899	3424	111,11	30,8
1900	3358	112,71	29,8
1901	2938	114,30	25,7
Durchschnitt	3061	111,14	27,5

[1] Rechenschaftsbericht des Finanzministers zum Voranschlag des Budgets für 1903.

Wir werden im folgenden noch Gelegenheit haben, die elende Lage des russischen Dorfes eingehender zu charakterisieren. Wir beschränken uns deshalb in diesem Zusammenhange auf die Feststellung der Tatsache, daß, sowohl während der Durchführung der Geldreform, wie auch unmittelbar nach ihrem Abschlusse, die wichtige Aufgabe der Umgestaltung der landwirtschaftlichen Verhältnisse fast völlig vernachlässigt gewesen war und daß der Verfall des Ackerbaues in raschem Tempo voranging. Die plötzliche Besserung der Lage am Beginn des laufenden Jahrhunderts war, wie wir wissen, lediglich auf die vorzüglichen Ernten zurückzuführen und besaß keinesfalls einen anhaltenden Charakter.

Mit der Stärkung einzelner Glieder des russischen Wirtschaftsorganismus, die der Geldreform zu verdanken war, ging Hand in Hand eine allmähliche Erschöpfung des wichtigsten Erwerbszweiges, so daß sich im großen ganzen eher eine Verringerung wie eine Steigerung der Leistungsfähigkeit der Volkswirtschaft geltend machte. In dieser Tatsache wurzelte die eigentliche Gefahr für die Goldwährung. Nicht der Umstand war von wesentlicher Bedeutung für die ganze Frage, daß die natürlichen Bedingungen für die Erhaltung des neuen Geldsystems von Anfang an nicht vorhanden waren, sondern daß für die Schaffung dieser Bedingungen nicht genügend gesorgt wurde. Denn je länger der Wirtschaftsorganismus keine Tendenz zur Kräftigung aufzuweisen hatte, je länger seine allmähliche Anpassung an die Forderungen, die an ihn gestellt wurden, ausblieb, desto komplizierter wurde infolge des fortschreitenden Anschwellens der ausländischen Verschuldung die Lösung des Problems, desto schwieriger wurde es der Goldwährung, festen Fuß im Lande zu fassen.

Es ist leicht begreiflich, daß unter diesen Umständen die außer- und innerpolitische Krisis von 1904/5 einen besonders harten Schlag für das Land und sein Geldsystem bedeuten mußte. Denn sie hatte zur Folge eine neue bedeutende Vergrößerung der ausländischen Verschuldung, einen Rückgang der Leistungsfähigkeit der Volkswirtschaft und eine Erschütterung des fremden Kredits.

Drittes Kapitel.

Die Wandlungen des Geldverkehrs seit dem Ausbruch des ostasiatischen Krieges.

Der Geldverkehr und der Krieg.

Es war für Rußland eine besondere Gunst der Umstände, daß der ostasiatische Krieg gerade zur Zeit einer außergewöhnlich vorteilhaften Gestaltung der Exportkonjunktur ausgebrochen war. Dank den vorzüglichen Ernten und dem gleichzeitigen Steigen der Getreidepreise auf dem Weltmarkte[1] stellte sich die Getreideausfuhr in den Jahren 1904 und 1905 entsprechend auf 497 und 569,1 Mill. Rub., gegen 433 und 480,2 Mill. Rub. der Jahre 1902 und 1903. Die Gesamtausfuhr betrug während der beiden Kriegsjahre 1006,4 und 1077,3 Mill. Rub., die Einfuhr 651,4 und 635,1 Mill. Rub., so daß die Handelsbilanz mit Überschüssen von 355 und 442,2 Mill. Rub. abschloß.

Es ist einleuchtend, daß die gewaltigen Exportüberschüsse sehr günstig auf die Goldbewegung Rußlands einwirken mußten. Bei normalen Zuständen würden sie höchst wahrscheinlich ganz allein das Passivum der Zahlungsbilanz vollständig gedeckt und dem Lande noch erhebliche Goldbeträge aus dem Auslande zugeführt haben. Unter dem Einflusse des Krieges und der inneren Unruhen sind aber die an das Ausland zu leistenden Zahlungen bedeutend angeschwollen. Infolge der Erschütterung des Vertrauens wurde ein Teil der seitens des Auslandes geliehenen Kapitalien gekündigt und ihre Rückzahlung gefordert. Der starke Kurssturz russischer Wertpapiere bewirkte ihr beträchtliches Abströmen aus dem Auslande. Am 1. Januar 1905 stellte sich das Verhältnis der in russischen Kreditanstalten deponierten Goldschuldscheine zu ihrem Gesamtbetrage auf 6,5 % gegen 5,9 % des vergangenen Jahres, woraus man schließen darf, daß Rußland im Laufe des ersten Kriegsjahres ansehnliche Beträge seiner Staatswerte aufgenommen hat[2]. Am stärksten wurde jedoch die Zahlungsbilanz durch die großen Einkäufe von Kriegsmaterial, welche die Regierung im Auslande vorgenommen hatte, beeinträchtigt[3]. Obwohl unter diesen schwierigen Umständen die günstige Gestaltung der Handelsbilanz eine außerordentliche Erleichterung für das Land bedeutete, so bildeten doch die Ausfuhrüberschüsse noch kein ausreichendes Gegengewicht für die abnorm gewachsenen ausländischen Zahlungsverpflichtungen. Um einem Metallabflusse vorzubeugen und dem erhöhten Bedarf nach ausländischen Zahlungsmitteln ein ausreichendes Angebot an Golddevisen gegenüberzustellen, mußte die Reichsbank stets über ein großes

[1] In den Jahren 1900—1903 wurde Weizen in Danzig durchschnittlich mit 156,2 Mk. pro 1000 kg notiert, in den Jahren 1904 und 1905 mit 172,6 und 165,2 Mk.; für Roggen betrugen die Preise in den entsprechenden Jahren 132,9, 131, 141,1 Mk.

[2] Wiestnik Finansow 1906, Nr. 9, S. 345.

[3] Die von der Regierung aus dem Auslande importierten Waren werden in der russischen Handelsstatistik nicht berücksichtigt, so daß dieser Teil der allgemeinen Einfuhr Rußlands als spezieller Passivposten der Zahlungsbilanz betrachtet werden muß.

Auslandsguthaben verfügen. Die Regierung hat auch während der ganzen Kriegszeit für die Erhaltung dieses Guthabens auf der erforderlichen Höhe gesorgt und dem inneren Markte eine genügende Zahl von Auslandswechseln zur Verfügung gestellt. Der Bestand der Reichsbank an stets fälligen ausländischen Goldforderungen betrug[1]:

am	Millionen Rubel	am	Millionen Rubel
1. Februar 1904	175,1	1. Januar 1905	145,8
1. März 1904	133,0	1. März 1905	113,0
1. April 1904	74,7	1. Mai 1905	139,2
1. Mai 1904	40,5	1. Juli 1905	176,4
1. Juli 1904	99,2	1. September 1905	235,9
1. September 1904	103,8		
1. November 1904	161,4		

Selbstverständlich konnte dieses bedeutende Guthaben nur auf dem Wege auswärtiger Anleihen aufrecht erhalten werden. In der ersten Hälfte des Jahres 1904, als Rußland seinen Staatskredit noch nicht in Anspruch nehmen wollte, ist der Bestand der Reichsbank an ausländischen Goldforderungen von 175,1 auf 40,5 Mill. Rub. herabgegangen, und erhöhte sich erst nach der Realisierung der ersten Pariser Schatzscheine. Im ganzen hat Rußland während des Krieges drei große Anleihen im Auslande untergebracht und zwar:

		Nennbetrag in Mill. Rub.	Effektive Verzinsung für den Zeichner	Zahlbar
im Mai 1904	5 % Schatzscheine, begeben in Paris	300,0	5,25 %	1909
im Januar 1905	4,5 % Anleihe, begeben in Berlin u. Amsterdam	231,5	4,74 % [2] 5,2 % 5,6 %	[2]
im Mai 1905	5 % Schatzscheine, begeben in Berlin	150,0	6,6 %	1906

Außer den 681,5 Mill. Rub. auswärtiger Anleihen hat die Regierung auch auf dem inländischen Markte neue Staats-

[1] Nach den Ausweisen der Reichsbank.

[2] Die Zeichner dieser Anleihe besitzen das Recht, am 1. Januar 1911 oder am 1. Januar 1917 die Rückzahlung al pari zu fordern. Dementsprechend gestaltet sich auch verschiedenartig die effektive Verzinsung.

papiere im Betrage von 600 Mill. Rub. ausgegeben. Der Gesamtbetrag der Kriegsanleihen stellt sich also auf 1281,5 Mill. Rub., der jährliche Zinsdienst auf 59,8 Mill. Rub., wovon 32,15 Mill. Rub. dem Auslande zufallen.

Dank der günstigen Exportkonjunktur und dem gefestigten Staatskredit, der die Unterbringung neuer Anleihen im Auslande ermöglichte, ist es der Regierung gelungen, den Goldvorrat des Landes vor einer Schmälerung zu schützen. Sein Bestand, der sich am 23. Januar 1904, kurz vor dem Ausbruche der Feindseligkeiten, auf 1828,9 Mill. Rub. stellte, vergrößerte sich sogar während der Kriegszeit um 191,1 Mill. Rub.

Hat der Krieg einen ungünstigen Einfluß auf die Goldbewegung des Landes nicht auszuüben vermocht, so hat er doch eine beträchtliche Umgestaltung des Geldverkehrs herbeigeführt. Der Kreditbilletumlauf, der bekanntlich mit der Durchführung der Währungsreform wesentlich eingeschränkt wurde, hat in den beiden Kriegsjahren eine starke Ausdehnung erfahren, obwohl die Regierung, streng genommen, den Kredit der Reichsbank nur in ganz bescheidenem Maße in Anspruch genommen hat.

Am 23. Januar 1904 [1] betrug der Kreditbilletumlauf 589,5 Mill. Rub., der Goldbestand der Reichsbank 913,3 Mill. Rub., so daß eine Neuausgabe von über 600 Mill. Rub., ohne Verletzung der gesetzlichen Deckungsvorschriften vorgenommen werden konnte. „So verführerisch auch auf den ersten Blick die Möglichkeit erscheinen konnte, — schrieb damals der offizielle ‚Regierungsbote', — die gesamten Kriegskosten einzig und allein mit den Mitteln zu bestreiten, welche durch die normale Elastizität des Notenumlaufs geliefert werden konnten, so glaubt doch das Finanzministerium, sich dieses Weges nicht bedienen zu dürfen. Die Klugheit gebietet, vor allem in Kriegszeiten, die verfügbaren Mittel nicht zu erschöpfen; sie macht es zur Pflicht, den Bestand des Geldsystems nicht in Frage zu stellen, das mit so viel Mühe aufgebaut worden ist und von dem das wirtschaftliche und finanzielle Gedeihen des Landes abhängig ist." Kein Wunder, daß die russische Regierung nach den üblen Erfahrungen des Krim- und Orientkrieges den Kredit der Reichsbank jetzt nicht mehr in Anspruch nehmen wollte. Aber sogar ohne zu diesem gefährlichen Mittel zu greifen, besaß sie das volle Recht von der Reichsbank zu fordern, ihr gewisse Summen zur Verfügung zu stellen. Seit Jahren vermittelte die Bank die Kassageschäfte der Regierung und für diesen Zweck wurden ihr alljährlich seitens der Reichsrentei verschiedene Summen, wie Überreste von Anleihen, Teile von budgetären Überschüssen usw. überwiesen. Da die Zahlungen,

---

[1] Datum des Kriegsausbruches (nach russischem Kalender).

die die Bank für die Regierung zu entrichten hatte, geringer waren als die Einlagen, so besaß letztere stets ein Guthaben bei der Bank, das den sogenannten freien Bestand der Reichsrentei bildete. Dank dem Vorhandensein dieses Bestandes war die Regierung nicht genötigt, gleich nach der Kriegserklärung den ausländischen oder inländischen Kredit in Anspruch zu nehmen und besaß die Möglichkeit, die ersten Kriegsausgaben mit eigenen Mitteln zu decken. Das Renteiguthaben bei der Reichsbank, über das sie verfügte, war aber kein Barfonds, sondern eine rein rechnungsmäßige Größe, die unter den Passivposten der Bank figurierte. Um es für Kriegsausgaben verwenden zu können, mußte man es realisieren, so daß die Reichsbank sich genötigt sah, für die allmähliche Rückzahlung des gekündigten Guthabens neue Kreditbillets auszugeben. Am 1. Januar 1904 betrug das Guthaben 381,3 Mill. Rub., während der Kriegszeit wurden der Reichsbank seitens der Reichsrentei noch gewisse Summen überwiesen, so daß der verfügbare Bestand sich auf über 400 Mill. Rub. bezifferte. Im Monat Juli 1905, kurz vor dem Ende des Krieges, war das gesamte Guthaben vollständig abgehoben und sogar durch eine geringfügige Schuld der Rentei an die Bank ersetzt. Der allmählichen Auszahlung des Guthabens folgte eine Vergrößerung des Kreditbilletumlaufs, der seit Ende Januar 1904 bis 1. September 1905 von 589,5 Mill. Rub. auf 1038 Mill. Rub., also um 448,5 Mill. Rub. stieg; der eine Passivposten der Reichsbank erhöhte sich auf Kosten des anderen.

Gleichzeitig mit der Vergrößerung des Kreditbilletumlaufs hat die Reichsbank eine Einschränkung des Metallumlaufs vorgenommen. „Bei einem Geldsystem, das auf Gold basiert ist, — schrieb der Finanzminister in seinem Budgetbericht für das Jahr 1905 — ist eine ausreichende Bargolddeckung die Hauptgarantie für die Stabilität der Währung, da sie die Einlösbarkeit der Banknoten sichert. Eine desto größere Bedeutung besitzt der Goldvorrat in außergewöhnlichen Zeiten, wenn man auf einen stärkeren Metallzufluß aus dem Auslande schwer rechnen kann und die Ausgaben, die außerhalb der Grenzen des Landes zu entrichten sind, stark anschwellen.“ Gleich nach dem Ausbruche des Krieges wurde es den Reichsbankkassen befohlen, die Zahlungen hauptsächlich in Kreditbillets zu entrichten und, um ihnen diese Aufgabe zu ermöglichen, beschloß man Kreditbillets kleiner Abschnitte (zu 1, 3 und 5 Rubel), deren Ausgabe seit einigen Jahren verboten war, wieder in den Verkehr zu bringen. Es war leicht vorauszusehen, daß es der Regierung ohne Schwierigkeiten gelingen werde, das umlaufende Gold teilweise durch Kreditbillets zu ersetzen, da sie ja noch bis vor kurzem zu besonderen Maßnahmen greifen mußte, um das Gold in den Verkehr einzuführen. „Was die Verabfolgung von Billets kleinerer Abschnitte anlangt — schrieb der Finanzminister in demselben Bericht — so hat diese Verordnung, die in der Absicht der Finanzverwaltung, die Ausgabe von Gold bei den Operationen der Reichsbank etwas zu vermindern, ihre Erklärung findet, dem inneren Verkehr einen großen Dienst geleistet, und den erwünschten Zweck erreicht. Die durch außergewöhnliche Umstände hervorgerufene Aufhebung des Verbots, kleine Kreditbillets aus den Kassen auszugeben und der Verfügung, die Zahlungen, welche die Reichsbank zu leisten hat, in Gold zu entrichten, kam dem Wunsche der Bevölkerung entgegen, welche die bequemeren Kreditbillets gern annimmt und sogar fordert." Dank der Zurückhaltung der Behörden bei der Ausgabe von Gold wurden im Laufe des 19monatlichen Krieges 90 Mill. Rub. dem Verkehr entzogen.

Die vorgenommenen Maßnahmen auf dem Gebiete des Geldwesens haben die folgende Umgestaltung herbeigeführt:

	Gold		Kreditbillets im Verkehr
	Reichsbank u. Reichsrentei	im Verkehr	
23. Januar 1904 . .	1062,9	766	589,5
	1828,9		
1. September 1905[1].	1344,0	676	1038,0
	2020,0		
Mehr (+) oder weniger (—)	+ 281,1	— 90	+ 448,5

Als Endresultat ergab sich also eine Vergrößerung der Zahl der wichtigsten, im Verkehre sich befindenden Umlaufsmittel von 358,5 Mill. Rub. und zwar ausschließlich Kreditbillets. Obwohl diese bedeutende Ausdehnung des Geldverkehrs keineswegs als eine günstige Erscheinung zu verzeichnen war, so muß doch berücksichtigt werden, daß ein großer Teil der neu ausgegebenen Kreditbillets auf dem Kriegsschauplatze ihre Verwendung fand. Schon seit der Kriegsexpedition von 1990, entrichtete die russische Regierung die Zahlungen in der Mandschurei stets in Kreditbillets, da die dortigen Eingeborenen das Gold für Verkehrszwecke überhaupt nicht gebrauchen, Silbermünzen dagegen nicht nach dem Nennwerte, sondern nach dem Feingehalte des Silbers bewerten. Um das Zutrauen der Bevölkerung zu den Kreditbillets zu festigen, wurde am Orte ein Silberfonds gebildet, der nach dem Kriegsausbruche

[1] Nach dem Bericht des Finanzministers über das Budget für 1906. Wiestnik Finansow 1906, S. 5.

vergrößert wurde und die Umwechslung der Kreditbillets in das landesübliche Tauschmittel, d. h. in Silberbarren von bestimmtem Gewicht, oder sog. „Lan“, ermöglichte.

Anderseits muß auch der Umstand in Betracht gezogen werden, daß der Krieg und die noch während seiner Dauer ausgebrochene revolutionäre Bewegung eine starke Erschütterung des allgemeinen Vertrauens verursachte und daß das Versagen des Kredits große Geldbeträge immobilisierte. Infolge der bedeutenden Verminderung der Intensität der Geldausnutzung mußte also auch im Inlande der Bedarf an Umlaufsmitteln steigen. Aus diesen Gründen bestand keine Gefahr, daß die neu ausgegebenen Kreditbillets in die Bankkassen zurückströmen werden. Wäre dies aber der Fall gewesen, so würde die Reichsbank stets die Möglichkeit gehabt haben, den an sie gestellten Einlösungsforderungen zu entsprechen; denn ihr stand ein Barvorrat von 1149,3 Mill. Rub. bei einem Kreditbilletumlauf von 1038 Mill. Rub. zur Verfügung.

Wenn auch die vorgenommenen Kreditbilletausgaben zweifellos störend auf die Zusammensetzung des Geldverkehrs einwirkte, so muß doch anerkannt werden, daß die Regierung das Notenrecht der Reichsbank in sehr bescheidenem Maße ausgenutzt und die Stabilität des Geldsystems zu wahren gewußt hat. Der günstige Stand der russischen Valuta spiegelte sich deutlich im Kurse der Kreditbillets wieder, der während der ganzen Kriegszeit kein einziges Mal unter Pari gesunken ist. „Die russische Finanzverwaltung — sagt mit Recht Helfferich — besaß während des Krieges an dem Goldvorrat und dem Notenrechte der Reichsbank einen Rückhalt von ganz besonderer Stärke, der vor allem geeignet war, der Regierung über zeitweise Schwierigkeiten bei der Aufbringung der für den Krieg erforderlichen Mittel hinwegzuhelfen“ [1].

Die Gestaltung der Währungsverhältnisse nach dem Friedensabschluß.

Viel ungünstiger und radikaler war die Umgestaltung des Geldverkehrs, die sich nach dem Friedensabschluß, unter dem Einflusse der heftigen revolutionären Bewegung uud der weiteren Verschlechterung der Zahlungsbilanz geltend machte. Die Stockung des Wirtschaftslebens und die wachsende Einschränkung des Leihverkehrs verminderten in hohem Maße die Umlaufsgeschwindigkeit des Geldes und vergrößerten den Bedarf an Umlaufsmitteln. Die kritische Lage der Regierung erschütterte das Vertrauen des Publikums und bewirkte eine außergewöhnlich starke Zurückziehung der Einlagen aus den

[1] Helfferich, Das Geld im russisch-japanischen Kriege, S. 132.

Sparkassen. Im Laufe des Jahres 1905 übertrafen die Rückzahlungen die Einlagen um 106,4 Mill. Rub., während sie in den vergangenen Jahren von letzteren stets überholt worden waren[1]. Endlich sind auch die Privatbanken infolge der Kündigung der Depositen und der Einschränkung der ausländischen Kredite in eine Geldklemme geraten und suchten Unterstützung bei der Reichsbank, die ihre Kreditgewährung ausdehnen mußte. Unter diesen Umständen sah sich die Regierung gezwungen, bedeutende Beträge von Umlaufsmitteln in den Verkehr zu setzen und zwar nicht nur Kreditbillets, da das Publikum aus Mangel an Vertrauen in vielen Fällen den Umtausch letzterer gegen Gold forderte. In der Zeit vom 1. September 1905 bis 1. Januar 1906 stieg der Kreditbilletumlauf von 1038 auf 1204,6 Mill. Rub., der Goldmünzenumlauf von 676 auf 837,8 Mill. Rub.[2]

Aber nicht nur der innere Verkehr, sondern auch das Ausland begann seit dem Ende des Jahres 1905 das von der Regierung sorgsam aufgespeicherte Gold an sich zu ziehen. Die bedeutenden auswärtigen Kreditoperationen der Kriegszeit haben den ausländischen Anleihedienst stark in die Höhe getrieben. Die zugespitzte innerpolitische Lage veranlaßte tausende von Familien aus dem Lande zu flüchten, wodurch die Ausgaben der im Auslande lebenden oder weilenden Russen sich gewaltig vergrößert haben. Die Zurückziehung der ausländischen, auf kurze Fristen angelegten Kapitalien, dauerte fort.

Mit dem Anschwellen des Passivums der Zahlungsbilanz hielt Schritt eine Einschränkung ihres Aktivums, die auf die Verschlechterung der Handelsbilanz zurückzuführen war. Die durch die innere Krisis hervorgerufene Stockung des Wirtschaftslebens und Unterbindung der industriellen Tätigkeit erhöhte die Nachfrage nach ausländischen Waren; anderseits wurde letzteren die Konkurrenz mit den Erzeugnissen heimischer Produktion bedeutend erleichtert infolge der durch die Lohnsteigerung bewirkten Preiserhöhung der inländischen

---

[1] Jahrbuch des Finanzministeriums für 1905/06, S. 190:

im Jahre	Einzahlungen	Rückzahlungen	Mehreinlagen (+) Mehrrückzahlungen (—)
	Millionen Rubel		
1902	504,5	417,7	+ 86,8
1903	565,2	463,0	+ 102,2
1904	502,8	480,3	+ 22,5
1905	560,5	666,9	— 106,4

[2] Jahrbuch des Finanzministeriums für 1905/06, S. 142.

Waren. Auch die Steigerung der Weltmarktpreise für gewisse Importartikel (bes. Baumwollgarn und -waren) trieb den Einfuhrwert in die Höhe. Endlich muß auch die seit 1906 sich geltend machende Vergrößerung des Imports von Lebensmitteln, wie Korn [1], Fische usw. in Betracht gezogen werden. Es wurden eingeführt über die europäische Grenze (in Mill. Rub.):

	1905	1906
Lebensmittel	92,8	105,8
Rohe und halbverarbeitete Materialien	307,1	337,8
Tiere	1,05	0,97
Fabrikate	158,3	179,8
Zusammen	559,3	624,4

Noch bedeutend stärker war die Vergrößerung des russischen Imports über die asiatische Grenze, herbeigeführt durch die während des Krieges erfolgte Abschaffung der Einfuhrzölle im fernen Osten. In den Jahren 1904 und 1905 wurden nach Wladiwostock und Nikolajewsk entsprechend für 69,6 und 75,8 Mill. Rub. Waren eingeführt, im Jahre 1906 für 175,8 Mill. Rub. Im Laufe des einen Jahres stieg demnach der Gesamtimport Rußlands von 635,1 auf 800,2 Mill. Rub., d. h. um 25,4 %, Gleichzeitig hatte die Ausfuhr nur schwache Fortschritte zu verzeichnen. Der Export über die ostasiatische Grenze vergrößerte sich zwar unter dem Einflusse der durch die Zollfreiheit bewirkten Belebung des Handels, aber in viel geringerem Maße, wie der Import; er betrug im Jahre 1905 93 Mill. Rub., gegen 59,5 Mill. Rub. des voraufgegangenen Jahres. Dagegen hatte die Ausfuhr über die europäische Grenze eine Einschränkung aufzuweisen. Nach den vorzüglichen Erntejahren 1902—1905 trat ein heftiger Rückschlag ein, so daß im Jahre 1906 Rußland unter einer neuen Mißernte zu leiden hatte. Der Bruttoertrag an Kornfrüchten stellte sich auf kaum 3,25 Milliarden Pud, gegen 4,4 und 3,8 Milliarden Pud der Jahre 1904 und 1905; die Getreideausfuhr über die europäische Grenze betrug 588,9 Millionen Pud gegen 695,7 des voraufgegangenen Jahres. Auch der Erlös aus dem Getreideexport verringerte sich beträchtlich (von 566,9 Mill. Rub. auf 470,5 Mill. Rub.), da die Preise des Weltmarktes, infolge guter Ernten in allen übrigen, getreideexportierenden Ländern, etwas zurückgegangen waren. Nur der gleichzeitigen Steigerung der Ausfuhr gewisser anderer Artikel,

[1] Von 3 Mill. Pud im Werte von 2,9 Mill. Rub. im Jahre 1905 auf 6,1 Mill. Pud. im Werte von 6,3 Mill. Rub. im Jahre 1906.

besonders Holz, Butter, Erze und Metalle[1] war es zu verdanken, daß die Gesamtausfuhr über die europäische Grenze sich verhältnismäßig unbedeutend vermindert hat; sie betrug im Jahre 1905 1017,9 Mill. Rub., im Jahre 1906 1001,9 Mill. Rub.

Die Gestaltung des russischen Außenhandels im Jahre 1906 war demnach, im Vergleich mit den Vorjahren, die folgende (in Mill. Rub.):

	1904	1905	1906
Ausfuhr über die europäische Grenze. .	955,8	1017,9	1001,9
„ „ „ asiatische „ . .	50,6	59,4	93,0
Gesamtausfuhr	1006,4	1077,3	1094,9
Einfuhr über die europäische Grenze . .	581,8	559,3	624,4
„ „ „ asiatische „ . .	69,6	75,8	175,8
Gesamteinfuhr	651,4	635,1	800,2
Überschuß der Handelsbilanz.	355,0	442,2	294,7

Schon im Oktober 1905, als die ersten Merkmale dieser ungünstigen Wendung zum Vorschein traten, machte die Regierung den Versuch, einem eventuellen Metallabfluß durch eine neue, große Kreditoperation frühzeitig vorzubeugen. Die Verhandlungen, die sie in Paris angeknüpft hatte, mußten jedoch, infolge der bedenklichen innerpolitischen Lage und des heftigen Kurssturzes russischer Werte ausgesetzt werden und Rußland sah sich demnach betreffs der Deckung seiner großen ausländischen Verbindlichkeiten auf sich selbst angewiesen. Wie es zu erwarten war, schrumpften die Metallvorräte des Landes rasch zusammen.

	Gold in der Reichsbank u. Reichsrentei	Gold im Verkehr	Zusammen
	Millionen Rubel		
1. September 1905	1344,0	676,0	2020,0
1. Januar 1906[2]	1033,7	836,1	1869,8

Im Laufe von 4 Monaten hat sich also der Barvorrat der Reichsbank und der Reichsrentei um 310 Mill. Rub. verringert,

[1] Über den Charakter der Steigerung des Exports von Erzeugnissen der Berg- und metallurgischen Industrie s. Abschnitt II.

[2] Polly, Die gegenwärtige Finanzlage Rußlands, Preußische Jahrbücher 1908, Juliheft, S. 122.

der Goldumlauf dagegen um etwa 160 Mill. Rub. vergrößert; der gesamte Goldvorrat des Landes hat demnach eine Schmälerung von 150 Mill. Rub. erfahren.

Das Abströmen des Metalls aus den Barbeständen in den Verkehr und in das Ausland bewirkte bei der gleichzeitigen Ausdehnung des Kreditbilletumlaufs eine starke Verschlechterung der Deckungsverhältnisse. Am 1. Januar 1906 übertraf die Zahl der umlaufenden Kreditbillets (1204,6 Mill. Rub.) den Goldvorrat der Reichsbank (919,6 Mill. Rub.) um 285 Mill. Rub., so daß ein weiterer Metallabfluß eine Verletzung der gesetzlichen Deckungsvorschriften herbeiführen könnte.

Nach vielen Mühen gelang es endlich der Regierung, am Anfange des Jahres 1906 5,5prozentige kurzfristige Schatzscheine im Betrage von 100 Mill. Rub. in Paris zu placieren. Sie waren am Ende des Jahres zahlbar, die Reichsbank war aber verpflichtet, sie jederzeit nach einer Kürzung der Summe von 5,5 % pro Jahr bis zur Verfallzeit und nach Abrechnung einer Provision von 1 % zu diskontieren. Denselben Vorteil genossen auch die übrigen gleichzeitig emittierten 300 Mill. Rub. Schatzscheine, von denen eine Hälfte von den russischen Banken übernommen und zur Deckung außergewöhnlicher Ausgaben bestimmt wurde, die andere zur Ersetzung der 5prozentigen Schatzscheine diente, die im Mai 1905 in Berlin untergebracht worden waren, aber zur rechten Zeit, im Februar 1906, nicht eingelöst werden konnten. Wie stark damals das russische Geldsystem gefährdet war, ist aus den Bedingungen, auf welche die Regierung bei der Unterbringung der neuen Anleihe eingegangen ist, leicht zu ersehen. Mit dem Zugeständnis, die Schatzscheine jederzeit bei der Reichsbank einzulösen, wurde ein beträchtlicher Teil des Barvorrates zur Garantie der Anleihe hergegeben, so daß, streng genommen, die neuen Schatzscheine sich nur ihrer Form nach von den Kreditbillets unterschieden.

Es ist klar, daß die 100 Mill. Rub., die sich Rußland im Auslande beschafft hat, seinen damaligen Bedürfnissen bei weitem nicht entsprachen und daß die Kreditoperation vom Januar 1906 nur als provisorischer Notbehelf betrachtet werden mußte. Gleichzeitig mit der Unterbringung der Schatzscheine verhandelte die Regierung in Paris über eine neue, große Anleihe, die dem Lande zur Überwindung der schweren Krisis verhelfen sollte. Aber die ausländischen Geldgeber Rußlands beobachteten teils aus Mangel an nötigen Mitteln, teils aus Mißtrauen gegen die Gestaltung der wirtschaftlichen und politischen Verhältnisse Zurückhaltung und sträubten sich eine Zeitlang gegen die neuen Anleihevorschläge der russischen Regierung. Inzwischen machte sich nach kurzer Unterbrechung der Metallabfluß von neuem geltend, und zwar mit auffallender Stärke. Obwohl es der Finanzverwaltung gelungen war, durch erhebliche Diskonterhöhung (von 7—8,5 % bis auf 8—9 % im Januar 1906) den Goldumlauf beträchtlich einzuschränken und im Laufe der ersten sechs Monate 136 Mill. Rub. Gold aus dem Verkehre in die Reichsbank zurückzuziehen [1], hatte der Goldvorrat letzterer nicht nur keine Vergrößerung, sondern eine bedeutende Verringerung aufzuweisen. Er betrug (in Mill. Rub.) [2]:

	Gold in Münzen, Barren, Bergassignationen	Gold im Auslande	Zusammen	Kreditbilletsumlauf
1. Januar 1906	713,5	206,1	919,6	1204,6
1. Februar 1906	732,2	213,8	946,0	1160,1
1. März 1906	751,8	174,5	926,3	1149,1
1. April 1906	720,2	135,6	855,8	1149,0

Am 1. April stand dem Goldvorrate der Reichsbank von 855,8 Mill. Rub. ein Kreditbilletumlauf von 1149 Mill. Rub. gegenüber. Die Zahl der ungedeckten Noten stellte sich also auf 293,2 Mill. Rub. und befand sich dicht vor der gesetzlich vorgeschriebenen Grenze von 300 Mill. Rub.

Unter diesen Umständen sah sich die Regierung gezwungen, den Widerstand des Geldmarktes durch Bewilligung außergewöhnlicher Vorteile an die Geldgeber und Vermittler zu brechen. Mitte April 1906 wurden in Paris die Verhandlungen über eine 5prozentige Anleihe im Betrage von 2250 Mill. Francs = 843,75 Mill. Rub. zum Abschluß gebracht [3]. Frankreich übernahm 1200 Mill. Francs, Rußland 500, England 330, Österreich 165 und Holland 55. Der Emissionskurs stellte sich auf 88 %, der Übernahmekurs für die Banken auf ca. 83,5. Die effektive Verzinsung betrug also für die Zeichner 5,6 %, für den Staat 6 %. Die Anleihe sollte bis 1917 unconvertierbar sein und bis 1957 al pari amortisiert werden. Da der Reinerlös für die Regierung bei dem Übernahmekurs von 83,5 nur 1880 Mill. Francs betrug, so ergibt sich bei der Rückzahlung ein Kapitalverlust von 370 Mill. Francs. Die Emissionsbedingungen sprechen für sich: kein europäischer Staat, mit Ausnahme Portugals, Spaniens oder der kleinen Balkanstaaten, hat sich das nötige Geld um den Preis so schwerer Opfer verschaffen müssen. Sogar im Vergleich mit den jüngsten russischen Kreditoperationen sind die Bedingungen der letzten Anleihe für den Staat überaus lästig. Die 4,5prozentige deutsch-

---

1 Nach den amtlichen Angaben im Wiestnik Finansow 1907, Nr. 3.

2 Nach den Ausweisen der Reichsbank.

3 Von diesem Betrage wurden 250 Mill. Rub. für die Einlösung der im Jahre 1906 zahlbaren Berliner und Pariser Schatzscheine (vom Mai 1905 und Januar 1906) verwendet.

holländische Anleihe vom Januar 1905 rentiert sich für die Zeichner mit 4,75 %; die nicht zustande gekommene Pariser Anleihe vom Oktober 1905 sollte sich mit 4,4 % rentieren; dagegen stellt sich der Zinsfuß der letzten Anleihe, wie erwähnt, auf 5,6 %.

Die große Pariser Kreditoperation hat den dringenden Geldbedürfnissen Rußlands für längere Dauer Befriedigung verschafft. Die bedeutenden Beträge, die dem Lande zur Verfügung gestellt wurden, ermöglichten die Balancierung seiner stark passiven Zahlungsbilanz und die Auffüllung der zusammengeschmolzenen Metallvorräte. Gleichzeitig mit der allmählichen Realisierung der Anleihe wurde auch der Goldmünzenumlauf immer weiter eingeschränkt, so daß die in den Händen der Regierung befindlichen Goldbestände sich im Laufe des Jahres 1906 beträchtlich vergrößert haben.

	Gold der Reichsbank [1]	Gold der Bank u. der Rentei [2]	Gold im Verkehr [3]	Gesamter Goldvorrat	Kreditbillets im Verkehr [1]
1. Januar 1906	919,6	1033,7	837,8	1871,5	1204,6
1. Juli 1906	1092,5	—	702,0	—	1107,2
1. Januar 1907	1181,5	1407,8	642,0	2049,8	1194,2

Ein neuer Rückschlag ließ nicht lange auf sich warten. Die großen ausländischen Bestellungen des Kriegsministeriums, die mit der Reorganisation der Armee und Marine nach dem Kriege in Verbindung standen, haben das Passivum der Zahlungsbilanz in die Höhe getrieben. Gleichzeitig schrumpfte das Aktivum unter dem Einflusse der bedeutenden Einschränkung des Ausfuhrüberschusses stark zusammen.

Die schwachen Ernteerträge der Jahre 1907 und 1908 verursachten bei der vollen Erschöpfung der Getreidevorräte einen weiteren Rückgang des Getreideexports, der, wie bereits erwähnt, sich schon im Jahre 1906, im Vergleich mit den Jahren 1903—1905, bedeutend verringert hatte. In den Jahren 1907 und 1908 wurden über die europäische Grenze entsprechend 467,1 und 399,6 Mill. Pud ausgeführt, gegen 588,9 Mill. Pud des Jahres 1906. Die Erhöhuug der ausländischen Preise, die durch die schlechten Welternten hervorgerufen wurde, kompensierte nur teilweise den Ausfall im Quantum des exportierten Getreides, so daß auch sein Wert sich beträchtlich vermindert hat (von 470,5 Mill. Rub. im Jahre 1906 auf 428,1 Mill. Rub. im Jahre 1907 und auf 375 Mill. Rub. im Jahre 1908). Im allgemeinen haben sich

---

[1] Nach den Ausweisen der Reichsbank.
[2] Nach Polly, a. a. O.
[3] Wiestnik Finansow 1907, Nr. 3.

bei der Gestaltung des Außenhandels über die europäische Grenze in den Jahren 1907 und 1908 die gleichen Tendenzen geltend gemacht, wie im Jahre 1906: Steigerung der Ausfuhr von Butter, von rohen und halbverarbeiteten Materialien (besonders von Holz, Metallen, Erze), die einen gewissen Ersatz für die Verringerung der Getreideausfuhr bildete[1], starke Erhöhung der Einfuhr sämtlicher Gruppen von Importartikeln[2] und als Ergebnis der Handelsbilanz eine beträchtliche Verminderung des Ausfuhrüberschusses.

	1906		1907		1908	
	Ausfuhr	Einfuhr	Ausfuhr	Einfuhr	Ausfuhr	Einfuhr
	über die europäische Grenze. Millionen Rubel					
Lebensmittel. . . .	597,4	105,8	559,9	119,08	517,3	123,3
Rohe u. halbverarbeitete Materialien. .	346,0	337,8	383,6	375,9	370,5	406,8
Tiere	27,2	0,97	22,7	1,07	23,3	1,4
Fabrikate	31,1	179,8	25,2	205,4	26,7	215,7
Zusammen	1001,8	624,4	991,5	701,5	937,9	747,3
Ausfuhrüberschuß	377,5		290,0		190,6	

Die Gestaltung des Außenhandels über die asiatische Grenze war im Jahre 1907 ebenso ungünstig wie im Jahre 1906. Die Ausfuhr betrug 61,4 Mill. Rub., die Einfuhr 145,8 Mill. Rub., woraus eine Unterbilanz von 84,4 Mill. Rub. resultiert. Das Ergebnis des gesamten Außenhandels Rußlands (über alle Grenzen) für das Jahr 1907 stellt demnach

[1] Einen bemerkenswerten Aufschwung hat außerdem im Jahre 1908, dank dem Beitritte Rußlands zur Brüsseler Zuckerkonvention, die Zuckerausfuhr erfahren. Sie stellte sich in den Jahren 1906, 1907, 1908 entsprechend auf 2, 6,8, 13,7 Mill. Pud im Werte von 3,9, 10,9, 21,2 Mill. Rub.

[2] Eine besonders starke Steigerung ist für den Import von Baumwolle, Maschinen und Korn zu verzeichnen. Es wurden eingeführt (in Mill. Rub.):

	1906	1907	1908
Baumwolle	71,1	82,8	111,9
Maschinen	57,3	65,5	80,2
Korn	6,3	12,3	15,8

einen Mehrexport von 211,4 Mill. Rub. gegen 296,5 Mill. Rub. des Jahres 1906 [1].

Schon im Jahre 1907 machte sich infolge der ungünstigen Gestaltung der Zahlungsbilanz ein erneutes Abströmen des Metalls ins Ausland geltend. Der Goldvorrat des Landes, der am 1. Januar 1907 2049,8 Mill. Rub. betrug, stellte sich am 1. Januar 1908 auf 1847,9 Mill. Rub. (621,7 Mill. Rub. im Verkehre und 1226,2 in der Reichsbank und Reichsrentei) [2], so daß er sich im Laufe des einen Jahres um über 200 Mill. Rub. verminderte. Über den Bestand des Goldvorrates am Beginn des laufenden Jahres sind noch keine genauen Angaben vorhanden; es scheint aber keinem Zweifel zu unterliegen, daß derselbe unter dem Einflusse der Verschlechterung der Handelsbilanz eine weitere beträchtliche Schmälerung erfahren hat. Die letzte Anleihe von 450 Mill. Rub., die vor kurzem, nach vielen Mühen, in Paris untergebracht wurde und von der $^{2}/_{3}$ zur Deckung der im laufenden Jahre fälligen Schatzscheine von 1904 verwendet wurden, führte dem Lande neue 150 Mill. Rub. zu und verhinderte eine allzu starke Zusammenschmelzung seiner Metallvorräte.

Die währungspolitische Bedeutung der Vergrößerung der Staatsschuld seit 1904.

Wir haben im vorhergehenden die Gestaltung des russischen Geldverkehrs unter dem Einflusse der politischen Krisen geschildert und auf die schweren Lasten hingewiesen, die der Staat in den letzten Jahren auf sich nehmen mußte, um den finanziellen Ansprüchen des Krieges gerecht zu werden und die Angriffe des Auslandes auf seinen Goldvorrat abzuwehren. Versuchen wir jetzt ein Urteil über den Einfluß der starken Verschuldungszunahme auf die Währungsfrage zu gewinnen.

Von 6651 Mill. Rub. am Ende des Jahres 1903, stieg die russische Staatsschuld auf 8,850 Mill. Rub. am 1. Januar 1909 [3]. Der Anleihedienst, der im Jahre 1903 289,7 Mill. Rub. betrug, ist im Etat für 1909 im Betrage von 396,6 Mill. Rub. veranschlagt, erhöhte sich also im Laufe von 6 Jahren um über 100 Mill. Rub. Da die übrigen Staatsausgaben sich gleichzeitig um fast 500 Mill. Rub. vergrößert haben [4], so wird oft die Frage aufgeworfen, ob die Bewegung der Staatseinnahmen die Aufrechterhaltung des budgetären Gleichgewichts garantiere.

---

[1] Die Angaben betreffend die Gestaltung des Handels über die asiatische Grenze im Jahre 1908 liegen noch nicht vor.

[2] Polly, a. a. O. S. 122.

[3] Denkschrift zum Voranschlag des Budgets für 1909, S. 45.

[4] Das gesamte Ausgabebudget Rußlands stieg in den Jahren 1903 bis 1909 von 1883 Mill. Rub. auf 2472,2 Mill. Rub.

Es ist unmöglich, den Bedenken, die darüber geäußert werden, eine Berechtigung abzusprechen. Die Gestaltung des Budgets in den letzten Jahren hat der Regierung manche schwere Sorgen bereitet und bietet den besten Beweis dafür, daß die russische Finanzwirtschaft, nach einer Periode glänzender Erfolge, in eine kritische Lage geraten ist. Obwohl das Ordinarium noch stets mit namhaften Überschüssen abschließt[1], so reichen doch die letzteren bei weitem nicht aus, um die stark angeschwollenen, außerordentlichen Ausgaben völlig zu decken und das gesamte Budget vor Fehlbeträgen zu bewahren. Nicht nur während des Krieges, sondern auch nach dem Friedensabschluß war die Regierung alljährlich gezwungen, das Budget mittels Anleihen zu balancieren. Im Jahre 1906 hat der Regierung zur Herstellung des budgetären Gleichgewichts die große Pariser Anleihe verholfen; in den Jahren 1907 und 1908 — die Emission von 120 Mill. und von 200 Mill. Rub. 4prozentiger Staatsrente. Für das laufende Jahr ist wieder ein Defizit von etwa 150 Mill. Rub. vorausgesehen, dessen Deckung durch die letzte, französische Anleihe ermöglicht werden wird.

Beängstigend ist jedoch nicht die Tatsache, daß das russische Budget in den letzten Jahren eine Reihe von Defiziten aufzuweisen hatte, sondern der Umstand, daß die Aussichten auf eine Besserung der finanziellen Verhältnisse Rußlands in nächster Zukunft gering zu sein scheinen. Wenn auch das Extraordinarium, — das in den letzten drei Jahren, infolge der Liquidation der Kriegskosten und der gegen die Hungersnot vorgenommenen Hilfsaktion stark angeschwollen ist, — sich vielleicht in den nächsten Jahren vermindern dürfte, so wird es doch noch immer eine bedeutende Rolle spielen, so daß für die natürliche Balancierung des Budgets die Überschüsse des Ordinariums stets erforderlich sein werden. Die gegenwärtige Gestaltung des Ordinariums bietet aber keine Tendenz zur Erhaltung dieser Überschüsse. Im Gegenteil: das Tempo der Steigerung der ordentlichen Ausgaben ist viel schneller, als das der Einnahmen, woraus man auf ein baldiges Verschwinden der Überschüsse schließen darf. In den Jahren 1903—1909 bewegten sich die ordentlichen Einnahmen und Ausgaben wie folgt:

(Vgl. die Tabelle auf S. 115.)

Kein Wunder, daß man unter diesen Umständen die finanzielle Lage des Staates pessimistisch beurteilt und Defizite des ordentlichen Budgets befürchtet. Hat doch sogar der Finanzminister in der Denkschrift zum Etat für 1909 auf die Gefahren des allzu starken Steigens der Ausgaben, — im Ver-

[1] In den Jahren 1906, 1907 und 1908 betrugen die Überschüsse des Ordinariums entsprechend 195,9, 146,5 und 76,4 Mill. Rub.

Jahre	Einnahmen in Mill. Rub.	Vergrößerung oder Verminderung im Vergleich mit 1903	Ausgaben in Mill. Rub.	Vergrößerung oder Verminderung im Vergleich mit 1903
1903	2031,8	—	1883,0	—
1904	2018,3	— 0,7 %	1906,8	+ 1,3 %
1905	2024,5	— 0,4 %	1925,2	+ 2,3 %
1906	2271,7	+ 11,8 %	2075,8	+ 10,2 %
1907	2342,5	+ 15,3 %	2196,0	+ 16,6 %
1908	2417,0	+ 19,5 %	2341,0	+ 24,3 %
1909	2477,0	+ 21,9 %	2472,2	+ 31,3 %

hältnis zu den Einnahmen, — hingewiesen und die Notwendigkeit äußerster Vorsicht bei der Bewilligung neuer Kredite scharf betont.

Es ist klar, daß eine länger dauernde Desorganisation der Staatsfinanzen ungünstig auf die Währungsverhältnisse Rußlands einwirken könnte. Bei der ausschließlichen Abhängigkeit der russischen Reichsbank vom Finanzministerium liegt die Gefahr nahe, daß die Regierung im Falle finanzieller Schwierigkeiten die Notenpresse in Bewegung setzen werde; und die Anwendung dieses Mittels zur Abhilfe der Geldnot ist ja bekanntlich der erste Schritt zu einer währungspolitischen Zerrüttung.

Nehmen wir aber an, daß es der Regierung in der nächsten Zukunft gelingen würde, die Einnahmen den angewachsenen Ausgaben dauernd anzupassen; dürfte in diesem Falle behauptet werden, daß die Höhe der russischen Staatsschuld und des Anleihedienstes keine Gefahr für die Valuta in sich birgt?

Keineswegs! Für die Erhaltung der Metallwährung ist nicht allein die finanzielle Lage des Staates maßgebend. Wir wissen ja, daß in den 90er Jahren, zur Zeit glänzendster finanzieller Erfolge, das russische Geldsystem künstlich unterstützt werden mußte. Vom währungspolitischen Standpunkte ist nicht die Vergrößerung der Staatsschuld und des Anleihedienstes im allgemeinen das Wesentliche, vielmehr das Maß der Beteiligung beider Teile der Schuld, der in- und der ausländischen, an dieser Vergrößerung. Nimmt der Staat den inländischen Kredit in Anspruch, so wachsen dadurch nur die Schulden einer besonderen Gemeinwirtschaft anderen inländischen Wirtschaften gegenüber; aber die Verschuldung des ganzen Landes, als eines einheitlichen Organismus, bleibt unverändert, und seine finanzielle Lage anderen Ländern gegenüber leidet nicht unter dem Einflusse der Steigerung der Staatsschuld. Bringt dagegen der Staat die neuen Anleihen im Auslande unter, so steigt dadurch die Verschuldung des ganzen Landes, wächst der Teil des Zinsendienstes, der dem

Auslande zufällt und der für das Land einen Verlust bedeutet. Das Gleiche bezieht sich auch auf die Verschuldung privater Unternehmer, die sich die nötigen Mittel nicht im In-, sondern im Auslande beschaffen. Streng genommen ist es einerlei, wer den ausländischen Kredit in Anspruch nimmt, der Staat oder die Privatwirtschaften, denn die Schuld lastet immer auf dem ganzen Lande. Vom volkswirtschaftlichen und währungspolitischen Standpunkte ist es demnach noch nicht ausreichend, daß dem Staate oder den privaten Unternehmern die nötigen Gelder zur Deckung ihrer ausländischen Verbindlichkeiten zur Verfügung stehen; denn falls den an das Ausland geleisteten Zahlungen vice versa keine entsprechend großen Zahlungen gegenüberstehen, so droht dem inländischen Metallbestande eine allmähliche Schmälerung und dem auf ihn basierten Geldsystem ein Zusammenbruch. Soll aber das Gleichgewicht zwischen den Zahlungen, die das Land zu entrichten und vom Auslande zu empfangen hat, dauernd erhalten werden, so muß der Vergrößerung der Verschuldung eine entsprechende Steigerung der volkswirtschaftlichen Leistungsfähigkeit des Landes folgen. Trifft dieses zu, so wächst in demselben Maße wie der Schuldendienst der Ausfuhrüberschuß, und die Zahlungen an das Ausland werden, genau gesprochen, nicht in Geld, sondern in letzter Linie in Waren entrichtet, so daß der Metallbestand des Landes der Gefahr einer Zusammenschmelzung nicht ausgesetzt wird [1].

Von den gewaltigen Geldbeträgen, die der russische Staat in den Jahren 1904—1907 geliehen hat, wurde, wie wir es gesehen haben, der überwiegende Teil von der fremden Kapitalistenwelt geliefert. Die auf Metall-(oder ausländische) Währung lautende Staatsschuld, die sich im Jahre 1904 auf 3470 Mill. Rub. stellte, betrug am 1. Januar 1908 4731 Mill. Rub. Die für diesen fast gänzlich im Auslande untergebrachten Teil der Staatsschuld zu entrichtenden Anleihezahlungen erhöhten sich gleichzeitig von 154 auf 217 Mill. Rub., d. h. um 63 Mill. Rub. Dementsprechend kann der gesamte ausländische Anleihedienst (d. h. der Aufwand für die im Auslande sich befindenden Metall- und Kreditschuldscheine), der sich, wie oben erwähnt, vor dem Kriegsausbruch auf etwa 190 Mill. Rub. stellte, für die Gegenwart auf ca. 250 Mill. Rub. pro Jahr veranschlagt werden.

Die Lasten, die das Land zu tragen hat, haben sich also in den letzten Zeiten beträchtlich vergrößert; und dem-

[1] In Gold resp. Metall kann das Land seine Zahlungen nur dann ohne Gefahr für das Währungssystem entrichten, wenn das entsprechende Metall in dem betreffenden Lande gewonnen wird und wenn der Metallabfluß nicht stärker ist wie die inländische Metallproduktion. In diesem Falle ist aber das Metall auch ein Erzeugnis der Eigenproduktion und kann als Ausfuhrartikel betrachtet werden.

entsprechend erschwerte sich auch die Aufgabe, die Rußland vor dem Kriege nicht gelöst hat, die es aber lösen muß, wenn es sein Geldsystem dauernd erhalten will, — die Aufgabe der Herstellung des Gleichgewichts der Zahlungsbilanz durch entsprechende Erhöhung des Ausfuhrüberschusses. Wir wissen, daß der Gesamtbetrag der Zahlungen, die Rußland dem Auslande zu entrichten hat, sich in der Mitte der 90er Jahre, nach den Erhebungen von Wyschnegradski, auf etwa 230 Mill. Rub. jährlich stellte. Seit dieser Zeit stieg der Anleihedienst allein um über 100 Mill. Rub.; gleichzeitig haben auch die übrigen ausländischen Zahlungsverbindlichkeiten — Ausgaben der im Auslande weilenden Russen, Dividendenzahlungen, Unterhalt der Konsulate usw. — zweifellos eine bedeutende Erhöhung erfahren und betragen wohl jetzt mindestens 150 Mill. Rub., so daß das gegenwärtige Passivum der Zahlungsbilanz auf ca. 400 Mill. Rub. veranschlagt werden kann. Dagegen stellte sich der durchschnittliche Überschuß der Handelsbilanz (nur über die europäische Grenze) in den neun Jahren 1900—1908 auf 229 Mill. Rub. Fügen wir diesem Erlöse aus dem Außenhandel noch die 50 Mill. Rub., die dem Lande jährlich die Goldproduktion liefert, zu, so erhalten wir noch immer einen Betrag, der weit geringer ist als das Passivum der Zahlungsbilanz. Bestehen aber Aussichten darauf, daß der russische Außenhandel sich in absehbarer Zeit, nicht nur in Jahren außergewöhnlich guter Ernten, sondern dauernd derartig gestalten wird, daß die Ausfuhrüberschüsse ausreichend sein werden, um die gesamten ausländischen Zahlungen Rußlands zu decken? Darf auf eine den Erfordernissen entsprechende Erhöhung des Exports oder Einschränkung des Imports gerechnet werden? Dieses Problem zu prüfen, heißt, die Zukunft der russischen Goldwährung zu ergründen suchen.

Zweiter Abschnitt.

Die Gestaltungstendenzen der russischen Handelsbilanz.

Erstes Kapitel.

Die Zukunft der Getreideausfuhr.

Bei der Untersuchung der Frage über die Möglichkeit einer bedeutenderen Ausdehnung der russischen Ausfuhr muß vor allem der Getreideexport in Betracht gezogen werden. Wie bereits in den 70er und 80er Jahren, so spielte auch noch in den letzten Zeiten, trotz aller Bestrebungen zur Industrialisierung Rußlands, das Getreide die entscheidende Rolle unter den Ausfuhrartikeln des Zarenreiches. In den Jahren 1899—1908 schwankte der Anteil des Getreides am Gesamtexport, dem Werte nach, zwischen 40—52,8 %, und es ist auch ganz ausgeschlossen, daß die russische Ausfuhr in absehbarer Zeit ihren streng landwirtschaftlichen Charakter verliere. Dagegen sprechen einerseits die ganze bisherige volkswirtschaftliche Entwicklung Rußlands und die geringen Aussichten auf einen Aufschwung der einheimischen Industrie in der nächsten Zukunft, anderseits die enormen Schwierigkeiten auf dem Gebiete des Absatzes der industriellen Produkte im Auslande und die Notwendigkeit, sich im günstigsten Falle fast ausschließlich auf die Versorgung des inländischen Marktes zu beschränken. Infolge dessen erscheint auch die zukünftige Gestaltung des ausländischen Getreidehandels Rußlands von wichtigster, gewissermaßen sogar ausschlaggebender Bedeutung für die in Betracht kommende Frage.

Eine günstige Gestaltung des Getreideexports könnte auf doppeltem Wege erfolgen: erstens durch eine starke Vergrößerung des Quantums des auszuführenden Getreides, zweitens durch eine dauernde Steigerung des Getreidepreises auf dem Weltmarkte. Eine Erhöhung des Ausfuhrquantums könnte hervorgerufen werden: A. durch Erschließung neuer, jungfräulicher Gebiete für den Ackerbau; B. durch Erhöhung der Ernteerträge auf dem Wege des Überganges der Landwirtschaft zu intensiveren Anbausystemen oder künstlichen Meliorationen; C. durch eine stärkere Steuerbelastung der ländlichen Bevölkerung, die den Bauer zur Veräußerung eines größeren Teils des Ernteertrages auf Kosten seiner Ernährung zwingen würde.

A. Die Aussichten auf eine Erhöhung der Getreideausfuhr durch Extensivierung des Getreidebaues.

Auf den ersten Blick scheinen die Aussichten auf eine weitere territoriale Ausdehnung des russischen Getreidebaus den besten Hoffnungen zu entsprechen. Seit dem Beginn des Baues der großen sibirischen Eisenbahn hat sich die Aufmerksamkeit von ganz Europa auf die asiatischen Besitzungen Rußlands gelenkt, die dank dem langen, mit dem europäischen Eisenbahnnetz sich verknüpfenden Schienenweg zur internationalen Getreidekonkurrenz herangezogen wurden. Bisher spielte Sibirien auf dem Weltgetreidemarkte eine verschwindend kleine Rolle. Zu Beginn der 90er Jahre stellte sich seine Ernte nach amtlichen Angaben auf kaum 125 Mill. Pud pro Jahr, die ausländische Ausfuhr auf etwa 10—12 Mill. Pud[1]. Das für das Ausland bestimmte Getreide mußte damals auf den Flüssen des Ob-Systems bis Tjumen, von da aus auf der Uralbahn nach Perm und weiter per Wasser nach Petersburg befördert werden. Die hohen Transportkosten verschlangen jedoch den weitaus größeren Teil des ausländischen Getreidepreises, so daß an der internationalen Getreidekonkurrenz sich nur die besten Getreidesorten aus den, der europäischen Grenze nächstliegenden Gebieten Westsibiriens beteiligen konnten. In der Mitte der 90er Jahre, also kurz vor der Eröffnung des Verkehrs auf der sibirischen Bahn, kostete die Fracht vom Tomsk bis Petersburg 52—57 Kop. pro Pud[2]; gleichzeitig betrug der Petersburger Weizenpreis 70—75 Kop., so daß der Export aus der Gegend von Tomsk, also aus dem östlichen Teil Westsibiriens, nur bei einem äußerst niedrigen Lokalpreise von etwa 13—23 Kop. pro Pud lohnend gewesen wäre.

Es ist aber bekannt, in wie auffallend kurzer Zeit die überseeischen Länder unter dem Einflusse der Entwicklung moderner Verkehrsmittel ihre Getreideausfuhr gewaltig vergrößert und sich zu mächtigen Konkurrenten auf dem Getreidemarkte herausgebildet haben. Im Jahrzehnt 1861—70 betrug der Weizenexport der Vereinigten Staaten von Amerika im

---

[1] Krahmer, Sibirien und die Bedeutung der großen sibirischen Eisenbahn. St. Petersburg 1900. S. 40 und 44.

[2] Ballod, Die wirtschaftliche Bedeutung von Sibirien. Conrads Jahrbücher, III. F. 12. Bd. S. 360.

Jahresdurchschnitte 7,7 Mill. Hektoliter, im Jahrzehnte 1871—80 — 27,6 Mill. Hektoliter[1]. Der britisch-indische Weizenexport erhöhte sich von 2,9 Mill. engl. Ztr. in den Jahren 1871—80 auf 17,3 Mill. Ztr. im folgenden Jahrzehnt[2].

Mit dem Ausbau des sibirischen Schienenweges wurde auch dem gewaltigen, einen Flächenraum von ca. 14 Mill. Quadratkilometer umfassenden und äußerst dünn bevölkerten nordasiatischen Ländereien die volle Entfaltung ihrer wirtschaftlichen Kräfte ermöglicht und es wurden Stimmen laut, die auf die Urbarmachung dieser Gebiete, als auf ein neues, die Existenz der europäischen Landwirtschaft gefährdendes Moment hinwiesen und die zukünftige Überschwemmung des Weltmarktes mit billigem sibirischen Getreide prophezeiten. Diese für Rußland so erfreuliche Voraussagung hat in der bisherigen Gestaltung der Verhältnisse keine Bestätigung gefunden. Es läßt sich leider aus Mangel an statistischen Angaben nicht feststellen, wieviel sibirisches Getreide in den letzten Zeiten auf den Weltmarkt gelangte, doch weisen die noch immer geringen Ernteerträge Sibiriens darauf hin, daß es sich hierbei um keine besonders beachtenswerten Quantitäten handeln kann. In den Jahren 1905 und 1906 wurden im asiatischen Rußland an Kornfrüchten nur 267,8 und 235,5 Mill. Pud geerntet, im europäischen dagegen entsprechend 3520,5 und 3021,3 Mill. Pud. Es muß jedoch berücksichtigt werden, daß die normale Entwicklung der sibirischen Landwirtschaft seit 1899 durch außergewöhnliche Umstände gestört wurde; einerseits durch Mißernten, unter denen Sibirien am Anfange des laufenden Jahrzehnts zu leiden hatte und durch welche die Einwanderung aus dem europäischen Rußland zeitweise in starkem Maße eingeschränkt wurde, anderseits durch den bald darauf folgenden Krieg, während dessen die Beförderung der Übersiedler mit der Bahn zu ermäßigten Tarifen vollständig eingestellt wurde. Infolge dessen konnte sich auch der Einfluß der Bahn auf die landwirtschaftliche Entwicklung des Landes nur während ganz kurzer Zeit bemerkbar machen. Schon im Jahre 1899 stellte sich der Ertrag der sibirischen Ernte auf 269 Mill. Pud, also um über 100% höher als zu Beginn der 90er Jahre, so daß ein Aufschwung sich nicht leugnen läßt. Der Stillstand der folgenden Jahre ist nur als eine vorübergehende Erscheinung anzusehen, die jetzt, nach Eintritt normaler Zustände, einem weiteren Fortschritte den Platz räumen kann. Darf aber darauf gerechnet werden, daß dieser event. Fortschritt ein schneller und gewaltiger sein

---

[1] Handwörterbuch d. Staatswissensch., II. Aufl., Art. Getreidehandel.

[2] Handwörterbuch d. Staatswissensch. und polnische landwirtschaftliche Enzyklopädie (Warschau) Art. Getreidehandel.

wird, daß Sibirien als getreideproduzierendes und -exportierendes Land im Laufe von kurzer Zeit in demselben Maße an Bedeutung gewinnen wird, wie die überseeischen Staaten nach ihrer Erschließung für den Weltverkehr? Um eine Antwort darauf zu erhalten, müssen wir uns ein Urteil verschaffen: a) über die landwirtschaftlichen Eigenschaften Sibiriens, b) über die Konkurrenzfähigkeit des sibirischen Getreides auf dem Weltmarkte, mit Berücksichtigung der gegenwärtigen Frachtkosten und c) über die Möglichkeit einer weiteren Ausdehnung der Anbaufläche derjenigen Regionen, deren Getreide die Transportkosten tragen kann.

a. Betrachtet man Sibirien vom Standpunkte seines landwirtschaftlichen Nutzungswerts, so schrumpft das enorme Gebiet auf eine verhältnismäßig geringe Fläche zusammen. Der ganze Norden bis zum 63. Grad nördlicher Breite, die sog. Tundrazone, ein Areal von ca. 4 Mill. Quadratkilometer ist der Besiedlung überhaupt nicht zugänglich. Est ist eine öde Sumpfwüste, deren Boden im Sommer nur auf $^1/_2$—1 m tief auftaut, während die unteren Schichten stets gefroren bleiben. Die Durchschnittstemperatur der Vegetationsperiode erreicht kaum 9 Grad, so daß das Getreide überhaupt nicht zur Reife kommen kann. Fischerei und Pelztierjagd gewähren den Unterhalt den nomadisierenden Stämmen, die in diesem Eisbodengebiet ihr kümmerliches Leben fristen. Das südlichere, vom 63. Grad sich erstreckende Areal eignet sich schon im großen und ganzen für ein seßhaftes Wirtschaftsleben, doch weist es in Bezug auf seinen landwirtschaftlichen Wert starke Unterschiede auf.

Der polaren Tundrazone schließt sich die sog. Tajga an, ein sumpfiges Waldgebiet, das aus Fichten, Tannen, sibirischer Zeder usw. zusammengesetzt ist. Die Temperatur der Vegetationsperiode, wie auch die Menge der Niederschläge schließen hier die Möglichkeit des Anbaues von Roggen, Hafer und Gerste nicht aus. Es ist auch, wie wir später sehen werden, gelungen, in diesem Waldmeere Ansiedlungsgemarkungen zu bilden, so daß man auch die Tajga, besonders ihren südlichen Teil, nicht als ein der Landwirtschaft vollständig unzugängliches Gebiet betrachten darf. Doch erschweren die klimatischen und die Bodenverhältnisse in hohem Maße den Ackerbau und wirken nachteilig auf die Qualität des produzierten Getreides.

In Westsibirien, den Gouvernements Tobolsk und Tomsk und im westlichen Teil des Gouvernements Jenissejsk geht die Tajga in die eigentliche sibirische Ackerbauzone über, die allen Forderungen entspricht, welche man an ein landwirtschaftliches Gebiet zu stellen pflegt. Der Boden besteht aus guter Schwarzerde, die zwar nicht so mächtig, aber auch nicht so erschöpft ist, wie die des europäischen Rußlands. Die Jahrestemperatur beträgt in den westsibirischen Regionen der

Ackerbauzone ca. 0°; in den zentralsibirischen ist sie etwas schroffer (— 0,23°). Die Temperatur der Vegetationsperiode (1. Mai bis 1. Oktober) ist fast die gleiche, wie in den entsprechenden Teilen des europäischen Rußlands (zwischen 55. bis 58. Breitengrad). Derselbe Parallelismus mit dem europäischen Rußland läßt sich auch betreffs der Menge der Niederschläge feststellen, mit dem Unterschiede, daß ihre Verteilung, dank der guten Bewaldung des Landes, nicht die europäisch-russische Unregelmäßigkeit aufweist. Dank diesen Bedingungen gedeiht in den genannten Gebieten Sibiriens ein Weizen, der mit den besten Sorten des europäischen oder amerikanischen konkurrieren kann. Dieses dem Ackerbau in jeder Hinsicht günstige Gebiet erstreckt sich vom Ural bis zum Flusse Irtisch, im Rayon der Bahn, streifenartig, inmitten von Ländereien von mehr oder weniger unfruchtbarem Charakter. Wie von Norden die Tajga, so schließt sich ihm von Süden ein Gebiet an, das zwar in Bezug auf das Klima nichts zu wünschen übrig läßt, dessen Boden aber entweder zu feucht oder zu trocken ist und nur auf dem Wege künstlicher Meliorationen der Landwirtschaft zugänglich gemacht werden kann. Jenseits des Irtisch dehnt sich die Ackerbauzone etwas aus: sie rückt weiter nach Süden, umfaßt die Ebenen des Altaj-Bezirks (südwestlicher Teil des Gouvernements Tomsk) und geht endlich in die Randdistrikte des Gouvernements Jenissejsk, in den kleinen Bezirk von Minussinsk über.

Östlich von Minussinsk, zwischen dem Jenissej und dem Bajkal-See, in den Gouvernements Jenissejsk und Irkutsk, sind ackerbaufähige Flächen nur selten aufzufinden. Von der südlichen Grenze des Landes erstrecken sich bis zu der vom Norden herstreichenden Tajga hohe Bergketten, und der felsenartige, stellenweise auch sumpfige Boden schließt in dem weitaus überwiegenden Teil dieses Gebiets die Möglichkeit des Getreidebaus aus. Von der gesamten, ca. 5,8 Mill. Quadratkilometer umfassenden Fläche West- und Zentralsibiriens fallen auf die eigentliche Ackerbauzone kaum 1,1 Mill. Quadratkilometer (etwa 830 000 in den Gouvernements Tobolsk und Tomsk und 300 000 Quadratkilometer in den Gouvernements Jenissejsk und Irkutsk)[1].

Erst jenseits des Bajkal-Sees ändern sich die Bodenverhältnisse zugunsten der Landwirtschaft. Von dem ca. 600 000 Quadratkilometer großen Transbajkalien-Gebiet eignet sich etwa ein Viertel sehr gut für den Ackerbau, was vor allem der fruchtbaren hiesigen Schwarzerde zu verdanken ist. Das Klima ist zwar rauher als in Westsibirien, doch steigt

[1] Die Grenzgebiete Rußlands. Herausgeg. im Auftrage d. Finanzministeriums unter der Redaktion von Ssemenow. St. Petersburg 1900, S. 12, 13.

die Temperatur der Vegetationsperiode bis auf 17°. Obwohl der Boden im Winter auf ca. 1 m tief festfriert, so reift doch das Korn tadellos, dank der reinen, dampffreien Luft, die eine starke Sonnenstrahlung ermöglicht. Getreide wird in dieser Gegend seit Jahren in Überfluß erzeugt und ergänzt die spärlichen Vorräte des nördlich gelegenen, ca. 4 Mill. Quadratkilometer umfassenden Jakutsk-Gebiets, wo die Landwirtschaft infolge des sumpfigen Bodens und rauhen Klimas nur sporadisch betrieben werden kann.

Das Amur- und das Ussuri-Gebiet (letzteres auch Küstengouvernement genannt) leiden beide unter übermäßiger Feuchtigkeit, so daß die dem Ackerbau durchaus günstige Temperatur der Vegetationsperiode ihren Einfluß nur dort auszuüben vermag, wo der Boden überhaupt anbaufähig ist. Die Feuchtigkeit des Klimas bewirkt, daß in dem weitaus größeren Teil dieser Provinzen der Boden überhaupt nicht trocknet und stets sumpfig bleibt. Von der ca. 1,1 Mill. Quadratkilometer umfassenden Fläche kann nur ein verhältnismäßig kleiner Teil, das Gebiet zwischen dem Flusse Sseja und der Bergkette des Kleinen Chinghans, ohne künstliche Eingriffe bebaut werden[1]. Erst nach einer viel Geld und Zeit beanspruchenden Trockenlegung der überfeuchten Gebiete würden hier der Besiedlung bedeutendere Flächen zugänglich gemacht. Anderseits muß auch berücksichtigt werden, daß die natürlichen Vorbedingungen für die Landwirtschaft sich im fernen Osten wesentlich von den europäisch-russischen und westsibirischen unterscheiden, so daß der in diese Gegend eingewanderte Bauer in ganz neue, ihm unbekannte Verhältnisse versetzt wird, denen er sich nicht leicht anzupassen vermag, und dieser Umstand muß auf den Zufluß der Ansiedler hemmend einwirken.

Auf der Insel Sachalin und im Ochotsk-Kamtschatka-Lande ist der Getreidebau mit größten Schwierigkeiten verbunden, sowohl des rauhen Klimas wie auch des sumpf- oder felsenartigen Bodens wegen.

Wie das östliche Grenzgebiet Sibiriens unter dem Überfluß an Feuchtigkeit leidet, so hat wieder das dem südlichen Teil Westsibiriens sich anschließende Steppengouvernement (Kirgisensteppe) unter dem Mangel zu leiden. Es umfaßt die Gebiete von Akmolinsk, Ssemipalatinsk und Ssemirjetschensk, einen Flächenraum von ca. 1,8 Mill. Quadratkilometer. Trotz der günstigen Temperatur, die sich im Sommer auf + 20°, im Jahresdurchschnitte auf + 2° stellt, kann hier, infolge der Trockenheit des Klimas, der Ackerbau nur in ganz geringem Umfange betrieben werden. Mit Eintritt der Wärme trocknen die Flüsse vollständig aus und der größere Teil des Gebiets

---

[1] Die Grenzgebiete Rußlands, S. 84 ff., und Krahmer, a. a. O. S. 30 ff.

verwandelt sich in eine öde Salzwüste. Nur in den Randdistrikten des Gebiets von Akmolinsk, die im Rayon der Bahn gelegen sind, und am Fuße der Hügel findet man einige reichlich bewässerte Täler mit besonders fruchtbaren Böden.

Fassen wir jetzt alle ihrem Klima wie auch ihrer Bodenbeschaffenheit nach für den Ackerbau geeigneten Gebiete Sibiriens zusammen, so erhalten wir ein Areal von etwa 1,6 Mill. Quadratkilometer. Im Verhältnis zum ganzen, 14 Mill. Quadratkilometer umfassenden Lande ist es eine auffallend kleine Fläche. Absolut genommen ist es noch immer ein bedeutender Bodenvorrat; er übersteigt ums Dreifache das Gebiet des Deutschen Reiches.

Hat die Angliederung Sibiriens an den Weltverkehr sämtlichen anbaufähigen Distrikten des Landes die Möglichkeit verschafft, Getreide für den ausländischen Export zu produzieren, hat sie, m. a. W., eine den Erfordernissen entsprechende Verbilligung der Transportkosten herbeigeführt? Werfen wir einen Blick auf die gegenwärtigen Transportverhältnisse Sibiriens.

b. Wie bekannt, wird das russische Getreide auf sämtlichen inländischen Bahnen nach einem speziellen Staffeltarif mit stark gestuften Sätzen befördert. Bei den enormen Entfernungen, welche das sibirische Korn bei dem Transport ins Ausland oder sogar in das europäische Rußland zurücklegen muß, bedeutet die Staffelung dieses Tarifs eine große Ermäßigung der Frachtsätze. Man befürchtete jedoch, daß der billige Transport die Getreideausfuhr Sibiriens zu stark fördern und eine Anhäufung des sibirischen Korns in den russischen Häfen zur Folge haben würde. Um also die europäisch-russischen Getreideproduzenten vor der Konkurrenz Sibiriens zu schützen und dem nordasiatischen Korn bei seiner Beförderung nach Westeuropa den Weg über das europäische Rußland gewissermaßen abzusperren, beschloß man, bei der Berechnung der Fracht die ganze Strecke nicht als eine Einheit zu betrachten, sondern die Fracht von der Entsendungsstation bis Tschelabinsk, dem Ausgangspunkt der sibirischen Bahn, und wieder von da ab bis zur Endstation separat in Rechnung zu stellen. Nur für Getreide, das für den Ural bestimmt ist, wird die Fracht einheitlich berechnet. Wie erheblich durch eine solche Tarifaufstellung die Transportkosten gesteigert werden, beweisen folgende Beispiele. Wäre die Fracht von Omsk bis Reval (3589 Werst) nach dem allgemeinen Modus berechnet, so betrüge sie pro Waggon (750 Pud) 312,9 Rubel; bei der jetzt üblichen Teilung der Strecke in zwei Teile, Omsk—Tschelabinsk und Tschelabinsk—Reval, stellt sie sich auf 117,7 + 214,4 = 382,1 Rubel, also um 69,2 Rubel oder um 22 % höher. Die Fracht Kriwoschtschekowo—Reval würde bei einheitlicher Berechnung 350,8 Rubel kosten. bei geteilter beträgt sie 430,4 Rubel, also um 23 % höher[1]. Die Transportkosten für ein Pud von Omsk bis Reval betragen also 50,9 Kop., statt 41,7 Kop.; für die Strecke Kriwoschtschekowo—Reval stellen sie sich bei einheitlicher und separater Berechnung entsprechend auf 57,4 und 46,8 Kop. Indem aber die Regierung dem sibirischen Getreide den Transport nach Westeuropa durch das europäische Rußland in hohem Maße erschwert hatte, sorgte sie gleichzeitig dafür, um ihm einen anderen Weg zu eröffnen, und zwar durch Ausbau einer Bahnlinie zwischen Perm und der am Flusse Dwina liegenden Stadt Kotlas und durch Organisation eines Dampferverkehrs zwischen Archangel, das an der Mündung der Dwina ins Weiße Meer liegt, und den westeuropäischen Häfen. „Die Linie Perm-Kotlas, — lesen wir in der Denkschrift des Komitees der sibirischen Bahn[2], — bezweckt die Herstellung einer Dampfkommunikation zwischen Sibirien und dem Hafen von Archangel mittels der Ural-Bahn (Perm—Jekaterinburg) und der Verbindungszweigbahn von Jekaterinburg — Tschelabinsk. Die Schaffung einer direkten und selbständigen Abflußroute ins Ausland über das Weiße Meer für die sibirischen, hauptsächlich aus Getreide bestehenden Frachten ist sehr wichtig, sowohl im Interesse der sibirischen Landwirtschaft, als auch besonders zum Schutze der Landwirtschaft des mittleren Rußlands vor dem niederdrückenden Einfluß, den der Zustrom großer Quantitäten billigen Getreides von jenseits des Urals und nach den baltischen Häfen auf die Getreidepreise ausüben kann." — Das Getreide wird also per Bahn bis Tschelabinsk befördert, von da aus über Perm nach Kotlas und dann weiter, auf der Dwina, bis Archangel. Während der fünf Sommermonate, wenn der Hafen eisfrei ist, verkehrt allmonatlich zwischen dem Weißen Meere und den wichtigsten Häfen Westeuropas[3] mindestens ein Dampfer, der das Getreide ins Ausland befördert. Die Transportkosten von den westsibirischen Bahnstationen bis Archangel, inkl. Nebenausgaben, schwanken zwischen 28,6—39,8 Kop. pro Pud; von Omsk aus stellen sie sich auf 34,7 Kop., von Kriwoschtschekowo auf 39,7 Kop.[4]. Die Seefracht von Archangel bis zu einem der Häfen betrug im Jahre 1904 10—13 Kop. pro Pud. Insgesamt kostet also der Transport von den östlich gelegenen Stationen Westsibiriens nach Westeuropa, sogar auf diesem

---

[1] Entnommen aus: Wiedenfeld, Die wirtschaftliche Bedeutung der sibirischen Bahn, Archiv für Eisenbahnwesen, Jahrgang 1900, S. 934.

[2] Vorgestellt dem Kaiser im Jahre 1897 anläßlich des 5jährigen Bestehens des Komitees.

[3] Rotterdam, Amsterdam, Antwerpen, Hamburg, Bremen, London, Hull, Newcastle.

[4] Thieß, Die Ausfuhr des sibirischen Getreides über den Hafen von Archangel. Archiv f. Eisenbahnwesen 1900, S. 1813.

billigeren Wege noch immer etwa 50 Kop. pro Pud. Dagegen stellte sich der durchschnittliche Londoner Weizenpreis in den Jahren 1899—1904 auf ca. 97 Kop.[1], so daß die Fracht von gewissen Stationen über 50 % des Preises ausmachte. Die restierende Quote muß die Produktionskosten und die Kosten des Getreidetransports von dem Erzeugungsort bis zur Bahnstation decken und dem Landwirte noch einen Gewinn abwerfen. Jarilow berechnet die Kosten der Weizenproduktion im Bezirk Minussinsk für die erste Hälfte der 90er Jahre auf 23 Kop. pro Pud[2]; zur gleichen Zeit schwankte der Weizenpreis in den 45 Distrikten des Bezirks, nach den Ermittlungen einer amtlichen Untersuchungskommission, zwischen 32 und 45 Kop., betrug also durchschnittlich 36 Kop.[3]. Das Kostenniveau des minussinskschen Bezirks ist aber, nach Jarilow, niedriger als das der Gouvernements Tobolsk und Tomsk. Ballod berechnete für Westsibirien, sich auf amtliche Angaben stützend, die Produktionskosten bei guter Mittelernte auf 31—34 Kop. pro Pud, und zwar ohne Berücksichtigung von Rente und Kapitalverzinsung[4]. Aus diesen Zahlen geht schon hervor, daß das Getreide aus den östlich von Westsibirien liegenden Gebieten, oder aus denjenigen Distrikten Westsibiriens, die nicht die günstigsten landwirtschaftlichen Bedingungen aufzuweisen hatten, die Kosten der geschilderten Beförderungsweise nach Westeuropa (bis Kotlas per Bahn, weiter per Wasser) in der Regel nicht tragen kann. Schon der an der westlichen Grenze Zentralsibiriens liegende Bezirk Minussinsk, der, wie bereits erwähnt, die günstigsten Bedingungen für den Ackerbau aufweist, kommt für den Weltgetreidemarkt nicht mehr in Betracht[5]. Nur im Falle einer starken Erhöhung der Getreidepreise könnte bei den obwaltenden Frachtverhältnissen das Getreide aus den außerhalb der eigentlichen westsibirischen Ackerbauzone und des nördlichen Streifens der Kirgisensteppe liegenden Gebieten zum Export ins Ausland gelangen. Man kann zwar darauf rechnen, daß mit der Eröffnung der jetzt im Bau begriffenen Linie, welche Kurgan (die erste Station der sibirischen Bahn nach Tschelabinsk) mit Jekaterinburg direkt verbinden wird, die Transportkosten bis Kotlas eine gewisse Ermäßigung erfahren werden. Anderseits könnte die Vertiefung des Hafens von Archangel die Einfahrt größerer Dampfer ermöglichen, was

---

[1] Berechnet nach den Notierungen des Londoner „Economist“.

[2] Jarilow, Ein Beitrag zur Landwirtschaft in Sibirien. Leipzig 1896, S. 335.

[3] Ibid., S. 336.

[4] Ballod, Die wirtschaftl. Bedeutung v. Sibirien. Conr. Jahrb. 1896, II, S. 365.

[5] Kolotiloff, Grundriß der Entwicklung des sibirischen Handels und Gewerbes. Wiestnik Finansow 1908, S. 359.

eine Verbilligung der Seefracht zur Folge haben würde. Viel ist jedoch auf diesen Wegen nicht zu erreichen. Am meisten könnte man von der Abschaffung der geteilten Tariferstellung erwarten, doch scheint es zweifelhaft zu sein, ob die Regierung sich dazu entschließen wird; bis jetzt ist jedenfalls davon noch nicht die Rede gewesen.

Wir sehen also, daß von allen kulturfähigen Bodenflächen Sibiriens nur die Ackerbauzone seiner westlichen Gouvernements, einschließlich der Randdistrikte des Gebiets Akmolinsk, die Möglichkeit hat, sich an der internationalen Getreidekonkurrenz zu beteiligen. Sie ist demnach das einzige Areal, das bei der Prüfung der Möglichkeit einer Ausdehnung des russischen Getreidebaus auf die nordasiatischen Ländereien berücksichtigt werden darf.

Ist aber die westsibirische Ackerbauzone ein jungfräuliches Gebiet, das noch über umfangreiche Flächen unkultivierten Bodens verfügt?

c. Es ist hier nicht der Ort, auf die Besiedlungs- und Kolonisationsgeschichte Sibiriens näher einzugehen und die Wandlungen der russischen Kolonisationspolitik zu schildern. Wir beschränken uns deshalb auf die Feststellung der Tatsache, daß die westsibirische Ackerbauzone einerseits durch alteingesessene sibirische Bauern bewohnt ist, denen schon vor 1878 ca. 60 % der Gesamtfläche zur Nutznießung überwiesen worden war [1], und daß sie anderseits seit der Bauernbefreiung sich zum Hauptansiedlungsgebiet der landbedürftigen Bauern aus dem europäischen Rußland herausgebildet hat. Sowohl vor dem Ausbau der Bahn, — als die Übersiedlung nach Sibirien sich infolge der mehr oder weniger feindlichen Stellung der Regierung zur Auswanderung in engen Grenzen bewegte, — wie auch nachher, — als die Regierung ein besonderes Interesse daran hatte, die Besiedlung Sibiriens zu fördern, um das Land wirtschaftlich zu heben und durch Entwicklung eines Personen- und Güterverkehrs auf die Kosten des Unternehmens zu kommen, — in beiden diesen Perioden machte sich der weitaus überwiegende Teil der Neuankömmlinge in der Ackerbauzone der Gouvernements Tobolsk und Tomsk und des Gebiets Akmolinsk ansässig. Im Zeitraum von 1885—93 siedelten sich $^2/_3$ aller Einwanderer im Gouv. Tomsk, davon ca. 90 % in dem im persönlichen Besitze des Kaisers sich befindenden Altaj-Bezirk an [2]; der Rest verteilte sich zwischen den Gouvernements Tobolsk, Akmolinsk, Jenissejsk und dem Amurgebiete. In diesen, von den Übersiedlern bevorzugten

[1] Nach Jadrinzew; angegeben bei Ballod, a. a. O. S. 341.

[2] Alex. Kaufmann, Die innere Kolonisation und die Kolonisationspolitik Rußlands seit der Bauernbefreiung. Conrads Jahrbücher 1898, I, S. 438.

Gegenden konzentrierte auch ursprünglich ihre Arbeiten die Ansiedlungskommission bei der Bildung von Ansiedlungsgemarkungen. So z. B. fielen von den 731 Niederlassungsbezirken, welche die Kommission in den 3 Jahren 1893—95 abgeteilt hat, 544 auf die Ackerbauzone der Gouvernements Tobolsk, Tomsk und Akmolinsk[1]. Noch vor 15 Jahren, zu Beginn des Baues der Eisenbahn, hatte also Westsibirien größere Flächen unokkupierten, für den Ackerbau unmittelbar geeigneten Bodens aufzuweisen. Dieser Zustand dauerte jedoch nicht lange. Der Vorrat an freien, zur Niederlassung unmittelbar tauglichen Grundstücken Westsibiriens erwies sich bald als weit geringer, als ursprünglich gemeint wurde. Kaum hat die Übersiedlung am Anfange der 90er Jahre, unter dem Einflusse der Förderungsmaßregeln der Regierung und der verstärkten Tätigkeit der Ansiedlungskommission an Umfang bedeutend gewonnen, als der verfügbare Landfonds der Ackerbauzone aufs Minimum zusammengeschmolzen war. Um ihn zu erweitern, wurden gegen 1895 in denjenigen Gegenden der Ackerbauzone, die unter Mangel oder Überfluß an Feuchtigkeit litten, große Bewässerungs- und Entwässerungsarbeiten vorgenommen. In der zweiten Hälfte der 90er Jahre wurden im Gebiete von Akmolinsk 659, in den Gouvernements Tobolsk und Tomsk 423 künstliche Brunnen errichtet; in der sumpfigen Steppe von Baraba, die einen sehr fruchtbaren Boden besitzt, wurde seit 1895—99 ein 600 Werst langes Netz von Kanälen ausgegraben[2]. Alle diese Arbeiten ergaben aber verhältnismäßig geringe Resultate; die Grundstücke, die in der eigentlichen Ackerbauzone durch künstliche Meliorationen für die Besiedlung gewonnen wurden, konnten allein die Landbedürfnisse der Neuankömmlinge nicht befriedigen. Es blieb nichts anderes übrig, als die Arbeiten der Ansiedlungskommission stärker auf das Waldgebiet auszudehnen, in dem auch inmitten von überfeuchten, für den Ackerbau in natürlichem Zustande ungeeigneten Ländereien, stellenweise kulturfähige, aber bei weitem nicht erstklassige Böden aufzufinden waren. Inzwischen machte sich jedoch eine Knappheit an fertigen Ansiedlungsgemarkungen fühlbar, und man sah sich gezwungen, durch Einschränkung der Zahl der Ansiedlungsgemarkungen dem Auswanderungsstrom einen Damm zu setzen. Im Jahre 1897 wanderten nach Sibirien auf dem Landwege 70000 Personen, gegen 202231 des vorhergehenden Jahren[3].

---

[1] Die Kolonisation Sibiriens im Zusammenhange mit der allgemeinen Übersiedlungsfrage; herausgegeben von der Kanzlei des Ministerkomitees. St. Petersburg 1900. S. 214.

[2] Ibid. S. 220 ff.

[3] Alex. Kaufmann, Die innere Kolonisation usw. Conr. Jahrbücher 1898, I, S. 439.

Seit dieser Zeit ist der Schwerpunkt der Arbeiten der Kommission in die sumpfwaldige Tajga übertragen worden. In den 90er Jahren verteilte sich die Zahl der in den Gouvernements Tobolsk, Tomsk, Jenissejsk und Irkutsk abgegrenzten Ansiedlungsgemarkungen auf die drei Zonen: die sog. Steppen- (Ackerbau-), die Übergangs- und die Waldzone (Tajga) folgendermaßen [1]:

Jahre	Steppenzone	Übergangszone	Waldzone
1893—94	33,2 %	58,3 %	8,4 %
1895—96	17,2 %	51,1 %	31,7 %
1897—98	0,9 %	47,0 %	52,1 %

Wir sehen also, daß in den 90er Jahren eine starke Verschiebung in der Verteilung nach der Bodenbeschaffenheit der für die neuen Ansiedler bestimmten Landanteile eingetreten war. Am Ende des letzten Jahrhunderts fiel die leitende Rolle den in der Waldzone gelegenen Grundstücken zu; dagegen sank das Verhältnis der Niederlassungsbezirke, die in dem besten und stets bevorzugten Steppenareal abgegrenzt wurden, zu ihrer Gesamtzahl auf kaum 1 %.

Aber trotz des Aufbrauchs der verfügbaren Bodenflächen in der Ackerbauzone Westsibiriens und der Kirgisensteppe und der Verlegung der Tätigkeit der Ansiedlungskommission in die Tajga, bewahrte der Hauptstrom der Übersiedlung seine frühere Richtung und lenkte sich weiter in die bevorzugten Gegenden der Gouvernements Tobolsk, Tomsk und des Gebiets Akmolinsk. Diese Sachlage stand in engem Zusammenhange mit der Verteilung der Übersiedler nach den Hauptauswanderungsgebieten. Der weitaus überwiegende Teil der Neuankömmlinge rekrutierte sich aus dem europäisch-russischen Schwarzerdgebiet und fand sich am leichtesten zurecht im Steppenareal, dessen landwirtschaftliche Vorbedingungen denen des Mutterlandes am meisten entsprachen. Die Waldzone wurde stets nur von den Bauern aus dem waldigen Norden und Westen des europäischen Rußlands vorgezogen; letztere beteiligten sich aber in schwachem Maße an der Auswanderung und bildeten kaum 10—20 % der Gesamtzahl der Übersiedler. „Waldgegenden, sagt Kaufmann, können wie die Erfahrung der russischen Kolonisation zur Genüge bewiesen hat, nur durch Übersiedler aus Waldgegenden kolonisiert werden; Überwanderer aus Südrußland vertragen das rauhe Klima und die Moskitoplage nicht und gehen nicht

[1] Alex. Kaufmann, Die sibirische Übersiedlung am Ende des 19. Jahrhunderts. St. Petersburg 1901. S. 86.

auf Rodung von Waldland ein, — allgemeiner gesprochen, sind sie bei der Übersiedlung am konservativsten und lassen sich nur in solchen Gegenden nieder, die mit den Steppen und Gefilden Südrußlands eine wenn auch nur entfernte Ähnlichkeit besitzen“ [1]. Andererseits ist die Wirtschaftsführung in der Tajga der klimatischen und der Bodenverhältnisse wegen aufs äußerste erschwert und erfordert größere Geldmittel, so daß nur „starke“, kapitalkräftige Bauern es wagen können, sich in diesen Gebieten niederzulassen. Aus welchen Gründen sollte aber der wohlhabende Bauer seine Heimat verlassen? Die Auswandererarmee rekrutierte sich ja stets aus den ärmsten, fast proletarisierten Landwirten, die in den Wildnissen der Tajga auf ein wirtschaftliches Gelingen kaum rechnen können. Aus diesen Gründen zog die Mehrzahl der Neuankömmlinge es immer vor, sich alten Ansiedlungen in der Steppe anzuschließen, als neue in der Tajga zu bilden, obwohl diese Anschließung stets von der Zustimmung der betreffenden Gemeinde abhängig ist und nur nach Entrichtung eines von der Gemeinde festgesetzten, und je nach dem Andrange der Einwanderer variierenden Eintrittsgeldes erfolgen kann. Von den 960 000 Bauern, die in den 7 Jahren 1894 bis 1900 nach Sibirien eingewandert waren, machten sich 286 000 oder 29,8 % im Altajbezirk seßhaft, obwohl dort seit 1894 keine neuen Ansiedlungsgemarkungen gebildet wurden. Das Gebiet Akmolinsk nahm 173 000 oder 18 % der Einwanderer auf, das Kronsland der Gouvernements Tomsk und Tobolsk zusammen 303 000 gleich 31,6 %, von denen wahrscheinlich nur ein geringer Teil auf die Waldzone entfiel [2].

Zu Beginn des laufenden Jahrzehnts ist die sibirische Einwanderung, wie schon erwähnt, unter dem Einflusse außergewöhnlicher Umstände stark zurückgegangen und hat sich erst im Jahre 1906 auf das Niveau der zweiten Hälfte des vergangenen Jahrhunderts (200 000—225 000 Personen) emporgehoben. Einen besonders starken, ganz unerwarteten Umfang erreichte die Übersiedlung nach Sibirien im Jahre 1907, als die heftige Mißernte im europäischen Rußland und die Not des Bauernstandes den breiten Massen der Bevölkerung den Anlaß zur vollständig unbesonnenen Auswanderung gegeben hatten. In den ersten 9 Monaten dieses Jahres wanderten über den Ural 383 000 Übersiedler (62 075 Familien) und 136 100 Kundschafter [3]; von der Gesamtzahl der Über-

---

[1] Kaufmann, Das russische Übersiedlungs- und Kolonisationsgesetz vom 6.19. Juni 1904 und die Aussichten der inneren Kolonisation in Rußland. Brauns Archiv 1906. S. 454.

[2] Die Zahlen sind entnommen aus: Auhagen, Zur Besiedlung Sibiriens. Berlin 1902, S. 41.

[3] Als Kundschafter werden diejenigen Neuankömmlinge bezeichnet, die von den zukünftigen Übersiedlern nach Sibirien gesandt werden,

siedler kehrten nur 13956 oder 3,6 % zurück, gegen 16,4 % im Jahresdurchschnitte des Zeitraums 1894—1903 [1]. Wie früher, so waren auch jetzt die Übersiedler für die Tajga nicht zu gewinnen; 96 % der Kolonisten machten sich in der Steppen- und Übergangszone seßhaft. Doch hat sich die Bedeutung des südlichen Teils Westsibiriens und des an ihn sich anschließenden nördlichen Teils der Kirgisensteppe unter den Hauptansiedlungsgebieten nicht unwesentlich vermindert. Das Gouvernement Tobolsk, welches in den Jahren 1894—1900 13,5 % der Übersiedler aufgenommen hatte, wird in dem amtlichen Bericht für 1907 überhaupt nicht erwähnt, was den Beweis dafür liefert, daß auf dieses Gebiet ein nur unbeträchtlicher Teil der gesamten Bewegung entfiel. Im Gouvernement Tomsk haben sich 38 % ansässig gemacht, gegen 48 % der zweiten Hälfte der 90er Jahre und gegen 66,7 % der Jahre 1885—93; in das Gebiet Akmolinsk wanderten 15 % gegen 18 % der Jahre 1894—1900. Dagegen hat der ferne Osten stark an Bedeutung gewonnen: in der zweiten Hälfte der 90er Jahre hat das Ussuriland 3,5 % der Übersiedler aufgenommen, im Jahre 1907 20 %. Trotzdem hat aber, angesichts der absolut großen Zahl der westsibirischen Einwanderer und der Erschöpfung des verfügbaren Landfonds Westsibiriens, die Unterbringung von ca. 146 000 Menschen, die sich allein im Gouvernement Tomsk ansässig machen wollten, der Regierung große Schwierigkeiten bereitet. Um den Neuankömmlingen Land anweisen zu können, hat die Ansiedlungskommission sämtliche Reservegemarkungen [2] und diejenigen Flächen des Gemeindelandes, deren nach ihrem Erachten die altansässige Bevölkerung nicht bedurfte, in Anspruch genommen. Gleichzeitig wurden ihr in den Bezirken Tomsk und Barnaul von den im Privatbesitz des Kaisers sich befindenden Ländereien (Kabinettsland) große Grundstücke für Kolonisationszwecke zugewiesen [3]. Dieser bedeutende, neu erworbene Landfonds wurde im Laufe des Jahres vollständig erschöpft, und es scheint zweifelhaft, ob der Ansiedlungskommission auch in der Zukunft größere Flächen in der Steppenzone Westsibiriens zur Verfügung stehen werden. Höchstwahrscheinlich wird schon in den nächsten Jahren der Landmangel einem stärkeren Zuflusse der Einwanderer in diese bevorzugten Gebiete Sibiriens einen Damm setzen, und

zwecks Besichtigung und Beschlagnahme einer entsprechenden Zahl von Landanteilen.

[1] Wiestnik Finansow 1907, Nr. 45.

[2] Reservegemarkungen sind diejenigen Landanteile, die für die Befriedigung zukünftiger Landbedürfnisse (Flurregulierung, Landausstattung neuer Gemeinden usw.) bestimmt sind. Sie bilden ca. 1/10 Teil sämtlicher Gemarkungsflächen.

[3] Wiestnik Finansow 1907, Nr. 45.

man ist wohl berechtigt zu behaupten, daß die westsibirische Ackerbauzone ihre Rolle als Kolonisationsgebiet Rußlands bereits in der Hauptsache ausgespielt hat.

Selbstverständlich kann hierbei nur von einem relativen Mangel an Boden gesprochen werden. Absolut genommen sind die Landanteile der westsibirischen Bauern noch immer recht groß; aber ihre Verminderung würde die noch heutzutage in der sibirischen Landwirtschaft vorherrschende, wilde Brand- oder Feldgraswirtschaft unmöglich machen, und entweder den Übergang zu intensiveren Ackerbausystemen, oder die Auswanderung in schwächer bevölkerte Gebiete erheischen. „Schon jetzt — schrieb der sibirische Forscher Adrianow in den 80er Jahren — läßt sich an vielen Stellen eine gewisse Enge, ein Mangel an Raum fühlen, weshalb auch die Bauernmasse einen Ausgang suchend sich in Bewegung setzte und sich zu rühren anfing... Selbst die alten Bewohner Sibiriens erhoben sich, weil bei der herrschenden wilden Feldgraswirtschaft von den eingewanderten Ansiedlern eingeengt, von ihren alten Sitzen und begannen Sibirien nach allen Richtungen hin zu durchstreifen. Und das ist noch der Anfang der Kolonisationsbewegung, was steht dem Lande noch in der Zukunft bevor?[1]" In den letzten Zeiten hat sich die Sachlage unter dem Einflusse der starken Zunahme der Einwanderung noch wesentlich verschlimmert, und es unterliegt keinem Zweifel, daß die von den Neuankömmlingen bevorzugten Gebiete Sibiriens sich gegenwärtig an der Schwelle einer relativen Übervölkerung befinden. Nur ganz langsam und allmählich mit der Einbürgerung vollkommenerer Ackerbausysteme wird sich der Bevölkerungsspielraum der westsibirischen Ackerbauzone erweitern und ihre landwirtschaftliche Leistungsfähigkeit erhöhen.

Für den zukünftigen russischen Getreideexport hat also Sibirien eine sehr geringe Bedeutung. Gegen eine beträchtlichere Vergrößerung seiner Getreideausfuhr sprechen sowohl die Schwierigkeiten auf dem Gebiete des Transportwesens, wie auch die Erschöpfung der verfügbaren Bodenflächen in den besten und am günstigsten liegenden Gebieten. Dagegen scheint für die nächste Zukunft eher eine Verminderung der sibirischen Getreideausfuhr in Aussicht zu stehen. Mit der allmählichen Entfaltung der wirtschaftlichen Kräfte Sibiriens wird sich ohne Zweifel der Osten dank seinen Kohlen-, Erze- und Goldlagern zum industriellen Gebiete des Landes ausbilden, das einen größeren Teil der westsibirischen Ernte an sich ziehen wird. Anderseits wird auch in Turkestan mit dem Ausbau der seit lange projektierten Verknüpfungsbahn zwischen Taschkent und der sibirischen Bahn, der Ackerbau

---

[1] Zit. bei Jarilow, Ein Beitrag z. Landwirtsch. in Sibirien, S. 129.

durch die Baumwollkultur verdrängt werden und die Bevölkerung bei der Deckung ihres Kornbedarfs auf westsibirisches Getreide angewiesen sein [1]. Wahrscheinlich werden also die westsibirischen Gebiete, die für den ausländischen Getreideexport einzig und allein in Betracht kommen können, in der nächsten Zukunft den inneren Markt Nordasiens mit seinen Bodenerzeugnissen in stärkerem Maße versorgen, als es bis jetzt der Fall gewesen ist. Zur Vergrößerung der russischen Getreideausfuhr wird also Sibirien in absehbarer Zeit in nennenswertem Umfange kaum beitragen können.

Bei der Erörterung der Frage über die Möglichkeit einer weiteren, territorialen Ausdehnung der russischen Landwirtschaft dürfen jedoch nicht nur die nordasiatischen Besitzungen berücksichtigt werden. Auch innerhalb der Grenzen des europäischen Rußlands sind größere Gebiete zu finden, die mit dem weiteren Ausbau des Eisenbahnnetzes oder der Ermäßigung des Getreidetransporttarifes dem Ackerbau erschlossen werden könnten. Es befinden sich noch heutzutage im östlichen Teil der Ackerbauzone mehrere Gegenden, die über 200 Werst von der Bahnstation entfernt sind; dagegen stellt sich nach den Berechnungen von Mertens die mittlere Zufuhrentfernung für 16 Bahnlinien auf 14—42 Werst, die größte auf 15—83 [2]. Es scheint aber fraglich zu sein, ob die russische Regierung in der nächsten Zukunft im Stande sein wird, den in den 90er Jahren so eifrig geförderten Eisenbahnbau weiterzuführen. Schon in den letzten Jahren hat die Bautätigkeit des Staates stark abgenommen und zwar aus Gründen fiskalischer Natur. Nach den Berichten der Reichskontrolle wurden folgende Summen für staatliche Eisenbahnbauten verwendet:

---

[1] Trotz günstiger, natürlicher Vorbedingungen ist der Fortschritt der Baumwollkultur in Turkestan durch die schwach entwickelten Transportverhältnisse im hohen Maße gehemmt. Die Bevölkerung ist noch jetzt gezwungen, einen großen Teil der gesamten Bodenfläche mit Getreide zu bebauen, um den inländischen Bedarf zu decken, da der Import von Getreide aus anderen Gegenden, wo Korn unter günstigeren Bedingungen produziert wird, sich zu teuer stellt. Die Bahnlinie Orenburg—Taschkent, die vor ca. zwei Jahren dem Verkehr übergeben worden ist, hat für die in Betracht kommende Frage keine große Bedeutung, da die Fracht noch immer zu hoch ist. Erst mit dem Ausbau der Bahn Taschkent—Ssemipalatinsk—Barnaul—Polomoschnaja (Station der sibirischen Bahn) wird die Bevölkerung die Möglichkeit haben, Getreide aus Westsibirien zu billigen Preisen zu importieren, also den wenig vorteilhaften Getreidebau aufzugeben und sich der Baumwollkultur im stärkeren Maße zuzuwenden. Die Vorarbeiten für den Ausbau der Bahnstrecke sollten schon im Jahre 1906 begonnen werden; die Schuld für die Verzögerung trägt wahrscheinlich nur die gedrückte finanzielle Lage des Reiches.

[2] Vgl. Schulze-Gävernitz, Volkswirtschaftl. Studien aus Rußland, S, 592.

Jahre	Mill. Rub.	Jahre[1]	Mill. Rub.
1903	169,4	1906	41,3
1904	95,4	1907	48,6
1905	72,6	1908	59,2

Die Regierung beschränkte sich also in den letzten Zeiten fast ausschließlich auf den Ausbau früher begonnener Linien und förderte in sehr geringem Maße den Bau neuer Bahnen. Für das Jahr 1907 wurden für diesen Zweck kaum 3 Mill. Rub. bestimmt, für das Jahr 1908 sind zwar 13 Mill. Rub. veranschlagt worden, doch kommen sie ausschließlich dem asiatischen Netze zugute; im europäischen Rußland dagegen sollen nur die im Bau begriffenen Linien weiter ausgebaut werden. Aus denselben finanziellen Gründen wird auch wahrscheinlich die Regierung in den nächsten Jahren sich auf dem Gebiete des Eisenbahnbaus auf das Notwendigste beschränken müssen. Hält man sich auch bei Beurteilung der finanziellen Lage Rußlands fern von jeder pessimistischen Auffassung, so kann man doch nicht leugnen, daß der russische Fiskus in den letzten Zeiten infolge des starken Anschwellens der außerordentlichen Ausgaben in eine Geldklemme geraten ist. Auch in der nächsten Zukunft wird das Extraordinarium große Anforderungen an die Staatskasse stellen. Allein der Ausbau der Flotte, auf den die Regierung auf die Dauer kaum verzichten können wird, und die Agrarreform werden Hunderte von Millionen beanspruchen. Da aber, infolge der gesunkenen Kreditfähigkeit des Staates die Möglichkeit einer stärkeren Inanspruchnahme des ausländischen Kredits kaum anzunehmen ist, und der inländische Markt überhaupt nicht im Stande sein wird, die großen Geldbedürfnisse des Staates zu befriedigen, so wird letzterer wohl gezwungen sein, sich auf allen diesen Gebieten in nur äußerst schwachem Maße zu betätigen. Außerdem wird die Regierung zweifellos in den nächsten Jahren einen großen Teil der Mittel, welche ihr für Eisenbahnarbeiten zur Verfügung stehen werden, für den Bau von Linien vorwiegend strategischen Charakters verwenden, wie z. B. der zweiten Gleise der Sibirischen Bahn und vor allem der vor kurzem begonnenen, sehr kostspieligen Amurbahn, deren Ausbau sie wahrscheinlich in Anbetracht der Bedeutung dieses Schienenwegs für die Verteidigung Wladiwostoks eifrig fördern wird[2]. Für den

[1] Die für die Jahre 1907 und 1908 für den Bahnbau assignierten Summen stammen aus den Voranschlägen.

[2] Die sog. Amur-Bahn soll den Endpunkt der Transbajkal-Bahn mit dem Endpunkt der Ussuri-Bahn, Chabarowsk, direkt verbinden, so

Bau von Eisenbahnen, die eine wirtschaftliche Bedeutung hätten, wird wohl nicht viel übrig bleiben.

Fiskalische Rücksichten sprechen auch gegen die Möglichkeit einer zukünftigen Herabsetzung der Getreidetarife. Diese Maßregel wäre vom finanziellen Standpunkte sogar auch dann nachteilig, wenn die Herabsetzung der Frachtsätze eine entsprechende Vergrößerung des beförderten Getreidequantums zur Folge hätte, wenn also der Erlös aus den Frachten sich nicht vermindern würde; denn mit der Steigerung des Güterverkehrs müßte ja auch der bekanntlich schon jetzt unzureichende Bestand an rollendem Material resp. das Anlagekapital vergrößert werden, und diesem erhöhten Anlagekapital stände der frühere Betriebsertrag gegenüber, was ja eine Verringerung der Rentabilität bedeuten würde. Übrigens ist es sehr fraglich, ob überhaupt eine Verbilligung der Getreidetarife eine entsprechende Erhöhung der Getreidefrachten hervorrufen könnte. Als im Jahre 1896 die Frage der Ermäßigung des Getreidetarifs aufgeworfen wurde, hat sie der damalige Finanzminister mit der Begründung zurückgewiesen, eine derartige Herabsetzung würde einen Ausfall in den Getreidefrachten zur Folge haben. Inzwischen hat sich aber die wirtschaftliche Lage der Staatsbahnen ganz wesentlich verschlimmert und ihre Reineinnahmen reichen sogar nicht aus, um das Anlagekapital zu verzinsen und zu tilgen. Nach den Berichten der Reichskontrolle betrug der Fehlbetrag, der sich aus der Gegenüberstellung der Reineinnahmen und den für die Verzinsung und Tilgung des Anlagekapitals erforderlichen Summen ergibt, in den Jahren 1900—1905 entsprechend 1,5, 23,9, 22,8, 19,8, 64,8 und 89,5 Mill. Rub. In den beiden Kriegsjahren sind die Fehlbeträge des Staatsbahnbetriebes bedeutend angeschwollen, da die asiatischen Bahnen von den Militärbehörden stark in Anspruch genommen wurden. Wenn

---

daß im Falle eines neuen Krieges mit Japan und einer event. Gefährdung der ostchinesischen Bahn (Strecke Nagadin, Charbin, Pogranitschnaja) Wladiwostok nicht vollständig abgeschnitten bliebe. Die Länge der Linie soll 1360 Werst betragen, die Kosten des Baues werden auf ca. 170 Mill. Rub. veranschlagt. Ursprünglich sollte der Staat nur den westlichen Teil der Strecke ausbauen und die östliche Linie (Pokrowskaja—Chabarowsk) einer Aktiengesellschaft überlassen werden. Bisher ist es jedoch nicht gelungen, privates Kapital für diesen Zweck zu gewinnen, obwohl die Regierung eine Garantie für die Verzinsung und Tilgung übernehmen will. Es ist fraglich, ob die Bemühungen der Regierung in dieser Hinsicht in der Zukunft erfolgreicher sein werden, so daß sie wohl gezwungen sein wird, die ganze Linie auf Staatskosten auszubauen. Schon im Jahre 1908 hat der Bau des östlichen Teils begonnen, wofür 3 Mill. Rub. veranschlagt worden sind. Für die Fortsetzung der Arbeiten auf der westlichen Strecke wurden 9 Mill. Rub. assigniert. (Näheres darüber im Art. Amur-Bahn, Archiv für Eisenbahnwesen 1906.)

aber die zukünftigen Bilanzen sich auch günstiger gestalten werden, so werden sie doch im Vergleiche mit den Jahren 1900—1903 ohne Zweifel eine Tendenz zur weiteren Verschlimmerung aufweisen, welche auf die neuen strategischen Linien Bologoje—Ssedletz und Orenburg—Taschkent zurückzuführen ist. Endlich wird auch die zukünftige Amur-Bahn, die jeglichen wirtschaftlichen Charakters entbehrt und sogar die Betriebskosten nicht decken wird, zur Verminderung der Reineinnahmen aus der Staatsbahnwirtschaft im hohen Maße beitragen.

Schon seit 1905 bemüht sich die Regierung, der andauernden Vergrößerung der Defizite des Staatsbahnbetriebes durch Erhöhung der Transporttarife für eine Reihe von Artikeln entgegenzuwirken. Getreide wurde bisher durch diese Maßregel noch nicht getroffen, und es ist auch kaum zu erwarten, daß es in der nächsten Zukunft sein Vorzugsrecht einbüßen wird. Aber eine Herabsetzung der Getreidetarife scheint bei der höchst ungünstigen Wirtschaftslage der Staatsbahnen fast ausgeschlossen zu sein.

Wir sehen also, daß für die nächste Zukunft die Aussichten auf Erschließung neuer Gebiete, wie auch auf eine günstigere Gestaltung der Transportverhältnisse sehr gering sind und daß man auf eine Heranziehung größerer Flächen zur internationalen Getreidekonkurrenz kaum rechnen darf. An der russischen Getreideausfuhr werden sich in absehbarer Zeit im großen und ganzen nur dieselben Gebiete beteiligen wie bisher. Dieser Umstand schließt jedoch die Möglichkeit einer zukünftigen Steigerung der Exportfähigkeit des Landes noch nicht aus. Sogar ohne neue Flächen dem Ackerbau zu erschließen, könnte Rußland auf dem Weltgetreidemarkte an Bedeutung gewinnen, falls es möglich wäre, die Ernteerträge derjenigen Gebiete, die heutzutage für die Ausfuhr in Betracht kommen, zu erhöhen. Damit gelangen wir zum zweiten Punkt unserer Untersuchung, zur Frage von der Möglichkeit eines baldigen Überganges der russischen Landwirtschaft zu intensiveren Betriebssystemen.

B. Die Aussichten auf eine Erhöhung der Getreideausfuhr durch Intensivierung des Getreidebaues.

Es unterliegt keinem Zweifel, daß man die Ernteerträge des europäischen Rußlands verdoppeln könnte, wenn es gelingen würde, die rückständige russische Ackerbaukultur auf die Stufe zu erheben, auf der sich seit Jahren die westeuropäische Landwirtschaft befindet. Mit Ausnahme Polens und der Ostseeprovinzen, wo sich die Mehrfelderwirtschaft mit eingeschränkter Brache bereits eingebürgert hat und Futtergewächse angebaut werden, herrscht im ganzen europäischen Rußland fast ausschließlich die Dreifelderwirtschaft mit stark ausgedehnter Brache. Zuverlässige Angaben über die Benutzung des Ackerlandes im europäischen Rußland besitzen wir nur für das sog. Anteilland, d. h. für diejenigen Bodenflächen, die sich seit 1861 im Besitze der Bauerngemeinden (Mir) befinden und den Gemeindebauern zur zeitweisen Nutzung überwiesen werden. Sie umfassen etwa 60 % des gesamten europäisch russischen Ackerlandes. Nach den statistischen Erhebungen der landwirtschaftlichen Kommission vom Jahre 1901 war die Benutzung des gemeindebäuerlichen Ackerlandes in den 47 Gouvernements des europäischen Rußlands. (d. h. auf dem gesamten, außerhalb Polens, des Kaukasus, Finnlands und der Ostseeprovinzen liegenden Gebiete des europäischen Rußlands) im Jahre 1900 die folgende (in 1000 Deßjatin)[1]:

Gebiete	Fläche des gemeindebäuerlichen Ackerlandes	davon bebaut	
		in 1000 Deßj.	%
Nördliches	5 906,3	2 442,8	41,4
Nordöstliches	10 156,5	4 970,3	49,4
Östliches	14 202,1	5 308,6	37,3
Südöstliches	4 707,7	2 845,6	60,5
Mittel-Wolga	5 381,1	3 265,0	60,7
Mittel-landwirtschaftl.			
südöstliches	11 929,3	7 083,0	59,4
nordwestliches	6 431,3	3 802,1	59,1
Mittel-industrielles	8 487,1	4 451,6	52,5
Nordwestliches	7 273,8	3 960,8	54,5
Südwestliches	4 913,1	2 976,6	60,6
Kleinrussisches	3 611,0	2 218,2	61,4
Neurussisches	6 378,6	4 821,1	75,7
Zusammen in 47 Gouv.	89 377,9	48 145,7	53,8

Vom ganzen gemeindebäuerlichen Ackerlande waren also kaum 54 % bebaut; die übrigen 46 % befanden sich im Zustande der Brache.

Der enorme Verlust an Land ist aber nicht das einzige Übel der primitiven Betriebstechnik. Wie bekannt, vermindert die andauernde Erzeugung von Kornfrüchten im hohen Maße die Leistungsfähigkeit des Bodens, und dieser Mangel tritt mit auffallender Stärke in Rußland hervor. Den besten Beweis dafür bietet der Vergleich der Bodenerträge Rußlands und Deutschlands.

[1] Materialien der am 16. Oktober 1901 Allerhöchst eingesetzten Kommission zur Untersuchung der Frage über die Bewegung seit 1861 bis 1900 des Wohlstandes der ackerbautreibenden Bevölkerung der mittel-landwirtschaftlichen Gouvernements. St. Petersburg 1903. I. Teil, S. 84.

	Deutschland[1] Durchschnittsertrag 1901—1906	Rußland (72 Gouv. und Gebiete des Reichs[2]) Durchschnittsertrag 1902—1907
	in Pud pro Deßjatina	
Weizen	127,7	48,3
Roggen	103,7	44,2
Gerste	121,1	50,2
Hafer	115,7	46,3
Kartoffel	886,4	417,3

Es muß noch der Umstand in Betracht gezogen werden, daß die für Rußland angeführten Zahlen sich auf die 72 Gouvernements und Gebiete des Reichs beziehen, daß also bei den Berechnungen des Durchschnittsertrages auch die Ernten Polens, der Ostseeprovinzen und Sibiriens, d. h. der Gebiete, die die höchste Produktivität der Landwirtschaft aufweisen, berücksichtigt worden sind[3]. Die Durchschnitts-Ernteerträge für die einzelnen Getreidearten pro Flächeneinheit im eigentlichen Rußland, d. h. in den 47 europäischen Gouvernements, sind also noch niedriger als die angeführten. Nach den Erhebungen der Landschaft des Gouvernements Kursk stellt sich der Durchschnittsertrag sämtlicher Getreidearten pro Deßjatina in den 50 Gouvernements des europäischen Rußlands (das eigentliche Rußland und Ostseeprovinzen) auf 38,8 Pud, nach Abzug der Aussaat auf 30,3 Pud; dagegen beträgt der Bruttoertrag in allen übrigen landwirtschaftlichen Ländern durchschnittlich 83,7 Pud, der Nettoertrag 76,6 Pud[4].

Die Hebung der Produktivität der Landwirtschaft auf dem Wege der Einschränkung der Brache und der Vermannigfaltigung des Anbaus, stößt in Rußland auf enorme Schwierigkeiten, deren Beseitigung in der nächsten Zukunft geradezu undenkbar ist. Jeder Übergang zu einer intensiveren Betriebstechnik stellt vor allem größere Anforderungen an die Sachkenntnis des Landwirts, die bei dem heutigen Mangel an Kultur und Bildung der russischen Bauern kaum anzunehmen ist. Inbezug auf die Volksbildung gehört Rußland zweifellos

[1] Berechnet nach den Angaben des Statistischen Jahrbuchs für das Deutsche Reich, 1907.

[2] Berechnet nach den Angaben des Wiestnik Finansow 1908, Nr. 21.

[3] So z. B. stellte sich im Jahre 1907 der durchschnittliche Ernteertrag für Sommerweizen pro Deßjatina in 72 Gouvernements und Gebieten des Reichs auf 35,3 Pud, in Polen allein auf 69 Pud, in den Ostseeprovinzen auf 58,3, in Sibirien auf 53,6.

[4] Zit. bei Brscheski, Die Lage der Bauern im landwirtschaftlichen Zentrum Rußlands. Wiestnik Finansow 1907. Nr. 49, 50, 51, 52.

zu den rückständigsten Ländern Europas. Die Regierung kümmerte sich stets so gut wie gar nicht um die Verbreitung der elementarsten Bildung unter den breiten Volksschichten und hemmte sogar oft, aus politischen Rücksichten, die aufklärende Tätigkeit der Landschaften. In der zweiten Hälfte der 90er Jahre waren im ganzen Reiche ca. 80 % der Einwohner Analphabeten. Mit äußerst knappem Vorrat an geistigen Kräften steht die ländliche Bevölkerung vor den komplizierten und wichtigen Aufgaben, von deren Lösung ihr eigener Wohlstand und der Fortschritt der ganzen Volkswirtschaft abhängig sind. Für die allmähliche Beseitigung dieses Mangels wurde bisher noch nichts Positives getan: mit den Mitteln, die die Regierung für Zwecke der Volksbildung gegenwärtig aufwendet, kann die Bildung auf ein den Erfordernissen entsprechendes Niveau keineswegs gehoben werden. Nach dem Etat für 1909 sollen die Ausgaben für Volksaufklärung, Kunst und Wissenschaft im ganzen 94,3 Mill. Rub. betragen, von denen kaum 28 Mill. Rub. für die elementaren Schulen bestimmt sind. Dagegen werden für die Polizei 70,4 Mill. Rub., für Gerichte und Gefängnisse 64,7 Mill. Rub. aufgewandt. Würde aber auch die Regierung sich in der nächsten Zukunft energischer auf dem Gebiete der Volksbildung betätigen, und den obligatorischen Unterricht im ganzen Reiche durchführen, so würde diese wichtige, heutzutage unentbehrliche Maßregel, nur nach geraumer Zeit ihre Früchte tragen. Erst die nächste, unter den neuen Verhältnissen erzogene Generation, würde einen Bauernstand aufzuweisen haben, der hinsichtlich seines Bildungsgrades, der schwierigen Aufgabe der Umbildung eines überkommenen Ackerbausystems gewachsen wäre.

Die mangelhafte Bestellung des Bauernlandes läßt sich aber nicht ausschließlich auf die höchst unzureichende, geistige Ausrüstung der ländlichen Bevölkerung zurückführen. Es muß noch eine Reihe anderer Faktoren berücksichtigt werden, die auf den landwirtschaftlichen Betrieb in demselben Sinne einwirken, wie die kulturelle Rückständigkeit des Bauernstandes. Seit jeher wird die Aufwärtsbewegung der russischen Landwirtschaft durch die Gemengelage der Grundstücke gehemmt. Die Feldstreifen, die den Gemeindemitgliedern zur zeitweisen Nutzung überlassen werden, sind in verschiedenen Teilen des Ackerlandes zerstreut. So z. B. besitzt jeder Bauernwirt im Bezirk Kromsk des Gouvernements Orlow ein Nutzungsrecht über 10—12 Stück Land; im Bezirk Rylsk werden in gewissen Gemeinden den Bauern Feldstreifen an 47, 52, 77 und sogar 102 verschiedenen Stellen zugewiesen [1]. Selbstverständlich muß ein derartiger Streu-

[1] Brscheski, a. a. O. Nr. 51 S. 386.

besitz ungünstig auf die Bestellung des Bodens einwirken, da gewisse Streifen infolge ihres äußerst geringen Umfanges überhaupt nicht richtig bearbeitet werden können. Andererseits verteuert die große Entfernung einiger Landstreifen vom Hofe die Ausfuhr des Düngers auf das Feld, besonders im Frühling und im Anfange des Sommers, wenn die primitiven Wege fast unpassierbar sind. So z. B. beträgt im Gouvernement Kursk die größte Entfernung der Parzellen von den Höfen für 54 % der Gemeinden 3 Werst, für 18,7 % 5 Werst, für 27,1 % 10 Werst[1]. Es ist klar, daß es bei solchen Entfernungen manchen Bauern, der hohen Kosten wegen, unmöglich ist, einen Teil der Landstreifen zu düngen, sogar dann, wenn sie die dazu nötigen Düngstoffe besitzen. Nach den Berechnungen von Prof. Fortunatow betragen die Durchschnittskosten der Düngung in den Schwarzerde-Gouvernements pro Dessjatina ca. 5,9 Rubel, ebensoviel wie die Vorbereitung zur Saat[2]. Endlich hemmt die Gemengelage auch in indirekter Weise den Fortschritt der Landwirtschaft. Ihre notwendige Begleiterscheinung, der Flurzwang, verursacht die wirtschaftliche Abhängigkeit des Einzelnen von der Gemeinde, unterdrückt seinen Unternehmungsgeist und zwingt ihn, sich den von der Gesamtheit anerkannten Regeln über die Nutzungsweise des Bodens zu fügen; ein Zwang, „dessen Schattenseiten erst dann empfunden werden, wenn die mit der steigenden Volkszahl sich ergebende Notwendigkeit sorgfältigerer Bestellung und höherer Nutzbarmachung der Ackerfelder gebieterisch sich geltend macht“[3].

Man pflegt auch oft die Schuld für die primitive Betriebstechnik der russischen Dorfverfassung, der Feldgemeinschaft, insofern zuzuschreiben, als die üblichen Landumteilungen den Bauer von Meliorationen und sorgfältiger Behandlung des Bodens zurückhalten. Es unterliegt keinem Zweifel, daß der Wirt, der nicht die Sicherheit besitzt, daß die Früchte seines Kosten- und Arbeitsaufwands durch ihn selbst oder eventuell durch seine Nächsten geerntet werden, eher zum Raubbau wie zu einer wirtschaftlichen Ausnutzung seines Ackers geneigt ist. Dieser Mangel an Sicherheit besteht aber bei dem gemeinschaftlichen Grundbesitz nur dort, wo die Neuverlosungen allzuhäufig vorgenommen werden; wird der Boden dem Einzelnen auf längere Dauer, z. B. lebenslänglich zugewiesen, so besitzt er ja selbst ein lebhaftes Interesse daran, ihn in wirtschaftlicher, sorgfältiger Weise zu behandeln. Die Gestaltung der Verhältnisse Rußlands bewirkte aber, daß in den

---

[1] Brscheski a. a. O. Nr. 51 S. 335.
[2] Ang. bei Jarilow, a. a. O. S. 235.
[3] Buchenberger, Agrarwesen und Agrarpolitik. Leipzig 1892. Bd. I, S. 274.

meisten Gemeinden der Besitzwechsel sehr oft, in gewissen Gegenden alle fünf, acht, zehn Jahre stattfand. Erst im Jahre 1893 hat die Regierung die Mindestfrist für die Umteilung auf 12 Jahre festgesetzt, doch ist diese Periode vom produktionstechnischen Standpunkte noch bedeutend zu kurz. Ohne näher auf die Gründe einzugehen, welche die Gemeinden zu den häufigen Neuverteilungen veranlaßten, weisen wir nur darauf hin, daß diese so nachteilig einwirkende Maßnahme sich fast ausschließlich auf die fiskalische Hörigkeit der Gemeinden, auf ihre hohe, den Ertrag aus dem Gemeindelande oft überragende Belastung mit direkten Abgaben zurückführen läßt[1]. Ist aber der Bauer mit Steuern überbürdet, so ist er auch gewissermaßen auf den Raubbau angewiesen. „Im allgemeinen", — sagt Simkhovitsch, — „sind wir der Ansicht Keußlers, daß nicht die Feldgemeinschaft es ist, die die russische bäuerliche Landwirtschaft auf solch tiefer Entwicklungsstufe darniederhält, sondern vielmehr die russische Barbarei die Schuld daran trägt.[2]" Unter dieser „Barbarei" ist aber nicht nur die volle Bildungs- und Kulturlosigkeit, sondern auch die durch den Steuerdruck verursachte Armut des russischen Bauers zu verstehen.

Ob die Feldgemeinschaft bei günstigeren Wohlstandsverhältnissen der ländlichen Bevölkerung sich betriebstechnisch als nachteilig erweisen würde, ob sie also prinzipiell zu bekämpfen sei, ist eine Frage, deren Erörterung den Rahmen unserer Untersuchung überschreiten würde. Bemerkt sei nur, daß unter den gründlichsten Kennern der russischen Volkswirtschaft auch solche aufzufinden sind, die den hemmenden Einfluß des Gemeindegrundbesitzes auf den Fortschritt der Landwirtschaft an und für sich bestreiten und für die Erhaltung der Feldgemeinschaft stimmen, wie z. B. die Professoren Tschuprow und Kowalewski[3]. Charakteristisch ist aber, daß die russische Regierung, die seinerzeit aus Rücksichten rein fiskalischer Natur die Entstehung der Feldgemeinschaft direkt förderte, sich neuerdings entschlossen hat, durch Reform der bestehenden Dorfverfassung einen allmählichen Übergang des Gemeindegrundbesitzes in Privatgrundbesitz herbeizuführen. Das Gesetz vom 9. November 1906 macht das Ausscheiden des einzelnen Bauern aus der Gemeinde und den Erwerb in Eigentum des ihm von der Gemeinde zur zeitweisen Nutzung

---

[1] Näheres darüber siehe: Simkhovitsch, Die Feldgemeinschaft in Rußland. Jena 1898. S. 150 ff. — Tschuprow, „Der Gemeindegrundbesitz" im Sammelwerke „Die Mängel des Dorfes", herausg. von Lwow u. Stachowitsch, Bd. II. — Schulze-Gävernitz, Volkswirtsch. Studien aus Rußland, S. 336 ff.

[2] Simkhovitsch, ibid. S. 187.

[3] Vgl. Tschuprow, Der Gemeindegrundbesitz. — Kowalewski, Die wirtschaftliche Organisation Rußlands. St. Petersburg 1900.

zugewiesenen Landanteils von seinem eigenen Wollen abhängig, während er bisher dafür der Zustimmung der Majorität (²/₃) der Gemeindegenossen bedurfte.

Das Gesetz vom 9. November 1906 richtet sich aber nicht nur gegen die Feldgemeinschaft, die unter normalen Zuständen wohl als zweifelhaftes Übel anzusehen ist, sondern auch gegen den allgemein anerkannten, die Hebung des Ackerbaues zweifellos stark hindernden Mangel der bäuerlichen Wirtschaft — die Gemengelage der Grundstücke. Dem aus der Gemeinde austretenden Bauern wird auch das Recht gewährt, den Umtausch seines zerstreuten Landanteils gegen ein arrondiertes Grundstück zu fordern. Es scheint aber zweifelhaft zu sein, ob der Streubesitz sich auf diesem Wege beseitigen läßt. Jeder einzelne Wirt besitzt zwar jetzt auf Grund des neuen Gesetzes die Möglichkeit, ein arrondiertes Grundstück zu fordern, sogar in dem Falle, wenn die Gemeinde keine allgemeine Flurregulierung vornehmen will, doch genießt er diesen Vorteil nur dann, wenn er aus der Gemeinde austritt. Es ist aber kaum anzunehmen, daß bei den Rechtsanschauungen des russischen Bauers, bei der im Volksbewußtsein tief eingewurzelten, traditionellen Idee von der Ungerechtigkeit des Privateigentums an Grund und Boden, ein stärkeres, freiwilliges Ausscheiden der Bauernwirte aus der Gemeinde in der nächsten Zukunft platzgreifen würde. Bemerkenswert war ja in dieser Hinsicht der Bauernkongreß im Jahre 1906 in Moskau, an dem sich eine größere Anzahl Bauern aus 22 Gouvernements beteiligt hat, und auf dem sich sämtliche Redner aufs Entschiedenste gegen den Privatgrundbesitz ausgesprochen haben[1].

Übrigens ist es überhaupt vollständig verfehlt, eine so wichtige Reform, wie die Flurregierung, gänzlich von der wirtschaftlichen Einsicht des kulturlosen „Muschiks“ abhängig zu machen. Es ist ja bekannt, daß die ländliche Bevölkerung sich stets gegen Neuerungen sträubt, sogar gegen diejenigen, die ihr eigenes Wohl bezwecken. Der Grad ihrer Opposition steht selbstverständlich stets im Zusammenhange mit ihrem Bildungsgrade. „Je geringer die Durchschnittsbildung der Landbevölkerung ist — sagt Buchenberger — je ungünstiger die äußeren sozialen Verhältnisse sind, unter denen dieselbe lebt, um so stärker pflegt sich deren passiver Widerstand gegen Reformen auf dem Gebiete der Bodenkultur geltend zu machen, um so schwieriger erweist sich die Aufgabe für die in solchem Sinne wirkende obere Staatsfürsorge, um so weniger bleiben ihr Täuschungen erspart[2].“ Überläßt aber die Regierung die

---

[1] Vgl. Bericht über den Kongreß in der Zeitschrift für Sozialwissenschaften. 1906.

[2] Buchenberger, a. a. O. Bd. I, S. 51.

ganze Aufgabe ausschließlich dem Willen und Belieben des Bauernstandes, so bleibt meistens alles beim alten. Für so bedeutungsvolle im Interesse der ganzen Landwirtschaft liegende Reformen scheint der Weg der zweckmäßigste zu sein, den z. B. Preußen eingeschlagen hat: das Zwangsverfahren. Aber sogar bei der Anwendung dieser Methode und unter günstigsten Umständen, also bei größter finanzieller Opferwilligkeit des Staates und Vorhandensein eines ausreichenden, sachverständigen Beamtenmaterials nimmt die Flurregulierung lange Jahre in Anspruch, und es braucht wohl nicht speziell hervorgehoben zu werden, daß man heutzutage in Rußland auf diese günstigsten Umstände kaum rechnen darf.

Schwierig, kostspielig und von langer Dauer wäre zweifellos jede, die Zusammenlegung des zersplitterten Bauernlandes bezweckende Reformtätigkeit der Regierung, aber noch weit komplizierter — die Beseitigung der übrigen Hindernisse, die dem russischen Ackerbau den Weg zu einer vollkommeneren Betriebsorganisation versperren. Sogar abgesehen von den soeben geschilderten Mängeln, würde jeder Versuch der Hebung der Bauernwirtschaft notwendigerweise an dem geringen, den Anforderungen eines intensiven Anbausystems bei weitem nicht entsprechenden Kapitalbesitz der ländlichen Bevölkerung scheitern. Es gibt wohl wenig Länder, in denen die technischen Hilfsmittel, die den Bauern zu Gebote stehen, so primitiv und minderwertig sind, wie es in Rußland der Fall ist. Mit seinem hölzernen Pflug, dem sog. Ssocha, kann der Landwirt den Boden nur ganz oberflächlich beackern, so daß die unteren Schichten unberührt bleiben. Ein moderner eiserner Pflug bedeutet für die russische Bauernwirtschaft einen Luxusartikel, den sie sich nur in äußerst seltenen Fällen leisten kann, da der infolge des Schutzzollsystems in die Höhe getriebene Preis landwirtschaftlicher Maschinen die Kaufkraft des verarmten Bauern stark überschreitet. Bei dem bestehenden Zoll von 75 Kop. pro Pud entfällt auf einen gewöhnlichen eisernen Pflug, dessen Gewicht sich auf ca. 6 Pud stellt, 4,5 Rub. Zoll. Das gleiche gilt auch für alle anderen Eisengeräte, bei deren Verzollung Rußland, wie bereits oben erwähnt, stets allen Ländern voranging. Selbstverständlich muß unter diesen Umständen die russische Bauernwirtschaft stark unter dem Mangel an Eisen leiden. Im Jahre 1900 betrug der Verbrauch von Eisen pro Kopf der Bevölkerung: in den Vereinigten Staaten 9,7 Pud, in England und Deutschland 8,1 Pud, in Frankreich 4,2 Pud, in Rußland dagegen kaum 1,6 Pud[1].

[1] Annenski, „Die Hauptströmungen der Finanzpolitik" im Sammelwerke „Die Mängel des Dorfes" herausgegeben von Lwow u. Stachowitsch. St. Petersburg 1904. Bd. II, S. 620.

Die rückständige und höchst unzureichende technische Betriebsorganisation hemmt in starkem Maße den Fortschritt der russischen Landwirtschaft. Sie erschwert sogar den Übergang des Ackerbaues von der reinen zur verbesserten Dreifelderwirtschaft, bei der die Brachflur ganz oder teilweise mit Wurzelgewächsen bestellt wird, da das Pflügen der grünen Brache schwieriger ist, als das der schwarzen, und vollkommenere Hilfsmittel erfordert. Ohne bedeutende Verbilligung der landwirtschaftlichen Maschinen und Geräte wird selbstverständlich eine den Erfordernissen der Gegenwart entsprechende Ausstattung der ländlichen Betriebe mit Inventar kaum zu erreichen sein, und diese Verbilligung könnte nur auf dem Wege einer Abschaffung oder starken Herabsetzung der Eisenzölle herbeigeführt werden. Es ist jedoch höchst zweifelhaft, ob sich die Regierung unter den gegenwärtigen Zuständen entschließen würde, ihre streng merkantilistische Politik aufzugeben und sogar nur für einzelne ausländische Produkte die Zollsätze so zu erniedrigen, wie es im Interesse der Volkswirtschaft geboten zu sein scheint. Infolge der starken Verschlechterung der Zahlungsbilanz ist heutzutage, wie schon betont, die Erreichung eines möglichst großen Ausfuhrüberschusses aus währungspolitischen Rücksichten zur Notwendigkeit geworden, so daß jede Vergrößerung der Einfuhr sorgfältig vermieden werden muß. Die Steigerung des Imports von Eisen und Eisenerzeugnissen bildet keine Ausnahme von dieser Regel; denn die mit ihr in Verbindung stehende Verbilligung von landwirtschaftlichen Maschinen und Geräten würde ja nicht sofort eine Hebung der Ernteerträge resp. der Getreideausfuhr zur Folge haben. Abgesehen von allen übrigen Schwierigkeiten, die auf jenen Prozeß hemmend einwirken müssen, könnte diese Erleichterung der Produktionsverhältnisse nur nach einer gewissen Zeit ihre Früchte tragen. Der Gegensatz zwischen den Aufgaben der Wirtschafts- und der Währungspolitik tritt heute deutlicher als jemals zu Vorschein.

Der unzureichenden Ausstattung der Bauernwirtschaften mit technischen Hilfsmitteln steht zur Seite der höchst mangelhafte Viehbestand und die geringe Düngererzeugung. Die Hauptschuld an diesem Übel trägt ohne Zweifel die hohe, der Landausstattung bei weitem nicht entsprechende Belastung der ländlichen Bevölkerung mit direkten Abgaben, die den Bauern zur möglichst starken Ausdehnung der Anbaufläche auf Kosten der Weide und des Waldes veranlassen. „Der Mangel an Land — sagt Hurwitsch — zwang den Bauern alles zu beackern, was sich nur beackern ließ, ohne sozusagen irgend welche Flächen der Viehzucht übrig zu lassen[1].“ Mit der

[1] Hurwitsch, Die Wirtschaftslage des russ. Dorfes. Moskau 1896. S. 40.

Einschränkung des Futterareals hielten Schritt häufige Viehverkäufe und ein allmählicher Untergang der Viehwirtschaft. Der Viehbestand der Bauernbevölkerung in den 50. Gouvernements des europäischen Rußlands bewegte sich wie folgt[1]:

	1870	1880	1890	1900
Viehbestand pro 1000 Köpfe	1456	1238	1135	1026[2]
" " 1000 Höfe	9329	8345	7294	6474
Pferdebestand " 1000 Köpfe	207	190	183	144
" " 1000 Höfe	1329	1220	1180	920

Auf 100 Höfen waren:

	1881—91	1893—96
Pferdelos	27,8	32,2
mit 1 Pferd	28,6	29,1
" 2 Pferden	21,9	21,2
" 3 und mehr Pferden . .	21,7	17,5

Selbstverständlich muß bei dem beschränkten Viehbestand der Bauernwirtschaft die Düngererzeugung eine höchst unzureichende sein, wobei auch noch das in Betracht zu ziehen ist, daß infolge des Ausrodens der Wälder und des in mehreren Gebieten stark hervortretenden Holzmangels ein Teil des natürlichen Düngers, der dem Bauer zur Verfügung steht, für Heizungszwecke verwendet wird[3]. Andererseits ist der Verbrauch von künstlichen Düngemitteln ein sehr geringer. Er stellte sich um die Wende des letzten Jahrhunderts nach den Berechnungen von Lochtin auf kaum 5 Mill. Pud pro Jahr, von welchen ein größerer Teil in Polen und den Ostseeprovinzen verwendet wird[4]. Unter diesen Umständen ist natürlich an eine rationelle Düngung überhaupt nicht zu denken. Nach den Angaben des Ackerbaudepartements düngen die Bauern des Schwarzerderayons nur $^1/_{10}$—$^1/_8$ der Brache[5], und bei einer solchen Düngung kann wohl von einer Wiedererstattung der dem

[1] Materialien der Kommission zur Unters. der Frage über die Bewegung des Wohlst. usw. T. I, S. 211.

[2] In Deutschland im Jahre 1900: Viehbestand 49,6 Mill. Stück, ländliche Bevölkerung 25,7 Mill.; pro 1000 Köpfe 1900 Stück Vieh. Nach dem Stat. Jahrb. für das Deutsche Reich.

[3] Vgl. Hurvitsch, a. a. O. S. 44.

[4] Lochtin, Der Zustand der russ. Landwirtschaft im Vergleich mit anderen Ländern. St. Petersburg 1901. S. 213.

[5] Angegeben im Aufsatze von Brscheski, a. a. O. Wiestnik Finansow, 1907, S. 347.

Boden entzogenen Nährstoffe kaum die Rede sein. Diese Wiedererstattung ist aber die wichtigste Vorbedingung der Erhöhung der Bodenerträge, und solange die Bauernwirtschaft unter dem Mangel an Düngemitteln leidet, wird sie auch zu intensiverer Anbaukultur keineswegs übergehen können[1].

Vergegenwärtigt man sich die Kapitalarmut der europäisch-russischen Bauernwirtschaften, so muß man auch bei der Erörterung der in Betracht kommenden Frage der Hebung der Bodenkultur einen besonderen Standpunkt gegenüber den immer lauter ertönenden Klagen der Bauern über Landmangel einnehmen.

Wie bekannt ist in Rußland die Landausstattung der ackerbautreibenden Bevölkerung eine bedeutend reichlichere, als in den westeuropäischen Staaten. Nach den Berechnungen von Lochtin[2], stellte sich gegen 1900 der Anteil der kleinen landwirtschaftlichen Betriebe an ihrer Gesamtzahl wie folgt:

in	Belgien,	Betriebe unter	4,5	Dessj.	90,1 %
„	Deutschland	„ „	4,5	„	76,5 %
„	Frankreich	„ „	4,5	„	71,4 %
„	Irland	„ „	5,5	„	38,6 %
„	Rußland	„ „	5	„	10,6 %

Berücksichtigt man nur das Gemeindeland, so ergibt sich für das Jahr 1905 nach amtlichen Erhebungen für diejenigen Bauernhöfe, die einen Anteil von weniger als 5 Dessj. besaßen, eine Zahl von 2,8 Millionen, bei einer Gesamtzahl von 12,3 Millionen, also ein Verhältnis von kaum 22,7 %.

Trotz der absoluten Größe der auf den einzelnen Bauernhof entfallenden Landanteile reicht der Ertrag aus dem Gemeindelande infolge der äußerst geringen Produktivität des Bodens bei weitem nicht aus, um die Bauernbevölkerung und das Vieh in normaler Weise zu ernähren. Nach den von L. N. Mareß in der zweiten Hälfte der 90er Jahre aufgestellten Berechnungen produzierten auf dem Gemeindelande 70,7 % der Bauernbevölkerung ein Getreidequantum, das für ihre eigene Ernährung nicht ausreichen konnte (weniger als 19 Pud pro Kopf); 20,4 % ernteten genügend, um sich selbst,

---

[1] Bemerkenswert ist die Tatsache, daß trotz des starken Mangels an Futtermitteln, der mit der Einschränkung der Weide in Zusammenhang steht und den Untergang der Viehwirtschaft hervorruft, aus Rußland alljährlich größere Mengen von Kleie, die überall in der Landwirtschaft als Futtermittel verbraucht wird, ins Ausland exportiert werden. Den größten Nutzen zieht daraus die deutsche Landwirtschaft, wo ein bedeutender Teil der billigen russischen Abfälle ihre Verwendung findet. Im Jahre 1901 wurden nach Deutschland aus Rußland ca. 0,4 Mill. Tonnen Kleie exportiert, im Jahre 1906 0,5 Mill. Tonnen. Im ganzen wurden in den Jahren 1905, 1906 und 1907 aus Rußland entsprechend für 18,4, 21,6 und 21,8 Mill. Rub. Abfälle ausgeführt.

[2] Lochtin, a. a. O. S. 141.

aber uugenügend, um auch das Vieh ernähren zu können (weniger als 26,5 Pud pro Kopf). Nur 8,9 % deckten mit den Erträgen ihres Landanteils ihren eigenen Nahrungsbedarf und den des Viehs und erzielten noch Überschüsse (ernteten mehr als 26,5 Pud pro Kopf)[1]. Rechnet man auch die Ernteerträge auf den von Bauern gekauften und gepachteten Grundstücken hinzu, so ergibt sich für die erste der erwähnten Kategorien ein Prozentsatz von 52,3, für die zweite ein solcher von 31,8, für die dritte ein solcher von 15,9.

Kein Wunder, daß unter diesen Umständen der Bauer einen starken Landmangel empfindet. Hätte er die Möglichkeit, seinen Boden intensiver zu bearbeiten, so würden seine Klagen einzig und allein dem Konservatismus, der Scheu vor dem neuen, unbekannten Wirtschaftssystem entspringen. In diesem Falle wäre es unsinnig, seinen Landforderungen zu entsprechen, weil man dadurch den Fortschritt des Ackerbaues nur hemmen würde. Aber in der Gestaltung der agrarischen Verhältnisse Rußlands spiegelt sich nicht nur die Unzulänglichkeit des herrschenden, extensiven Betriebssystems, das sich bereits überlebt hat, wieder, sondern auch die aus der Wirtschaftslage der ländlichen Bevölkerung sich ergebende Unmöglichkeit, zu einem vollkommneren, intensiveren System überzugehen. Durch seinen Kapitalmangel an die primitive Form der Bodenkultur gefesselt, ist der Bauer dem Hunger und seine Wirtschaft dem Verfall preisgegeben. Wie kann aber der Widerspruch zwischen dem effektiven und dem für die Umbildung der rückständigen Wirtschaftsform erforderlichen Kapitalbesitze des Bauernstandes am schnellsten beseitigt werden? Zweifellos auf dem Wege der Vergrößerung des Bauernlandes; denn nur dadurch läßt sich eine Besserung der materiellen Lage der ländlichen Bevölkerung erreichen, und ohne sie ist die Herstellung der ruinierten Bauernwirtschaft, die Schaffung der unentbehrlichen materiellen Grundlagen für die Aufwärtsbewegung des Ackerbaues undenkbar.

Auch die russische Regierung hat die Notwendigkeit der Linderung der bäuerlichen Landarmut eingesehen und in den letzten Zeiten eine Reihe von Maßregeln vorgenommen, die eine günstigere Gestaltung der Grundbesitzverhältnisse bezwecken. Sie entschloß sich vor allem, die Auswanderung der Bauern aus dem europäischen Rußland als ein Mittel zur Erreichung dieses Zieles auszunützen und stellte, durch das Gesetz vom 6/19. Juni 1904, die ganze Übersiedelungsfrage auf eine neue, den agrarpolitischen Aufgaben angepaßte,

---

[1] L. N. Mareß, „Getreideproduktion und Konsum in der Bauernwirtschaft", im Sammelwerke „Der Einfluß der Ernten und der Getreidepreise auf einige Seiten der russ. Volkswirtschaft", redigiert v. Tschuprow u. Posnikow, St. Petersburg 1897. Bd. I. S. 93, 94.

rechtliche Basis. Förderte man in den 90er Jahren die Auswanderung nach Sibirien zwecks wirtschaftlicher Hebung des Kolonisationslandes, so suchte man jetzt, laut der offiziellen Begründung des neuen Gesetzes „mit Hilfe der Übersiedlung die Verhältnisse des Grundbesitzes und der Wirtschaftsführung der ländlichen Bevölkerung des inneren Rußlands zu verbessern[1]." Nach den früheren Bestimmungen war jedermann, der nach Sibirien auszuwandern beabsichtigte, verpflichtet, sich um eine ministerielle Genehmigung zu bewerben, die ihm jedoch ohne weiteres erteilt wurde und auf Grund welcher ihm der Staat während der Übersiedlung seine Beihilfe und allerlei weitgehende Begünstigungen gewährte. Das Gesetz von 1904 schuf sämtliche Beschränkungen ab und machte die Auswanderung unabhängig von der bisher erforderlichen ministeriellen Erlaubnis. Aber staatliche Beihilfe wird nunmehr nur denjenigen Übersiedlern gewährt, die aus einer Gegend auswandern, welche nach dem administrativen Erachten unter so starker Landknappheit zu leiden hat, daß die Beschränktheit der einzelnen Grundstücke die Möglichkeit eines intensiveren Bodenanbaues unter allen Umständen ausschließt[2]. Es wäre zwecklos, hier auf die Kritik der neuen Bestimmungen näher einzugehen, da wir uns angesichts der gegenwärtigen Gestaltung der Verhältnisse in den Kolonisationsgebieten Sibiriens gewissermaßen berechtigt sehen, jedem theoretisch sogar einwandsfreien Gesetze eine erhebliche praktische Bedeutung für die in Betracht kommende Frage abzusprechen. Wir haben bereits oben auf die wichtige Tatsache hingewiesen, daß der weitaus überwiegende Teil der Auswanderer aus der Schwarzerdzone, die den stärksten Landmangel aufzuweisen hat, stammt, daß die Übersiedler aus diesem Gebiet sich fast ausschließlich in dem Steppenareal Westsibiriens niederliessen, dessen natürliche Bedingungen denjenigen des Mutterlandes am meisten entsprechen. Wir wissen auch, daß in dieser Gegend Sibiriens der Vorrat an verfügbaren Ländereien bereits als erschöpft angesehen werden muß und diejenigen Gebiete, die für die zukünftige Kolonisation noch in Betracht kommen können, die Tajga und der ferne Osten, infolge ihrer natürlichen Bedingungen wenig geeignet sind, die Ansprüche der Übersiedler zu befriedigen. Im Jahre 1907 hat zwar die Übersiedlung nach dem Ussuri-Lande im Vergleich mit den früheren Jahren beträchtlich zugenommen, doch darf diese Tatsache, wie überhaupt das starke Anschwellen der Auswanderung aus dem europäischen Rußland in diesem Jahre nicht

[1] Zit. bei Kaufmann, Das russische Übersiedlungs- und Kolonisationsgesetz vom 6./19. Juni 1904 und die Aussichten der inneren Kolonisation in Rußland; Brauns Archiv 1906, S. 375.

[2] Näheres darüber in dem soeben angegebenen Aufsatz von Kaufmann.

als maßgebend für die zukünftige Gestaltung der Kolonisationsverhältnisse betrachtet werden. Es ist einzig und allein auf die durch den Mißwachs verstärkte Notlage der Bauern zurückzuführen, von denen ein großer Teil sich zur Übersiedlung unter dem Drucke des Hungers entschlossen hat und nach Sibirien flüchtete, ohne sogar vorher Kundschafter in das fremde Land gesandt zu haben, wie es sonst meistens Brauch ist[1]. „Mein Schlußurteil über die sibirische Kolonisation — schrieb schon vor einem Jahrzehnt Alex. Kaufmann — ist, daß man an eine breite und rasche Entwicklung derselben gar nicht denken darf: die sibirische Kolonisation wird notwendig bis auf ihren früheren Maßstab zusammenschrumpfen . . . Zeitweise infolge von Mißernten, wird sie wohl von Zeit zu Zeit wieder aufwärts gehen, wird aber die allgemeine Tendenz doch eine niedergehende bleiben[2]." Acht Jahre darauf bestätigte er auf Grund neuester Erfahrungen dieses Urteil und wies hin mit Rücksichtnahme auf das Gesetz von 1904 auf die äußerst geringe Bedeutung Sibiriens vom agrarpolitischen Standpunkte. „Mit voller Bestimmtheit kann ich jetzt behaupten — schrieb er — daß die Vorräte an Boden derjenigen Qualität, welche den Ansprüchen der Auswanderer aus den am heftigsten von der Agrar- und Wirtschaftskrise ergriffenen Gebieten Rußlands annähernd entspräche, verschwindend gering sind im Verhältnis zu den Millionen Leuten, die übersiedeln müssen, damit die Überwanderung einen merkbaren Einfluß auf die russischen Agrarzustände ausüben könnte. Man kann mit Bestimmtheit behaupten, die Übersiedlung kann und darf nicht höher getrieben werden, als sie in den letzten Jahren des 19. Jahrhunderts gestiegen war. In solchem Maßstab ist sie aber unfähig, die Krise auch nur zu lindern oder aufzuschieben; sie bleibt ein krankhaftes Symptom und ist unfähig, ein aktives Element im Entwicklungsgang der russischen Agrarzustände zu werden[3]."

Auch auf diejenigen Maßnahmen, welche die Regierung in den letzten Zeiten vorgenommen hat, um der Landnot auf direktem Wege abzuhelfen, d. h. das Bauernland im europäischen Rußland auf Kosten des Staats- und des Gutslandes auszudehnen, dürfen keine größeren Hoffnungen gesetzt werden. Die landwirtschaftlich nutzbaren Staats- und Apanageländereien, die durch Vermittlung der Agrarbank den Bauern zu billigen Preisen verkauft werden sollen und eine Gesamtfläche von ca. 5 Mill. Deßj. umfassen, sind bereits fast gänzlich an wohlhabende Bauern verpachtet, die auch selbstverständlich in erster

[1] Vgl. Wiestnik Finansow 1907, Nr. 45, S. 106.

[2] Kaufmann, Die innere Kolonisation usw. Conrads Jahrbücher, III. F. Bd. 15, S. 455.

[3] Kaufmann, Das russische Übersiedlungs- und Kolonisationsgesetz usw., a. a. O. S. 402.

Linie als Käufer des Landes in Betracht kommen, so daß dieser ganzen Operation eine praktische Bedeutung kaum zugeschrieben werden kann.

Es wäre ungerecht, auch über die gegenwärtigen Leistungen der Bauernagrarbank auf dem Gebiete der Überführung von Gutsland in bäuerlichen Besitz ein gleiches Urteil zu fällen. Der Erlaß vom 3. November 1905 hat die Organisation der Bank dem Agrarprogramm der Regierung entsprechend angepaßt und den Kreis ihrer Tätigkeit bedeutend erweitert. Seit ihrer Gründung im Jahre 1883 bis zum 3. November 1905 hat die Bank insgesamt für eigene Rechnung 935,512 Deßj. Land im Werte von 35,4 Mill. Rub. angekauft und an Bauern Darlehen im Betrage von 487,3 Mill. Rub. für Erwerb von 8,2 Mill. Deßj. Land gewährt[1]. Dagegen hat sie seit dem Inkrafttreten der neuen Bestimmungen bis zum 1. Dezember 1907 selbständig 4,8 Mill. Deßj. für 532,8 Mill. Rub. erworben und an Bauern 176,9 Mill. Rub. Darlehen zwecks Ankauf von 1,6 Mill. Deßj. Land bewilligt[2]. Im Laufe von zwei Jahren sind also bei starker finanzieller Unterstützung des Staates 6,4 Mill. Deßj. Gutsland mobilisiert worden.

Wie lange wird aber noch der Übergang des Gutslandes in Bauernbesitz in ebenso schnellem Tempo fortschreiten? Es ist ja klar, daß die stark gestiegene Nachfrage nach Land seitens der Bank und der Bauern durch ihre Vermittlung eine Erhöhung seines Preises zur Folge haben muß. Im letzten Jahrzehnt vor ihrer Reform hat die Bank die Bodenpreise um ca. 150 % in die Höhe getrieben, obwohl ihre damalige Tätigkeit im Vergleich mit der gegenwärtigen eine äußerst schwache gewesen war. Zweifellos wird sich schon in der nächsten Zukunft eine Bodenpreishausse als Resultat der verstärkten Tätigkeit der Agrarbank geltend machen, wodurch der Prozeß der freien, käuflichen Erwerbung von Gutsland in seiner weiteren Entwicklung gehemmt sein wird. Einerseits werden die Bauern der allzu hohen Zinszahlungen wegen von dem Landankauf Abstand nehmen müssen, anderseits wird auch der Fiskus auf die Dauer kaum imstande sein, die stark wachsende Last der Zuschüsse zu dem Obligationsdienst der Bank zu tragen[3]. Dem Aufschwunge der Bauernbanktätigkeit muß demnach in kürzester Zeit ein Rückschlag folgen, und man darf fest davon überzeugt sein, daß die in den letzten Jahren so stark emporgehobene Leistungsfähigkeit der Bank bald auf ein weit bescheideneres Maß zusammenschrumpfen wird.

---

[1] Wiestnik Finansow 1907, Nr. 51.

[2] Migulin, Rußlands Staatskredit, Neuland, Heft 2, S. 145.

[3] Die Bank verschafft sich die ihr nötigen Mittel durch Ausgabe von 5- oder 6prozentigen Obligationen, läßt sich dagegen von den Bauern für die ihnen gewährten Darlehen nur 4,5 % zahlen. Den Rest bezieht sie aus der Staatskasse.

Es ist deshalb leicht begreiflich, daß die Reformaktion der Regierung wenig Anerkennung unter den Forschern des russischen Wirtschaftslebens gefunden hat, daß nicht nur der Bauernstand, sondern auch zahlreiche Vertreter der Wissenschaft energischere Mittel zur Besserung der landwirtschaftlichen Zustände fordern und daß der Gedanke an die Notwendigkeit der Milderung der bäuerlichen Landnot durch Zwangsenteignung der Großgrundbesitzer in der öffentlichen Meinung Rußlands tiefe Wurzeln geschlagen hat.

In welcher Weise würde diese radikale Maßregel, zu der die gegenwärtige Regierung unter keinen Umständen greifen will, die Gestaltung der allgemeinen landwirtschaftlichen Verhältnisse beeinflussen? Zweifellos würde sie bald eine Hebung des Wohlstandes und der Kapitalkraft der ländlichen Bevölkerung herbeiführen und demnach auch in verhältnismäßig kürzester Zeit die unentbehrlichen Grundlagen für die Umbildung des herrschenden, extensiven Betriebssystems schaffen. Es ist aber klar, daß der Fortschritt der Landwirtschaft sich nicht unmittelbar nach der Besserung der materiellen Lage des Bauerntums geltend machen könnte. Freiwillig geht der Bauer in sehr seltenen Fällen zu einer vollkommeneren Bodenkultur über, meistens nur unter dem Drucke der Notwendigkeit. Erst die neue Verkleinerung der einzelnen Wirtschaften — die notwendige Folge der Volksvermehrung — würde den russischen Bauernstand zwingen, sich von den herrschenden Betriebsformen loszulösen und sein Ackerland intensiver auszunutzen, wofür auch jetzt bei dem gestiegenen Kapitalbesitze der Bauernwirtschaften die materiellen Vorbedingungen vorhanden sein würden. Aber vor dem Eintreten dieses Moments würde der Bauer zweifellos seine alten wie auch die neuerhaltenen Ländereien nach den bisherigen primitiven Methoden bewirtschaften. Berücksichtigt man diesen Umstand, so muß man zugeben, daß das ehemalige Gutsland eine Zeitlang unter der Reform produktionstechnisch zu leiden hätte; denn obwohl die Bewirtschaftung des privaten Großgrundbesitzes in Rußland keineswegs musterhaft ist, so ist sie doch vollkommener als die des Bauernlandes, was auch eine höhere Ertragsfähigkeit des ersteren zur Folge hat. In den 90er Jahren haben die Ernten auf dem Guts- und Bauernland folgende Erträge pro Deßjatina ergeben[1] (in Pud):

(Vgl. die Tabelle auf S. 152.)

Die unmittelbare Folge der Vergrößerung des Bauernlandes auf Kosten des Gutslandes wäre also eine zeitliche Verminderung der Ernteerträge, da die Leistungsfähigkeit eines Teils der gesamten Anbaufläche infolge seiner schlechteren

[1] Lochtin, a. a. O. S. 177.

	Gutsland	Bauernland	Verhältnis
1892	32,4	24,2	134 : 100
1893	47,4	38,2	124 : 100
1894	45,9	38,1	120 : 100
1895	41,4	32,7	126 : 100
1896	41,1	33,3	123 : 100
1897	32,8	25,7	128 : 100
1898	41,6	29,8	140 : 100

Bewirtschaftung sinken würde. Bevor die Umgestaltung der Besitzverhältnisse eine Steigerung der Bodenerträge und der Getreideausfuhr herbeiführen würde, hätte Rußland jedenfalls eine Zeitlang unter gerade entgegengesetzten Wirkungen der Reform zu leiden; die nächste Zukunft müßte für die Genesung der landwirtschaftlichen Zustände dieses Opfer tragen.

So ist also die wichtigste Reform, die zweifellos erfolgreicher als alle anderen Mittel den Übergang des Ackerbaus zu intensiveren Betriebssystemen fördern würde, vom währungspolitischen Standpunkte nicht als unbedenklich zu bezeichnen; denn es ist unmöglich die Gefahr zu leugnen, welche eine mehrjährige starke Verminderung der Getreideausfuhr für die Aufrechterhaltung der Goldwährung in sich birgt, ohne gleichzeitig die gegenwärtige, höchst bedrohte Lage der russischen Valuta zu verkennen.

Selbstverständlich müßte auch die Vergrößerung des bäuerlichen Grundbesitzes durch freien Ankauf von Gutsland eine Verminderung der Ernteerträge hervorrufen, mit dem Unterschiede, daß letztere nicht so plötzlich, sondern ganz allmählich, auf den ersten Blick unbemerkbar, sich geltend machen würde, gemäß dem Tempo der Überführung des Bodens von den Händen der Großgrundbesitzer in die der Bauern. Dagegen dürfte man aber in diesem Falle, wie schon betont, auf eine Hebung des Wohlstandes und der Kapitalkraft der ländlichen Bevölkerung in absehbarer Zeit nicht rechnen.

Eine Steigerung der Ernteerträge könnte aber auch bei den bestehenden Betriebssystemen herbeigeführt werden und zwar durch Wirtschaftsmeliorationen großen Stils, wie künstlicher Waldbau und Bewässerungsanlagen. Es unterliegt keinem Zweifel, daß zur Verminderung der Leistungsfähigkeit des Bodens in vielen Gebieten nicht nur der Raubbau, sondern auch die Verschlimmerung der klimatischen Verhältnisse in hohem Maße beigetragen hat, und daß letztere ihrerseits durch die Walddevastation hervorgerufen wurde[1]. Der Wald ist

[1] Näheres darüber s. Golowin, Rußlands Finanzpolitik und die Aufgaben der Zukunft. Leipzig 1900. S. 176.

der beste Sammler der Feuchtigkeit, schützt den Boden vor der Austrocknung und verhindert die Bildung von Flugsand. Infolgedessen sind auch mit der starken Abholzung der Wälder die Übergänge vom kalten Winter zum heißen Sommer viel schroffer geworden, die Niederschläge unregelmäßiger, andauernde Regenlosigkeit häufiger, alle charakteristischen Merkmale eines äußerst trockenen, kontinentalen Klimas treten immer deutlicher hervor und verursachen die öftere Wiederkehr der Mißernten. Der Boden ist auch weit empfindlicher geworden für jede länger andauernde Dürre; eine dreiwöchentliche Regenzeit ist heute mit einer großen Gefahr für den Ausfall der Ernte verbunden, während früher eine fünfwöchentliche Trockenheit keineswegs eine beängstigende Erscheinung war. Besonders stark leiden unter den mißlichen Folgen der Walddevastation die Gebiete der mittleren Schwarzerde und der Niederwolga, und für diese Gegenden wäre die künstliche Bewaldung dringend zu empfehlen. Nicht minder wichtig wäre auch die Errichtung von Bewässerungsanlagen in Gebieten, die unter der Trockenheit zu leiden haben. Zweifellos könnte die Durchführung einer regelrechten Bewässerung in den südlichen Steppen die dortigen Ernten verdoppeln. Nach den Versuchen, die im Dongebiet gemacht wurden, ergaben bewässerte Felder 80 Pud Weizen pro Deßjatina, unbewässerte 35,5 Pud. Im Gouvernement Samara ist es sogar gelungen, stellenweise die Ertragsfähigkeit des Bodens auf dem Wege künstlicher Bewässerung von 30 bis 40 Pud pro Deßjatina auf 180 Pud zu steigern[1]. Die enorme Koststpieligkeit dieses Unternehmens erschwert aber in hohem Maße seine Durchführung, so daß man wohl in absehbarer Zeit kaum die nötigen Mittel dafür haben wird. Nach den Berechnungen von Ballod kostet die Errichtung von regelrechten Bewässerungsanlagen durchschnittlich ca. 80 Rub. pro Deßjatina; demgemäß würde die Bewässerung der besonders trockenen Gebiete, also Neurußlands, des Gouvernements Saratow und der südlichen Teile der Gouvernements Orenburg und Samara ca. 2,3 Millarden Rub. verschlingen. Auch würde eine den Bedürfnissen entsprechende Bewaldung des Südens eine Ausgabe von ca. 400—600 Mill. Rub. erfordern. Aber sogar abgesehen von der Kostspieligkeit dieser Meliorationen, müßte ihre Durchführung in ansehnlichem Umfange Jahrzehnte in Anspruch nehmen. Davon, was in der nächsten Zukunft in dieser Hinsicht geleistet werden könnte, würden beachtenswerte Resultate kaum zu erwarten sein.

Wir beabsichtigen keineswegs, das Problem der Hebung der Leistungsfähigkeit des russischen Ackerbaues theoretisch

[1] Ballod, Die wirtschaftliche Lage Rußlands. Schmollers Jahrb. 1898. S. 92.

lösen zu wollen. Wir bemühten uns nur, in den vorhergehenden Ausführungen auf die Schwierigkeiten hinzuweisen, mit denen man auf agrarpolitischem Gebiete zu kämpfen hat, und deren Bewältigung zweifellos als die komplizierteste Aufgabe der zukünftigen russischen Wirtschaftspolitik bezeichnet werden kann. Es ist klar, daß dieser Knoten schwierigster Fragen sich mit einem Federstrich des Gesetzgebers nicht lösen läßt; im günstigsten Falle bedarf es dafür einer langjährigen, mühsamen, viel Sachkenntnis und Energie erfordernden reformatorischen Arbeit. Was die nächste Zukunft anlangt, so könnte man es schon als einen großen Fortschritt betrachten, falls es gelingen würde, auf dem Wege wirtschafts politischer Maßnahmen dem weiteren Niedergange der russischen Landwirtschaft vorzubeugen. Da aber, wie wir es schon bei der Betrachtung der Möglichkeit einer territorialen Ausdehnung des russischen Ackerbaues gesehen haben, die Aussichten auf eine zukünftige Urbarmachung größerer Flächen jungfräulichen Bodens gering sind, so darf man wohl kaum darauf rechnen, daß die russischen Ernteerträge in absehbarer Zeit eine bedeutendere Steigerung erfahren werden. Dieser Umstand spricht aber nicht gegen die Möglichkeit einer zukünftigen Vergrößerung der Getreideausfuhr; denn sie könnte noch immer stattfinden, wenn es möglich wäre, den inländischen Getreidekonsum einzuschränken und einen größeren Teil der Gesamternte für den Export zu verwenden.

C. Die Aussichten auf die Erhöhung der Getreideausfuhr auf Kosten der Volksernährung.

Wir haben schon oben mehrmals die Gelegenheit gehabt, über die elenden Lebensbedingungen des Bauernstandes zu sprechen; wir sahen auch, daß der Gesamtertrag des im Besitze der Gemeinden befindlichen Anteillandes überhaupt nicht ausreichend ist, um den Bauern und dem Vieh eine normale Ernährung zu sichern. Etwas günstiger zeigen sich die Verhältnisse, wenn wir nicht nur das Anteilland sondern die ganze Ackerfläche Rußlands in Betracht ziehen. Nach den amtlichen Angaben stellte sich der durchschnittliche Nettoertrag an Brotfrüchten pro Kopf der Bevölkerung in dem Jahrzehnt 1895—1904 auf 19 Pud[1]. Außerdem ergab die Kartoffelernte einen Pro-Kopf-Ertrag von ca. 9 Pud, die an Nährkraft 2,25 Pud Brot gleichen, so daß für die menschliche Ernährung ca. 21,25 Pud pro Kopf verfügbar waren. Da aber das physiologische Existenzminimum nur 19 Pud beträgt, so hätte Rußland in der genannten Zeit

[1] Statistik des Russischen Reiches, Lieferung LXIV: Die Ernte 1906. St. Petersburg 1907. S. XXVI—XXX,

ca. 2,25 Pud Getreide pro Kopf oder insgesamt höchstens 300 Mill. Pud im Jahresdurchschnitt von seiner Ernte entbehren können, ohne seine Bevölkerung einer Unterernährung auszusetzen. Dagegen hat aber Rußland durchschnittlich 514 Mill. Pud pro Jahr auf den Weltmarkt geworfen, oder 71 % mehr wie es eigentlich dürfte. Im Jahre 1905, bei einer Nettoernte an Brotfrüchten von 18,5 Pud pro Kopf[1], würde eine normale Getreideausfuhr auch ca. 300 Mill. Pud betragen, die effektive stellte sich auf 697 Mill. Pud oder um 132 % höher; im Jahre 1906 als die Nettoernte an Brotfrüchten nur 15,7 Pud, an Kartoffeln 8,5 Pud pro Kopf betrug, und Rußland streng genommen ca. 175 Mill. Pud Gêtreide importieren sollte, wurden 590 Mill. Pud ins Ausland ausgeführt[1]. Diese Beispiele genügen schon für die Feststellung der Tatsache, daß der große russische Getreideexport nicht den überschüssigen Vorräten zu verdanken ist wie in anderen getreideexportierenden Ländern; er konnte nur ausgepreßt, auf Kosten der Unterernährung des Volkes erreicht werden. Von dem Nettoertrag an Brotfrüchten und Kartoffeln von 21,25 Pud pro Kopf im Jahrzehnt 1895—1904 blieben in Rußland nach Abzug der Ausfuhr für die Ernährung der Bevölkerung kaum 17,5 Pud über; dagegen waren in Deutschland in den Jahren 1893—1906 für menschliche Ernährung und für gewerbliche Zwecke durchschnittlich 28 Pud pro Kopf der Bevölkerung verfügbar[2]. Nach den Berechnungen von Mareß betrug der Konsum an Brot pro Kopf in den 90er Jahren[3]:

	Hektoliter		Hektoliter
in Dänemark . . .	13,12	in Österreich-Ungarn	5,02
„ Frankreich. . .	6,69	„ Holland	4,74
„ Schweden . . .	6,50	„ Norwegen . . .	4,43
„ Belgien	5,89	„ Rußland	4,24
„ England. . . .	5,13	„ der Schweiz . .	3,89
„ Deutschland . .	5,03	„ Italien.	2.57

Dem dürftigen Brotkonsum der russischen Bevölkerung steht zur Seite ein äußerst geringer Verbrauch an allen anderen Nahrungsmitteln. Der russische Kartoffelkonsum ist viermal geringer als der deutsche; was das Fleisch anlangt, so ist es für die breite Masse der Bevölkerung ein Luxus-

[1] Statistik des Russischen Reiches, Lieferung LXIV: Die Ernte 1906. St. Petersburg 1907. S. XXVI—XXX.

[2] Stat. Jahrb. für das Deutsche Reich 1907, S. 238.

[3] L. N. Mareß, „Getreideproduktion und Konsum in der Bauernwirtschaft“ im Sammelwerke „Der Einfluß der Ernten usw.“ Band I. S. 70.

artikel, den sie sich nur an Feiertagen, oder bei besonderen Festlichkeiten leisten kann. Wir wollen nicht näher auf die Art und Weise, in der sich der russische Bauer ernährt, eingehen; denn das Angeführte scheint uns schon zur Behauptung zu berechtigen, daß es wohl schwer wäre, ein anderes europäisches Land zu finden, welches so schlechte Konsumtionsverhältnisse aufzuweisen hat wie Rußland. Sollte die russische Bevölkerung so ernährt werden, wie die der meisten Kulturländer, so müßte sich Rußland bei der gegenwärtigen Produktivität seines Bodens, aus einem getreideexportierenden in ein getreideimportierendes Land umwandeln. Denn der Nettoertrag der russischen Ernte ist verhältnismäßig weit geringer, als der Verbrauch an Brot und Kartoffeln in den wichtigsten Staaten der Kulturwelt. Gegenüber den 21,25 Pud, die in Rußland pro Kopf der Bevölkerung in den Jahren 1895 bis 1904 an Brot und Kartoffeln geerntet wurden (nach Abzug der Aussaat), betrug, nach den Berechnungen von Lochtin [1], der durchschnittliche Konsum pro Kopf in den Jahren 1883 bis 1898:

	Pud		Pud
in den Verein. Staaten	61,9	in Deutschland . . .	27,8
„ Dänemark	57,0	„ Belgien	27,2
„ Canada	38,2	„ England	26,4
„ Frankreich	33,4	„ Holland	24,4
„ Schweden	31,3	„ Österreich-Ungarn .	23,8
„ Rumänien	30,0	„ Norwegen	23,5

„Der Getreideexport — sagt die Denkschrift des Landschaftskomitees von Jelez — wäre als ein günstiges Merkmal des Volkswohlstandes zu betrachten, wenn man die überschüssigen Getreidevorräte ausführen und überhaupt verkaufen würde. In der Tat ist das aber nicht der Fall; das, was der Bauer auf den Markt bringt, entzieht er der Nahrung seiner Person und seines Pferdes, mit dem einzigen Zwecke, die Steuern zu bezahlen“ [2]. Es unterliegt keinem Zweifel, daß die starke Getreideausfuhr nur auf dem Wege der rücksichtslosen Überbürdung der ländlichen Bevölkerung mit fiskalischen Abgaben, und durch Eintreiben der Steuern direkt nach der Ernte zu erreichen war. Noch vor kurzem, um die Wende des Jahrhunderts, verschlangen die direkten Abgaben des Bauernstandes in gewissen Gouvernements den überwiegenden Teil des Nettoertrages aus dem Anteillande [3].

---

[1] Lochtin, a. a. O. S. 215—218.
[2] Zitiert bei Annenski, a. a. O. S. 637.
[3] Materialien der Kommission usw. Teil I, S. 198.

Gouvernements	Nettoertrag aus dem Anteillande pro Deßjatina	Direkte Abgaben und Ablösungszahlg. in Rubel	Verhältnis
Wladimir	2,46	1,87	76,0 %
Kaluga	3,26	2,68	75,5 %
Rjasan	4,02	2,81	70,0 %
Kursk	5,91	3,35	56,7 %
Tula	4,82	2,61	54,1 %
Kostroma	3,05	1,56	53,4 %
Nischni-Nowgorod .	3,68	1,81	49,2 %
St. Petersburg . .	5,08	2,46	48,4 %
Twer	3,19	1,37	42,9 %
Samara	2,02	0,86	42,6 %
Moskau	5,29	2,25	42,5 %
Wjatka	1,77	0,74	41,8 %

Vor der Abschaffung der Ablösungszahlungen stellten sich die Abgaben von Grund und Boden für den Bauer auf 1 Rub. 72 Kop. pro Deßjatina, für den privaten Gutsbesitzer auf 26 Kop., also um 6,5 mal weniger[1]. Nicht minder stark hatten die breiten Massen der Bevölkerung stets unter dem Drucke indirekter Steuern zu leiden, die den Preis wichtigster Verbrauchsartikel andauernd in die Höhe trieben. Die bedeutende Steigerung der ordentlichen Einnahmen seit der zweiten Hälfte der 80er Jahre war fast ausschließlich der allmählichen Erhöhung der Akzisen zu verdanken. Im Jahre 1882 stellten sich die Einnahmen aus direkten Steuern auf 135,7 Mill. Rub., aus indirekten Steuern auf 373,7 Mill. Rub. oder um ca. 183 % höher; im Jahre 1901 betrugen die Einnahmen aus direkten Steuern 130,9 Mill. Rub., aus indirekten 686,6 Mill. Rub. oder um 423 % mehr[2]. Das andauernde Anziehen der Steuerschraube und das gleichzeitige Sinken der Getreidepreise auf dem Weltmarkte erschwerte in immer stärkeren Maße die Lebensbedingungen der ländlichen Bevölkerung, zwang den Bauer zur weiteren Einschränkung seines höchst unzureichenden Konsums, und falls es ihm überhaupt nicht mehr möglich war, sich noch größeren Entbehrungen auszusetzen, zur Veräußerung seines spärlichen Inventars. „Die Bevölkerung — sagt die Denkschrift des Landschaftskomitées des Gouvernements Ufa — bringt in die Staatskasse ihre in Geld umgewandelten Pferde und Kühe, was eine Verringerung des Viehbestandes in den Bauernwirtschaften zur Folge hat, eine Tatsache, die als höchst bedenk-

[1] Oserow, Das russische Budget, Neuland, Heft 1, S. 23.
[2] Brandt, Die Finanzpolitik und der Schutzzoll. Zusammengestellt nach den Materialien der Lokalkomitees zur Untersuchung der Mängel der landwirtschaftlichen Betriebe. St. Petersburg 1904. S. 29.

lich erscheinen muß." Mit den glänzenden Erfolgen der Wyschnegradskischen und Witteschen Finanzpolitik, den stets wachsenden Einnahmen und budgetären Überschüssen hielt Schritt eine steigende Verarmung des russischen Volkes. „Die Finanzkunst ist keine Magie; — schrieb Witte in seinem Bericht über das Budget für 1896 — niemand hat noch das Mittel erfunden, in einem verfallenden, wirtschaftlichen Organismus die finanzielle Machtstärke wundertätig zu erregen und zu unterhalten." Kurz nachher gab er selbst zu, daß er dieses Mittel erfunden habe, indem er im Jahre 1902 in einer Sitzung des Reichsrates offen erklärte, daß „die Belastung des Volkes mit direkten und indirekten Steuern ihre äußerste Grenze erreicht habe, und daß eine weitere Erhöhung der Abgaben nicht nur unproduktiv, sondern bei der gegenwärtigen wirtschaftlichen Lage des Landes kaum zulässig wäre" [1]. Die Beweise für die Zwecklosigkeit einer stärkeren Steuerbelastung boten dem Finanzminister wahrscheinlich die Zahlen der Steuerrückstände des Bauerntums, in denen sich am deutlichsten die wachsende Unfähigkeit der Bevölkerung ihren Verpflichtungen gegenüber dem Staate nachzukommen, widerspiegelt. Nach den Berechnungen von Brscheski betrugen die Rückstände in den 47 Gouvernements des europäischen Rußlands [2]:

	Betrag in Mill. Rub.	Verhältnis zur Jahresquote der direkten Abgaben
1888	41,4	40,5 %
1889	43,9	42,8 %
1890	51,1	49,7 %
1891	80,6	78,6 %
1892	102,8	100,3 %
1893	98,8	95,8 %
1894	103,6	100,5 %
1895	99,4	96,4 %

Im Jahre 1898 betrug das prozentuale Verhältnis der Rückstände zur Jahresquote der direkten Abgaben der ländlichen Bevölkerung in den Gouvernements: Woronesch 185 %, Tula 244 %, Orel 267 %, Simbirsk und Orenburg zu je 277 %, Samara 363 %, Ufa 397 %, Kasan 418 % [3]. Wir haben schon oben die wirtschaftlichen Folgen der Steuerüberbürdung gekennzeichnet und mehrmals betont, daß die fiskalische Hörigkeit der ländlichen Bevölkerung die Hauptschuld für den Niedergang der Landwirtschaft trägt. Dem

[1] Bericht der Sitzung des Reichsrates v. 30. Dez. 1902. Stuttgart 1903. S. 6.

[2] Angegeben bei Kaschkaroff, a. a. O. Bd. II, S. 67.

[3] Brandt, a. a. O. S. 48.

materiellen und wirtschaftlichen Ruin des Volkes entsprach die wachsende Sterblichkeit, als Folge der chronischen Unterernährung. Am Anfange des 19. Jahrhunderts, kamen pro Jahr auf 1000 Einwohner ca. 27 Sterbefälle, am Anfange des laufenden — 32,1. Demgegenüber ist die Sterblichkeit in anderen Ländern die folgende[1]:

Norwegen	14,7	Frankreich	19,6
Dänemark	14,8	Deutschland	19,8
England	15,2	Serbien	20,7
Holland	15,3	Italien	20,9
Belgien	16,9	Österreich	23,7
Finnland	17,7	Spanien	25,8
Schweiz	17,9	Ungarn	27,8

Es ist klar, daß unter diesen Umständen von einer Erhöhung der auf der ländlichen Bevölkerung lastenden Steuern kaum die Rede sein kann. Im Gegenteil, ihre Erniedrigung ist schon seit lange zur dringenden Notwendigkeit geworden, sowohl vom wirtschaftlichen, wie auch sanitären Standpunkte. Dies sah auch endlich die Regierung ein, indem sie im Jahre 1906 unter dem Drucke des plötzlich ausgebrochenen Ausstandes der Volksmassen, die Ablösungszahlungen, wie schon oben erwähnt wurde, endgültig abgeschafft hat. Mit der Entlastung des Bauerntums ist aber auch der Zwang zur Veräußerung des geernteten Getreides in dem Umfange, wie es bis zur Gegenwart der Fall war, abgeschafft worden. Hätte der Bauer in den letzten Zeiten nur die disponiblen Getreidevorräte verkauft, so könnte behauptet werden, daß er auch nach der Entlastung das gleiche verkaufen und das eingelöste Geld, statt für Steuerzahlung, für die Verbesserung seiner Lebensweise oder Hebung seiner Wirtschaft verwenden wird. Unter den gegenwärtigen Zuständen, wo der Verkauf von Getreide nur auf Kosten der Ernährung stattfindet, kann dies keineswegs der Fall sein. Wird der Bauer jetzt weniger Geldmittel nötig haben, um seiner Steuerpflicht nachzukommen, so wird er auch einen geringeren Teil der Ernte auf den Markt bringen und einen größeren für die Ernährung seiner Person, seiner Familie und seines Viehs verwenden. In der Verteilung des Ernteertrages auf das Inland und Ausland wird sich in der nächsten Zukunft zweifellos eine Verschiebung zugunsten des ersteren geltend machen.

Wir haben die Betrachtung über die Zukunft des russischen Getreideexports zum Abschluß gebracht. Ihr Ergebnis entspricht keineswegs demjenigen, welches vom währungspolitischen

[1] Statist. Jahrb. für das Deutsche Reich, 1907. „Internationale Übersichten" S. 8.

Standpunkte wünschenswert wäre. Die Gestaltung der allgemeinen landwirtschaftlichen Verhältnisse Rußlands spricht nicht nur gegen die Möglichkeit einer Vergrößerung der Getreideausfuhr in nächster Zukunft, sondern sogar gegen die Möglichkeit ihrer Erhaltung auf dem bisherigen Niveau; wohl aber für ihre Verringerung.

Es ist auch kaum zu erwarten, daß trotz der Verminderung des Quantums des ausgeführten Getreides, der Wert des Getreideexports sich erhöhen würde, infolge einer andauernden Steigerung des Weltmarktpreises. Es scheint sogar höchst zweifelhaft zu sein, ob man bei einer eventuellen Einschränkung der Ausfuhr auf eine solche Steigerung der Getreidepreise rechnen dürfte, die imstande wäre, den Wert der exportierten Getreidemengen auf dem gleichen Niveau zu erhalten. Selbstverständlich müßte eine Verminderung der russischen Getreideausfuhr preiserhöhend einwirken, aber diese Steigerung der Weltmarktpreise würde erstens, seinem Grade nach, nicht dem Grade der Verminderung der Ausfuhr entsprechen, denn Rußland ist ja weder der einzige, noch der wichtigste Getreidelieferant industrieller Länder, und zweitens könnte sie keineswegs von langer Dauer sein. Die übrigen getreideexportierenden Länder, vor allem Nord- und Südamerika, würden zweifellos die eingetretene Preissteigerung gleich auszunützen suchen auf dem Wege einer Vergrößerung ihrer Ausfuhr. Es ist bekannt, wie leicht sich die amerikanische Landwirtschaft an die jeweilige Lage des Marktes anzupassen vermag, in wie engem Zusammenhange stets die Größe der bebauten Fläche Amerikas von den Aussichten auf günstige oder ungünstige Absatzbedingungen steht. Das amerikanische Weizenareal dehnt sich aus sogar in Jahren, in denen eine Mißernte in den Ländern des alten Kontinents in Aussicht steht; destomehr wird dies der Fall sein, wenn eine dauernde Einschränkung des Angebots an Getreide seitens eines so wichtigen Getreideproduzenten, wie Rußland, zu erwarten sein wird. Die enormen Flächen von unbebautem Boden, meistens guter Qualität, und das vorteilhafte Klima, werden es allein den südamerikanischen Staaten noch durch lange Jahre hindurch ermöglichen, wachsende Mengen von Getreide zu günstigen Bedingungen auf den Weltmarkt zu werfen und die Preise zu drücken. Auch gewisse, sehr dünn bevölkerte Gebiete Canadas sind hier in Betracht zu ziehen. Die Verminderung der russischen Getreideausfuhr wird also keine dauernde Steigerung der Weltmarktpreise zur Folge haben; denn für die gesunkene Exportfähigkeit Rußlands wird leicht ein Ersatz zu finden sein.

Wir haben schon oben die Rolle der Getreideausfuhr als ausschlaggebend für die Gestaltung des Aktivums der russischen Handelsbilanz bezeichnet. Demnach wäre man schon jetzt berechtigt, aus den Ergebnissen unserer Erörterung entsprechende Schlüsse für die in Betracht kommende Frage zu ziehen. Wir wollen aber noch der Genauigkeit wegen untersuchen, ob es nicht möglich wäre in der nächsten Zukunft eine bedeutende Steigerung der Ausfuhr aller übrigen Erzeugnisse russischer Volkswirtschaft, die zu den wichtigeren Exportartikeln des Landes gerechnet werden, herbeizuführen und auf diesem Wege die Gesamtausfuhr Rußlands beträchtlich zu vergrößern.

Zweites Kapitel.

Die Ausfuhr der übrigen wichtigen Exportartikel und die Aussichten auf eine Einschränkung des Imports.

Die Holz-, Flachs-, Eier-, Butter- und Naphtaausfuhr.

Dem Getreide folgen: Holz, Flachs, Eier, Butter und Naphta, als wichtigere Ausfuhrartikel Rußlands.

A. Seit dem Beginn des laufenden Jahrhunderts ist der Wert des aus Rußland ausgeführten Holzes in fast ununterbrochenem und auffallend starkem Steigen begriffen. Es wurden exportiert:

im Jahre	Millionen Rubel	im Jahre	Millionen Rubel
Jahresdurchschnitt 1893/98	47,8	1903	65,2
		1904	72,6
		1905	76,4
1900	58,3	1906	97,8
1901	57,1	1907	107,4
1902	55,4	1908	110,8

Diese Tatsache ist einerseits auf das Steigen der ausländischen Holzpreise, andererseits auf das Wachstum des Exportquantums zurückzuführen. Der Erlös aus dem ausgeführten Holz stellte sich in den Jahren 1902 und 1903 durchschnittlich auf 26 Kop. pro Pud, im Jahre 1904 auf 29 Kop., im Jahre 1905 auf 28 Kop., im Jahre 1906 auf 29 Kop., im Jahre 1907 auf 31 Kop., im Jahre 1908 auf 30 Kop.[1]. Eine noch viel stärkere Steigerung hat das Exportquantum erfahren; es betrug:

[1] Berechnet nach den Angaben im Wiestnik Finansow 1908, Nr. 17, S. 124. und 1909, Nr. 17, S. 172.

im Jahre	Millionen Pud	im Jahre	Millionen Pud
1902	211,1	1906	336,9
1903	249,4	1907	342,4
1904	294,2	1908	371,6
1905	268,1		

Daß ein derartiges Anschwellen der Holzausfuhr vom wirtschaftspolitischen Standpunkte als höchst bedenklich bezeichnet werden muß, beweisen die oben angeführten Folgen der Walddevasation, nämlich die Verschlimmerung der klimatischen Verhältnisse in Zentral- und Südrußland und der starke Holzmangel, der sich schon seit längerer Zeit in diesen Gebieten fühlbar macht und die Bevölkerung zwingt, einen Teil des natürlichen Düngers für Heizzwecke zu verwenden. Das weitere Ausroden der Wälder in denjenigen Gegenden, die bisher für den Holzexport vorwiegend in Betracht kamen, also vor allem in Südrußland, widerspricht aufs entschiedenste jeder gesunden Volkswirtschaftspolitik, zu der man schon jetzt energisch übergehen muß, wenn man dem Verfall der Landwirtschaft entgegenwirken will. Freilich hätte Rußland, sogar in dem Falle, wenn es in seinen südlichen und zentralen Gouvernements die Wälder schützen und ihre Niederlegung vermeiden würde, noch immer die absolute Möglichkeit, viel Holz ins Ausland auszuführen. Die an Wald sehr reichen nördlichen Gebiete Rußlands, die Gouvernements Archangel, Wologda, Olonez, Perm und Wjatka, könnten zweifellos weit größere Mengen von sehr gutem und festem Bauholz exportieren, als bisher[1]. Ein Abholzen der Wälder wäre in diesen Gebieten sogar wünschenswert, da das Klima dort unter übermäßiger Feuchtigkeit leidet, was den Ackerbau erschwert. Die verhältnismäßig geringe Rolle, die der Norden Rußlands

[1] Der Waldreichtum des nördlichen Rußlands ist leicht aus folgender Tabelle zu ersehen:

Gouvernements	Gesamtfläche	Waldfläche	Brauchbares Waldland
	in Millionen Deßjatinen		
Archangel	71,9	42,9	30,9
Wologda	34,9	28,6	25,8
Perm	28,6	9,2	8,3
Olanez	10,9	6,7	4,1
Wjatka	13,4	4,5	3,6
Zusammen	159,7	91,6	72,7

Jahrbuch des Finanzministeriums für 1906/07. St. Petersburg 1907. S. 374.

als Holzlieferant Westeuropas bisher gespielt hat, erklärt sich durch die höchst ungünstigen Transportverhältnisse. Die wichtigsten Verkehrswege, die Flüsse Dwina und Petschora, sind während des größeren Teils des Jahres durch Eis gesperrt; andererseits können nur die besten Holzqualitäten die Kosten des langen Transports tragen.

B. Mit den Erzeugnissen seiner Flachsproduktion versorgt Rußland seit längerer Zeit ganz Europa. In allen wichtigeren Ländern Westeuropas ist die Leinkultur durch die Baumwollindustrie verdrängt worden; Großbritannien, Frankreich, Deutschland, Österreich und Belgien schränken seit der zweiten Hälfte des 19. Jahrhunderts die mit Flachs bebauten Flächen allmälich ein und sind bei ihrer Versorgung mit diesem Rohmaterial in starkem Maße auf Rußland angewiesen. Das Zentrum der russischen Leinkultur sind die Gouvernements Wjatka, Pskow, Smolensk und Twer; von dem gesamten europäisch-russischen Flachsareal, von 766,805 Deßj., fielen im Jahre 1906 409,461 Deßj. auf die vier genannten Gouvernements[1]. Obwohl aber die Flachsausfuhr einen ansehnlichen Posten der russischen Handelsbilanz bildet und ihr Wert in den Jahren 1900—1908 zwischen 43,8 und 72,6 Mill. Rub. schwankte, so darf sie doch keineswegs als steigerungsfähig angesehen werden. Nach einer Periode des Aufschwunges hat der Flachsexport seit den 80er Jahren nur ganz geringe Fortschritte aufgewiesen, was auf die wachsende Verminderung der Nachfrage nach Leinen, zugunsten der billigeren Baumwollgewebe zurückzuführen ist. Es wurden an Flachs ausgeführt:

im Jahre	Mill. Pud	im Jahre	Mill. Pud
Durchschn. 1894/1900	12,2	1905	14,7
1901	8,5	1906	13,8
1902	10,7	1907	13,5
1903	15,7	1908	14,5
1904	9,1	Durchschn. 1901/1908	13,4

C. Ein gewaltiger Aufschwung ist dagegen für die Eierausfuhr zu verzeichnen. Am Anfange der 70er Jahre exportierte Rußland ca. 30 Mill. Stück Eier pro Jahr. Dagegen betrug die Eierausfuhr:

(Vgl. die Tabelle auf S. 164.)

Die russischen Eier, sogar die besten aus den Gouvernements Kazan, Simbirsk und Tambow, stehen ihrer Qualität nach noch immer hinter den italienischen und österreichischen zurück, sind aber auch um 40—45 % billiger und sichern sich des-

[1] Wiestnik Finansow 1907, Nr. 51, S. 390.

im Jahre	Mill. Stück	Mill. Rubel
1887	505	7,9
1895	1141	20,4
1902	2229	38,6
1903	2775	51,1
1904	2752	54,3
1905	2993	60,9
1906	2833	56,2
1907	2608	53,2
1908	2589	54,8

wegen einen wachsenden Absatz im Auslande auf Kosten ihrer Konkurrenten. Dies beweist die folgende Tabelle, welche die Beteiligung Rußlands, Österreich-Ungarns und Italiens am Eierimport Deutschlands (in Millionen Mark) darstellt[1]:

im Jahre	aus Rußland	aus Österr.-Ung.	aus Italien
1901	41,6	48,0	8,2
1902	47,7	50,2	5,7
1903	55,2	37,9	4,7
1904	55,0	41,7	4,2
1905	59,0	42,0	6,4

Die enorme Vergrößerung der Eierausfuhr läßt sich aber nicht einzig und allein auf die Hebung der Geflügelzucht zurückführen. Auch die steigende Armut der Bauernbevölkerung hat dazu in gewissem Maße beigetragen, indem sie den inländischen Eierkonsum einschränkte. Wahrscheinlich wird die allmähliche Hebung des Wohlstandes der ländlichen Bevölkerung es den Bauern in der Zukunft ermöglichen, mehr Eier für die Kinderernährung zu verwenden, und dieser Umstand wird auf die weiteren Fortschritte der Eierausfuhr hemmend einwirken müssen.

D. Noch bedeutender und auffallender ist der Aufschwung des Butterexports, für den fast ausschließlich Sibirien in Betracht kommt. Seit der Mitte der 90er Jahre hat die sibirische Rahmbutterproduktion geradezu erstaunliche Fortschritte gemacht; und wenn der große Eisenbahnweg zur Förderung der nordasiatischen Getreideausfuhr nur in ganz geringem Maße beitragen konnte, so hat doch Sibirien ihm allein zu verdanken, daß es sich in kürzester Zeit zum wichtigsten Meiereigebiet der Welt herausgebildet hat. Im Jahre 1893 wurde in Kurgan (Westsibirien) die erste Molkerei gegründet, die für den Ex-

[1] Statistisches Jahrbuch für das Deutsche Reich 1906.

port arbeitete; seit dieser Zeit wuchs ihre Zahl von Jahr zu Jahr in auffallendem Tempo[1].

im Jahre	Zahl der sibirischen Molkereien	im Jahre	Zahl der sibirischen Molkereien
1894	2	1899	318
1895	9	1900	756
1896	31	1901	1550
1897	82	1902	2130
1898	150		

Um den Export von sibirischer Butter nach Westeuropa zu fördern, wurden im Jahre 1901 für den Buttertransport spezielle Züge eingerichtet, die mit Kühlvorrichtungen versehen sind, als Eilzüge behandelt werden und aus 25 Wagen bestehen, von welchen jeder 450 Pud Butter aufnehmen kann. Die Butter wird per Bahn direkt bis Riga transportiert und von dort per Dampfer ins Ausland versendet, meistens nach England, Deutschland und Dänemark. Die Bahn- und Seefracht bis London (über Riga) beträgt: von Kurgan 98,7 Kop. pro Pud, von Omsk 107,3 Kop., von Irkutsk 145,7 Kop.; bis Hamburg entsprechend 94,7 Kop., 103,3 Kop. und 141,7 Kop.; bis Kopenhagen 91,7 Kop., 100,3 Kop., 138,7 Kop.[2] Dagegen wurde die russische Butter auf dem Weltmarkte in den letzten Jahren zu einem Durchschnittspreis von ca. 13 Rub. pro Pud bewertet, so daß sie die Transportkosten von Sibirien nach Westeuropa leicht tragen kann[3]. Im Jahre 1897 hat Rußland insgesamt 530 000 Pud Butter ausgeführt. Dagegen bewegte sich der Butterexport im laufenden Jahrhundert wie folgt:

im Jahre	Tausend Pud	Millionen Rubel
1900	1046	13,5
1903	2487	31,6
1904	2407	29,5
1905	2336	30,7
1906	3164	44,1
1907	3636	47,6
1908	3111	45,5

[1] Wiestnik putej soobschtschenja (Anzeiger für Verkehrswesen) 1904, S. 704.

[2] Archiv für Eisenbahnwesen 1906, S. 1293.

[3] Im Jahre 1908 stellte sich der Durchschnittspreis für russische Butter in London auf Rub. 16,15 pro Pud, gegen Rub. 13,9 des voraufgegangenen Jahres (Wiestnik Finansow 1909, Nr. 12).

Die russische Butter gewinnt auch von Jahr zu Jahr auf dem Weltmarkte an Bedeutung, wie es aus folgender Tabelle zu ersehen ist:

Butter-Einfuhr in tausend Tons:

im Jahre[1]	Englands[2]			Deutschlands[3]		
	aus den Kolonieen	aus Rußland	aus Dänemark	aus Rußland	aus Dänemark	aus Holland
1903	23,8	22,2	88,9	7,6	2,3	7,6
1904	45,3	24,8	88,1	11,9	5,4	10,6
1905	51,8	20,1	83,5	12,1	6,1	13,5
1906	57,3	25,3	81,2	14,6	4,2	13,6
1907	57,1	32,4	87,2	—	—	—

Alle anderen landwirtschaftlichen Produkte Rußlands haben für den auswärtigen Handel eine geringere Bedeutung; übrigens ist die Ausfuhr der meisten von ihnen schon seit längerer Zeit entweder stationär oder im Sinken begriffen.

E. Naphta ist das einzige nicht-landwirtschaftliche Erzeugnis Rußlands, das bis auf die Gegenwart in seiner Handelsbilanz eine bedeutende und stets wachsende Rolle spielte. Die Ausfuhr von Naphta und Naphtaprodukten betrug:

im Jahre	Mill. Pud	Mill. Rub.
1895	64,6	27,5
1900	87,9	46,2
1903	108,8	52,6
1904	110,2	58,3

Erst seit 1905 trat ein starker Rückgang in der Gewinnung und Ausfuhr von Erdöl ein, der, wie schon oben erwähnt, auf die politischen Wirren im eigentlichen Produktionsgebiet, dem Kaukasus, Brandstiftungen und Arbeiterunruhen zurückzuführen ist. Es wurden exportiert:

im Jahre	Mill. Pud	Mill. Rub.
1905	55,6	27,7
1906	38,4	23,0
1907	43,0	28,2
1908	46,5	29,7

[1] In England jeweils vom 1. Juli bis 31. Juni gerechnet, also 1902/3 bis 1906/7.
[2] Wiestnik Finansow 1907, Nr. 44.
[3] Statistisches Jahrbuch für das Deutsche Reich 1907.

Zweifellos wird die höchst bedenkliche Lage im Kaukasus, von deren baldiger Aufklärung wohl kaum die Rede sein kann, auf die weiteren Fortschritte der Naphtaindustrie stark hemmend einwirken. Wir haben schon in den vorhergehenden Ausführungen darauf hingewiesen, daß die Bakuer Naphtaindustrie ihre Aufwärtsbewegung in den 90er Jahren fast ausschließlich dem Zuflusse ausländischer Kapitalien zu verdanken hatte. Erst seit der Zeit als fremde kapitalkräftige Unternehmer sich an der Ausbeutung der kaukasischen Erdölgebiete in starkem Maße beteiligt haben, hat sich die russische Naphtaproduktion auf eine höhere Entwicklungsstufe emporgehoben. Es ist ziemlich sicher, daß die russische Erdölgewinnung ihr Maximum bei weitem noch nicht erreicht hat und daß sie sich auch in der Zukunft als steigerungsfähig erweisen wird. Nach der Behauptung des berühmten Naturforschers Mendelejeff lagert die Bakuer Naphta in geologischen Formationen neueren Datums, und man darf annehmen, daß die Bedingungen für die Naphtaformation noch in der Gegenwart bestehen. Wenn aber das ausländische Kapital für die Emporhebung der Naphtaindustrie auf das gegenwärtige Niveau nicht zu entbehren war, so ist auch seine weitere und noch stärkere Heranziehung als notwendige Voraussetzung für den zukünftigen Fortschritt dieses wichtigen Industriezweiges zu betrachten. Denn einerseits hat sich die eigene Kapitalkraft Rußlands in den letzten Jahren eher vermindert als vergrößert, und anderseits befindet sich die Naphtaindustrie schon seit dem Ende der 90er Jahre in einem Entwicklungsstadium, in dem die weitere Ausbeutung der bereits in Anspruch genommenen Lager einen wachsenden Kapitalaufwand erheischt. Die Ausbeute aus Fontänen verminderte sich allmählich im Laufe des letzten Jahrzehnts, und heutzutage kommt für die Naphtagewinnung fast ausschließlich der Schöpfbetrieb aus Bohrlöchern in Betracht[1].

im Jahre	Gesamtausbeute in Baku	davon aus Fontänen	%-Verhältnis der Fontänen-Naphta zur Gesamtausbeute
	Millionen Pud		
1895	377,0	112,0	29,7
1897	422,0	88,0	20,9
1899	525,0	80,0	15,2
1901	675,0	102,0	14,9
1903	597,0	53,4	8,9
1905	409,9	21,7	3,3
1906	448,5	11,0	2,4

Die Erschöpfung der oberen Schichten der Lager und die Notwendigkeit einer andauernden Vertiefung der Bohrlöcher

[1] Jahrbuch des Finanzministeriums für 1906/07, S. 417.

stellt den Schöpfbetrieb immer teuerer. Im Jahre 1896 betrug die durchschnittliche Teufe der Bohrlöcher im Bakuer Distrikt (Apscheron-Halbinsel) 128 Faden, im Jahre 1906 — 167[1]. Trotzdem verminderte sich allmählich die Ergiebigkeit der einzelnen Bohrlöcher; sie stellte sich im Jahre 1896 auf 407 357 Pud, im Jahre 1903 auf 293 838 Pud, so daß die Steigerung der Gesamtgewinnung nur auf dem Wege einer starken Vergrößerung der Zahl der Bohrungen erreicht werden konnte. Im Jahre 1896 waren 734 Bohrlöcher im Betriebe, im Jahre 1903 — 1850[2].

Infolge der Kostspieligkeit der neuen Bohrungen und des ganzen Schöpfbetriebes wird auch die Naphtaproduktion in der Zukunft wachsende Anforderungen an die Kapitalkraft der Unternehmer stellen und gleichzeitig eine produktivere Ausnutzung des gewonnenen Rohmaterials erheischen. Die Verwendung der Rohnaphta in der Vergangenheit und Gegenwart war und blieb eine höchst unwirtschaftliche und bedeutete für die russische Volkswirtschaft einen bedauernswerten Verlust. Statt möglichst viel Petroleum aus der Naphta zu produzieren, entzieht man dem Rohprodukte Leucht- und Schmieröle in geringen Mengen, nur so viel, daß die Überreste gefahrlos als Heizmaterial verwendet werden können; man sucht nicht, wie in Amerika, aus der Rohnaphta das Maximum ihrer hochwertigen Bestandteile, aber wohl das Maximum der geringwertigen zu entziehen. In den Jahren 1903—1906 wurden aus Baku versendet (in Millionen Pud)[3]:

	1903	1904	1905	1906
Gesamtversand	594,0	492,1	375,3	330,9
davon:				
Leuchtöle	145,8	153,5	73,4	73,9
Rohnaphta	26,5	18,5	29,9	35,0
Schmieröle	17,6	17,5	10,9	14,6
Übrige Produkte	1,1	1,3	0,8	0,5
Naphtarückstände	403,0	301,3	260,3	206,9

Der Grund für diese verschwenderische Ausnutzung der gewonnenen Naphta ist in der Gestaltung der Absatzverhältnisse für Naphtaprodukte zu suchen. Der innere Markt kommt für den Absatz von Leuchtöl nur in beschränktem Maße in Betracht, da der Verbrauch von Petroleum in Rußland ein sehr geringer ist; er stellte sich im Jahre 1900 auf 13,4 russische Pfund pro Kopf, in Deutschland auf 40 Pfund[4]. Der aus-

[1] Wiestnik Finansow 1907, Nr. 48. 1 Faden = 2,134 m.
[2] Wiestnik Finansow 1904, Nr. 46.
[3] Ibid. Jahrgang 1907, Nr. 48.
[4] Budgetbericht des Finanzministers für 1902 und Statist. Jahrbuch für das Deutsche Reich.

ländische Markt dagegen ist noch heutzutage im großen und ganzen vom amerikanischen Petroleum beherrscht, und bisher hat sich die russische Naphtaindustrie als viel zu schwach erwiesen, um ihre überseeische Konkurrentin aus wichtigeren Absatzgebieten zu verdrängen, obwohl sie in bezug auf das Quantum des gewonnenen Rohproduktes schon im Jahre 1898 die Vereinigten Staaten überflügelt und bis zur Krisis von 1905 ihre Überlegenheit in dieser Hinsicht bewahrt hat[1]. Das russische Petroleum ist noch immer eine Surrogatware, die von der Standard Oil Co. nur dann auf den Weltmarkt zugelassen wird, wenn sich ein Mangel an Leuchtöl fühlbar macht[2]. Da aber für den ausländischen Export fast ausschließlich Leucht- und Schmieröle in Betracht kommen, so ist auch die russische Ausfuhr von Naphta und Naphtaprodukten eine verhältnismäßig geringe. Im Jahre 1904, in dem die Erdölausfuhr ihr höchstes bisheriges Niveau erreicht hat, wurden von den in Baku gewonnenen 614,1 Mill. Pud kaum 99,9 Mill. ins Ausland exportiert. Um jedoch den Kampf mit den Vereinigten Staaten siegreich führen zu können und auf dem Weltmarkte an Bedeutung zu gewinnen, muß die kaukasische Naphtaindustrie ihre Absatzorganisation weit vollkommener gestalten als es bisher der Fall gewesen war. Sie muß im Auslande zahlreiche Lager und Agenturen errichten, eine eigene Handelsflotte ausbauen, eventuell auch die Möglichkeit haben, den Petroleumpreis zeitweise zu ermäßigen, um auf diesem Wege die Oberhand über den mächtigen Gegner zu gewinnen. Ein solcher Konkurrenzkampf würde aber einen Kostenaufwand erfordern, der die gegenwärtige Kapitalkraft der Bakuer Unternehmungen bei weitem überschreitet.

Man darf indessen die unwirtschaftliche Verwendung der Rohnaphta nicht einzig und allein auf die Schwierigkeiten, die mit dem Absatze des Petroleums verbunden sind, zurückführen; denn neben den Faktoren, welche auf die Produktion von Leuchtöl hemmend einwirken, bestehen auch solche, welche die Gewinnung von Naphtarückständen stark fördern. Infolge der ungenügenden Kohlenproduktion Rußlands und vor allem der geringen Leistungsfähigkeit der Bahnen, die den Transport von Kohle aus dem Kohlenrevier in den Industriebezirk erschwert und verteuert, sind die Eisenbahnen und die Industrie bei der Deckung ihres Bedarfs an Heizmaterial in hohem Maße auf Naphtarückstände (sogenanntes Masut)

[1] So z. B. stellte sich in den Jahren 1903 und 1904 die Petroleumeinfuhr Deutschlands aus den Vereinigten Staaten entsprechend auf 70,4 und 68,0 Mill. Mark, aus Rußland auf 10,1 und 8,3 Mill. Mark. (Statist. Jahrbuch für das Deutsche Reich.)

[2] Brandt, Ausländische Kapitalien usw. Bd. III, S. 413.

angewiesen[1]. Es ist klar, daß bei der starken Nachfrage nach Naphtarückständen die Unternehmer ein spezielles Interesse daran hatten, bei der volkswirtschaftlich verschwenderischen Ausnutzung der Rohnaphta zu verharren. Erst mit der Intensivierung des Betriebs und der Steigerung der Produktionskosten werden sich die Unternehmer allmählich veranlaßt sehen, das Rohprodukt wirtschaftlicher zu verwerten und ihm die hochbewerteten Leuchtöle in möglichst großem Quantum zu entziehen. Die Erhöhung der Kapitalkraft der Bakuer Industrie zwecks Organisation eines Petroleumabsatzes im Auslande ist also eine notwendige Voraussetzung für die zukünftige Rentabilität der Unternehmungen. Denn die Bakuer Naphtaindustrie wird bald nicht mehr die Möglichkeit haben, ihre Erzeugnisse als minderwertiges Produkt für Heizzwecke zu verkaufen; sie wird vielmehr gezwungen sein, sich aus einer Naphtarückstände gewinnenden in eine Petroleum produzierende umzuwandeln. Obwohl dieser Übergang zweifellos einen volkswirtschaftlichen Fortschritt bedeuten würde, so könnte er doch auch gewisse Nachteile zur Folge haben. Mit einer eventuellen Verminderung des Angebots an Naphtarückständen müßten die Eisenbahnen und die Industrie zur Kohlenheizung übergehen, was einerseits ihre Betriebskosten erhöhen und anderseits den Kohlenimport vergrößern würde[2]. Im Interesse der russischen Volkswirtschaft liegt also nicht nur eine intensive Ausnutzung der Rohnaphta, sondern auch eine gleichzeitige Steigerung der Erdölgewinnung; denn nur auf dem Wege einer bedeutenden Vergrößerung der jährlichen Ausbeute wird es der Naphtaindustrie möglich sein, die Petroleumproduktion zu erhöhen und den inländischen Bedarf an Überresten zu decken. Noch ein anderes Moment muß

[1] In den letzten Jahren vor der Naphta-Krisis verbrauchten die im Betriebe befindlichen russischen Eisenbahnen für Heizzwecke (in Mill. Pud):

	1903	1904
Steinkohle	210,1	210,1
Naphtarückstände	107,9	114,7
Anthrazit	1,9	1,9
Briketts	0,45	0,13
Torf	0,001	0,5
Holz (Kubikfaden)	0,46	0,48

[2] Als im Jahre 1906 die Bakuer Katastrophe eine starke Steigerung der Masutpreise hervorgerufen hatte, sahen sich die Eisenbahnen und die Industrie gezwungen, zur Kohlenheizung überzugehen, die viel kostspieliger war als die Naphtaheizung in normalen Zeiten. Die finanziellen Ergebnisse des Betriebsjahres 1906 haben sich dadurch wesentlich verschlimmert. So z. B. hat die Süd-Ost-Bahngesellschaft, die in den Jahren 1904 und 1905 ihre Bilanz mit einem Reingewinn von 3,6 und 1,7 Mill. Rub. abgeschlossen hat, im Jahre 1906 mit einem Verlust von 0,9 Mill. Rub. gearbeitet und machte in ihrem Verwaltungsbericht für diesen Umstand in erster Linie die Erhöhung der Ausgaben für Heizmaterial verantwortlich.

hier berücksichtigt werden. Würde sich das Angebot an Naphtarückständen infolge der Steigerung der Petroleumproduktion vermindern, so würden sich auch ihre Preise erhöhen, was zweifellos auf die weiteren Fortschritte der Produktion und Ausfuhr von Leuchtöl hemmend einwirken müßte. Eine weitere Ausdehnung der Naphtaproduktion wäre also wünschenswert und ließe sich auch leicht erreichen; denn es gibt im Kaukasus bedeutende naphtareiche Flächen, die bisher noch nicht in Anspruch genommen wurden. So wird heutzutage im Bakudistrikt eine Fläche von ca. 1000 Deßj. exploitiert, während das gesamte Naphta enthaltende Areal sich dort nach den Ergebnissen der Vermessung auf ca. 6000 Deßj. stellt. Auch nördlich von Baku, in der Nähe der Hafenstadt Petrowsk (am Kaspischen Meer), befindet sich ein bedeutendes, ca. 3800 Deßj. umfassendes, naphtareiches Gebiet, Grosny, welches zweifellos in der Zukunft eine große Rolle spielen wird, bisher aber in schwachem Maße ausgebeutet wurde. Im Jahre 1900 wurden daselbst kaum 25 Mill. Pud gewonnen, im Jahre 1906 — 39,5 Mill.

Die Entwicklung der russischen Naphtaindustrie und des Exports wäre also zu erreichen: durch weitere Intensivierung der bereits in Anspruch genommenen Naphtaquellen und wirtschaftlichere Ausnutzung des Rohmaterials, durch territoriale Ausdehnung des Betriebes und durch Organisation des ausländischen Petroleumhandels. „Soll die Naphtaindustrie sich als fähig zur Verfolgung aller ihrer zukünftigen Ausgaben erweisen — sagt Brandt —, so muß ihr ein starker Strom neuer Kapitalien zufließen, der es ihr ermöglichen würde, die großen Kostenaufwände zu tragen, die ihr jetzt bevorstehen ... Die Vergangenheit unserer Naphtaindustrie beweist, was für eine große Bedeutung die ausländischen Kapitalien für ihre Entwicklung gehabt haben. Jetzt haben sich die Verhältnisse verändert; der Naphtaindustrie obliegen komplizierte Aufgaben, von denen ihre Zukunft abhängig ist, und es unterliegt keinem Zweifel, daß die ausländischen Kapitalien ihr auch diesmal einen Dienst erweisen könnten [1]."

Wird sich aber das ausländische Kapital jetzt, oder in der nächsten Zukunft von neuem in einem Industriezweige engagieren wollen, der bisher am heftigsten unter den revolutionären Stürmen gelitten hat, in einer Gegend, die seit 3 Jahren als Schauplatz gefährlichster nationaler und religiöser Kämpfe und andauernder Arbeiterstreiks bekannt geworden ist? In normalen Zeiten würde wohl nichts gegen weitere Fortschritte der Naphtaindustrie sprechen, wenn nur die nötigen Kapitalien vorhanden wären. Aber unter den gegenwärtigen Zuständen kann sich ein wirtschaftliches Leben im

[1] Brandt, Ausländische Kapitalien, Bd. III, S. 452.

Kaukasus überhaupt nicht entfalten, und die ganze industrielle Tätigkeit ist mit einem solchen Risiko verbunden, daß sie beinahe einem Hazardspiele gleichkommt. Die Brandstiftungen im Jahre 1906, die Millionen von Werten vernichtet und die Naphtaindustrie eine Zeitlang vollständig lahmgelegt haben, werden noch lange in der Erinnerung der Unternehmer leben und sie zweifellos vor den Versuchen einer Ausdehnung des Betriebes abschrecken. Erst mit der Aufklärung der politischen Lage, wird man an die Möglichkeit der Heranziehung neuer ausländischer Kapitalien denken dürfen. Die Zukunft der russischen Naphtaindustrie befindet sich also in engster Abhängigkeit von der künftigen Gestaltung der innerpolitischen Verhältnisse Rußlands, die sich heutzutage nicht voraussehen läßt. Jedenfalls werden Jahre vergehen, bis die heikle politische Frage gelöst sein wird und die inneren Zustände eine gewisse Garantie für die normale Entwickelung der Volkswirtschaft bieten werden. —

Die übrigen Erzeugnisse der russischen Industrie kamen für die Ausfuhr stets in ganz geringem Umfange in Betracht und waren nie imstande, die Gestaltung der Handelsbilanz zu beeinflussen. Durch die Niederlage in Ostasien hat sich der ausländische Absatzmarkt für russische Fabrikate noch beschränkt, da Rußland seinen Einfluß in der Mandschurei verloren hat. Für die Zukunft kann die russische Industrie nur noch auf Persien, Klein- und Mittelasien rechnen, obwohl sie auch hier in wachsendem Maße der Konkurrenz Englands und Deutschlands ausgesetzt ist.

Die Frage der Möglichkeit einer bedeutenderen Ausfuhrsteigerung wichtigerer Exportartikel außer Getreide muß, wie wir sehen, mit größter Vorsicht beurteilt werden. Ein mehr oder weniger entscheidendes Urteil kann darüber, der vielen Imponderabilien wegen, nicht ausgesprochen werden. Wenn wir aber annehmen, daß der Export von Artikeln, die in den letzten Zeiten in wachsenden Mengen auf den Weltmarkt gebracht wurden, also Holz, Eier, Butter und Naphta sich in der nächsten Zukunft sogar um 50 % vergrößern wird, so würde das insgesamt eine Erhöhung von ca. 100 Mill. Rub. bedeuten [1]. Dieser Betrag könnte aber nur einen Ersatz für die Verminderung der Getreideausfuhr bilden; denn nach allem, was im vorhergehenden über die Agrarzustände Rußlands gesagt wurde, ist man berechtigt, zu behaupten, daß die vor kurzem vorgenommene fiskalische Entlastung des Bauerntums von ca. 80—90 Mill. Rub. pro Jahr eine ungefähr gleich große Verringerung der Getreideausfuhr zur Folge haben wird.

---

[1] Der jährliche Durchschnittsexport von Holz, Butter, Eiern und Naphta stellte sich in den Jahren 1903—1908 auf ca. 215 Mill. Rub.

Für die nächste Zukunft sind also die Aussichten auf eine günstigere Gestaltung des Aktivums der Handelsbilanz gering. Im besten Falle wird die russische Ausfuhr eine Zeitlang stationär bleiben; sie hat ihre gegenwärtige Höhe nur auf Kosten des Untergangs des wichtigsten Erwerbszweiges und der Verarmung des überwiegenden Teils der Bevölkerung erreicht und ihrer Ausdehnung in den nächsten Jahren werden die vor kurzem vorgenommenen Maßregeln zur Gesundung der landwirtschaftlichen Zuständen entgegenwirken.

Die Aussichten auf eine Einschränkung des Imports.

Ebenso, wie auf eine Steigerung des Exports, darf auch auf eine bedeutendere Einschränkung des Imports kaum gerechnet werden. Die Zeiten des autonomen Zolltarifs und des beliebigen Anziehens der Zollschraube sind für Rußland vorbei. Die Erfahrungen des Jahres 1893 haben die Regierung von prohibitiven Tarifen abgeschreckt und veranlaßten sie, zu einer liberaleren Handelspolitik überzugehen. Eine Verminderung der Einfuhr wäre also nur dann zu erreichen, wenn es der russischen Industrie gelingen würde, die ausländische Konkurrenz im Inlande zu bekämpfen und den inneren Markt allmählich zu beherrschen. Sind aber heutzutage in Rußland die Bedingungen für den Fortschritt der heimischen Industrie vorhanden? Wir haben in einem anderen Zusammenhange die Entwicklung der russischen Industrie in der Vergangenheit in großen Zügen geschildert, wir sahen, daß sie durch das ausländische Kapital ins Leben gerufen wurde und sich als Schoßkind des Staates rasch entwickelt hat, daß ihre wichtigsten Zweige ihren Aufschwung in den 90er Jahren in stärkstem Maße den staatlichen Unterstützungen zu verdanken hatten und wie Treibhauspflanzen nur künstlich zur Blüte gebracht worden sind. Die metallurgische Krisis von 1900—02, die vorwiegend durch die plötzliche Einschränkung der staatlichen Bestellungen hervorgerufen worden war, offenbarte die geringe Lebenskraft der russischen Industrie, lieferte den besten Beweis dafür, daß es ihrem wichtigsten und am meisten gerühmten Zweige, der Eisenindustrie, nicht gelungen war, feste Wurzeln im Lande zu fassen, und daß sie sich in stärkster Abhängigkeit von der finanziellen Lage ihres Hauptabnehmers, des Staates, befand. Als im Jahre 1900 die Regierung, infolge der durch die chinesische Expedition hervorgerufenen Ausgaben, den Eisenbahnbau zeitweise einstellen und ihre Aufträge an die Hüttenwerke einschränken mußte, konnte die Eisenindustrie keinen Absatz für ihre Produkte finden und brach unter dem Drucke der Preisbaisse teilweise zusammen. Hat aber im Jahre 1900 die zeitweise gesunkene Kaufkraft des Staates die metallurgische Krisis hervorgerufen, kam es damals zu Vorschein, daß die Fortschritte der ganzen Industrie der schwachen Kaufkraft des Volkes bei weitem nicht angepaßt waren, und hat sich infolgedessen die Einschränkung der Produktion als eine unentbehrliche Notwendigkeit erwiesen, so scheint das gleiche in noch stärkerem Maße für die nächste Zukunft zuzutreffen. Denn infolge der schwierigen finanziellen Lage wird der Staat zweifellos in den folgenden Jahren dauernd eine weit geringere Rolle als Abnehmer der industriellen Produkte spielen, und die geringe Kaufkraft des Volkes sinkt immer stärker unter dem Einflusse der materiell ruinierenden politischen Kämpfe. Wir sahen schon oben, daß in den letzten Jahren die Bautätigkeit des Staates auf dem Gebiete des Transportwesens eine starke Einschränkung erfahren hat und daß, jeder Wahrscheinlichkeit nach, der Regierung auch in den nächsten Jahren für diese Zwecke nicht so große Mittel zur Verfügung stehen werden, wie es vor einem Jahrzehnt der Fall gewesen war. Durchaus charakteristisch für die gegenwärtige Lage der russischen Industrie, ist die starke Vergrößerung der Ausfuhr von Hüttenprodukten in den letzten Jahren. Der Export von Roheisen, Eisen und Stahl bewegte sich wie folgt:

im Jahre	Tausend Pud	Tausend Rubel
1903	59	114
1904	56	131
1905	583	648
1906	2 552	2 662
1907	14 573	12 681 [1]
1908	7 188	7 757

Dieser Umstand ist zweifellos als ein ungünstiges Merkmal zu verzeichnen, da die Preise für Hüttenprodukte, wie überhaupt für die meisten Erzeugnisse der Industrie, in Rußland höher sind als im Auslande, gemäß den höheren Produktionskosten und Zöllen. Bei dem Verkauf von Roheisen, Eisen oder Stahl an ausländische Werke, kann der russische Industrielle einen Gewinn keineswegs erzielen; trägt er dabei keinen Verlust, so kommt er wahrscheinlich kaum auf die Kosten. Die Ausfuhr von Hüttenprodukten ist also nur als Notbehelf zu betrachten; sie ist vorwiegend auf die Schwierigkeiten des Absatzes im Inlande zurückzuführen und bietet den besten Beweis dafür, daß die Produktion, trotz ihres Rückganges, den Bedarf des inländischen Marktes noch immer überschreitet. Die Notwendigkeit einer weiteren Einschränkung

[1] Das besonders starke Anschwellen der Ausfuhr von Hüttenprodukten im Jahre 1907 ist auf die damalige industrielle Hochkonjunktur Deutschlands zurückzuführen.

des Betriebes würde aber für die ganze Industrie mit neuen bedeutenden Verlusten verbunden sein und ihre Lebenskräfte aufs äußerste anspannen. Berücksichtigt man noch dabei die unsichere politische Lage des Landes, welche die industrielle Tätigkeit unterbindet und die Schwierigkeiten auf dem Gebiete der Inanspruchnahme des ausländischen Kredits, so wird es leicht begreiflich, daß die gegenwärtigen Bedingungen wenig geeignet sind, den Fortschritt der Industrie zu fördern. Findet in der nächsten Zukunft keine Umgestaltung der politischen Verhältnisse statt, werden die industriellen Unternehmungen weiter der Gefahr andauernder Produktionsstockungen ausgesetzt, so muß notwendigerweise ein allmählicher Rückgang der Industrie eintreten und Rußland wird demnach bei der Deckung seines Bedarfs an industriellen Erzeugnissen in erheblicherem Maße auf das Ausland angewiesen sein. In diesem Falle wird sich, wie bereits in den letzten Jahren, so auch in den folgenden nicht eine Verringerung des Imports, wie es vom währungspolitischen Standpunkte wünschenswert wäre, sondern eine Steigerung geltend machen. Aber sogar abgesehen von dem Einfluß der innerpolitischen Lage auf die industrielle Eutwicklung des Landes, ist der Fortschritt der russischen Industrie nur unter einer Bedingung denkbar: sie muß jetzt, wo sie noch in den Kinderschuhen steckt, auf einen Absatz ihrer Erzeugnisse bei den breiten Massen der Bevölkerung rechnen können, und dieser Absatz kann ihr nur durch eine Steigerung des Wohlstandes und der Konsumtionsfähigkeit der ländlichen Volksschichten zugesichert werden. Das Jahr 1900 hat es bewiesen, daß Rußland eine Industrie nur auf diesem Fundamente aufbauen kann. Wird der russischen Industrie dieses Fundament gegeben, so wird sie sich auch auf eine höhere Entwicklungsstufe emporringen können und allmählich den Bedürfnissen wohlhabender Klassen entsprechen, die heutzutage noch immer die ausländische Ware vorziehen. Dann erst wird sie die Möglichkeit haben, den inneren Markt stärker zu beherrschen und zur Einschränkung des Imports beizutragen. Die Hebung der wirtschaftlichen Lage des Dorfes ist also eine unentbehrliche Voraussetzung für den Fortschritt der russischen Industrie, die mit Ausnahme des einzigen Zweiges der Naphtaindustrie nur für das Inland produzieren kann. Davon, was bisher für die Gesundung der landwirtschaftlichen Verhältnisse getan wurde, kann die Industrie keinen großen Nutzen erwarten. Die Verminderung der fiskalischen Abgaben wird, wie wir schon betont haben, nur die Unterernährung der Bauern beseitigen können, ohne ihre Kaufkraft in erheblichem Maße zu steigern. Wird die Regierung zu weiteren Maßregeln greifen und eine großzügige Agrarreform durchführen, so wird die Besserung der materiellen Lage der ländlichen Bevölkerung auch nur ganz allmählich stattfinden können; und demgemäß würde sich auch die Industrie in ruhigem, langsamem Tempo auf höhere Entwicklungsstufen emporheben. An eine baldige Verringerung des Imports ist daher kaum zu denken.

Die Aussichten auf eine Steigerung der Leistungsfähigkeit der Goldindustrie.

Wir müssen in diesem Zusammenhange noch einen Industriezweig speziell berücksichtigen, der die Gestaltung der Währungsverhältnisse Rußlands unmittelbar beeinflußt — die Goldindustrie. Wir haben schon Gelegenheit gehabt, auf die Entwicklungsgeschichte der sibirischen Goldindustrie näher einzugehen; wir haben die schwierigen Produktionsbedingungen, die natürlichen und künstlichen Hindernisse geschildert, die auf ihren Fortschritt hemmend einwirkten; wir sahen, daß die Ausbeutung der Lager stark extensiv betrieben war, daß die Produktion sich im großen und ganzen seit dem Beginn der 70 er Jahre auf der gleichen Höhe hielt und daß die Verminderung der Ausbeute durch die allmähliche Ausdehnung der Industrie auf neue Gebiete Sibiriens stets verhindert wurde. Wir haben auf die wichtigsten Reformen hingewiesen, die von der Regierung in den Jahren 1897—1902 vorgenommen wurden und die Verringerung des Goldschmuggels festgestellt, der vor der Aufhebung des Verbots des freien Verkehrs von Gold stark entwickelt war. Obwohl aber die Reformen, vor allem die Herabsetzung der auf der Goldindustrie lastenden Steuern und Abgaben, die Produktionsbedingungen ganz wesentlich erleichtert haben, hat sich noch bisher keine Steigerung der Gewinnung des gelben Metalls geltend gemacht. Der Regierung ist es zwar gelungen, mehr Gold in die Prüfungslaboratorien heranzuziehen, und zwar auf Kosten der Verringerung seines Abflusses nach China, doch bedeutet dieser Umstand selbstverständlich noch keinen Fortschritt der Goldindustrie an sich. Wird aber letztere auch in der Zukunft bei den primitiven Ausbeutungssystemen verharren, so muß sich die Goldgewinnung allmählich vermindern, da die weitere Extensivierung der Produktion fast ausgeschlossen ist infolge der Inanspruchnahme des ganzen leichter zugänglichen Gebiets Sibiriens. Andererseits unterliegt es keinem Zweifel, daß mit dem Übergange der Goldindustrie zu einer intensiveren Betriebstechnik, es nicht nur leicht gelingen würde, die Ausbeute auf der bisherigen Höhe zu erhalten, sondern eine Steigerung der Gewinnung herbeizuführen. Man darf mit Sicherheit annehmen, daß der weitaus überragende Teil derjenigen Lager, die seit Jahren als erschöpft angesehen und nicht mehr exploitiert werden, noch bedeutende Mengen Gold enthält und daß die Wiederaufnahme der Gewinnungsarbeiten nicht erfolglos bleiben würde. Bei den primitiven Betriebssystemen wurden nur die oberen Sandschichten verwaschen und zwar meistens durchaus oberflächlich, sodaß nicht nur eine Vertiefung der Lager, sondern sogar eine neue Bearbeitung der bereits verwaschenen Schichten zu empfehlen wäre. Die Ergebnisse der geologischen Untersuchung der Goldlager, die vor einem Jahrzehnt von dem französischen Ingenieur Lévat in Ostsibirien veranstaltet wurde, bieten den besten Beweis für die Richtigkeit dieser Behauptung[1]. So z. B. wurde festgestellt, daß in der Fundstätte von Blagowjeschtschensk, einem der zahlreichen Lager, die am Onon (Ostsibirien) gelegen sind, der Goldgehalt der oberen Schicht sich auf 40 Doli pro 100 Pud Sand stellt, die verwaschenen Sandmengen dagegen einen Gehalt von 20 Doli pro 100 Pud aufweisen, sodaß man dem Sande bei der ersten Bearbeitung nur 50 % seines Metallgehalts entzogen hat. Ein neues Verwaschen dieser Schicht würde, nach Lévat, noch 32 Pud Gold ergeben. Gleichzeitig stellte es sich heraus, daß sich in der Fundstätte noch einige ganz unberührte Plätze befinden, die mindestens 30 Pud Gold enthalten. Endlich war die untere Schicht überhaupt nicht bearbeitet, obwohl sie einen Goldgehalt von 32 Doli pro 100 Pud besaß. Zu ungefähr gleichen Resultaten gelangten die Untersuchungen anderer Fundstätten der Onongruppe; überall trat die oberflächliche Bearbeitung der verwaschenen Schichten zum Vorschein. Selbstverständlich stand die Intensität der Ausbeutung einzelner Lager stets im Zusammenhange mit den Produktionsbedingungen der bestimmten Gebiete, die, wie wir es gesehen haben, eine starke Differenzierung aufweisen; aber für die Lager am Onon, die sich in einem der günstigsten Gebiete Sibiriens befinden, sind diese Bedingungen verhältnismäßig vorteilhaft, weit vorteilhafter, als die in den Wäschereien der Olekma, der Mittleren Tunguska, des Witims und mehreren anderen. Berücksichtigt man die große Zahl der Lager, auf denen die Arbeiten nach einer so oberflächlichen Ausbeutung eingestellt wurden und die zu den erschöpften gezählt werden, so kann man leicht eine Vorstellung über die Steigerungsfähigkeit der sibirischen Goldproduktion gewinnen. Im Jahre 1904 stellte sich das Verhältnis der in Bearbeitung befindlichen Lager zu der Gesamtzahl derselben wie folgt[2].

(Vgl. die Tabelle auf S. 178.)

Mit dem Übergange zu einer intensiveren Betriebstechnik, könnte also die sibirische Goldindustrie dem Lande einen großen Dienst erweisen und in stärkerem Maße, wie bisher, zur Ausfüllung der Lücke beitragen, die sich alljährlich, infolge der passiven Zahlungsbilanz im Goldbestande Rußlands

[1] Lévat, L'or en Sibérie Orientale. II. Vol. Paris 1897.
[2] Wiestnik Finansow 1904, Nr. 4, S. 236.

Gebiete	Gesamtzahl der Lager	im Betriebe	Verhältnis
Ural	3848	722	18,7 %
Westsibirien	2909	518	17,8 %
Ostsibirien	2185	493	22,5 %
Zusammen	8942	1733	19,4 %

herausbildet. Zweifellos ist der Goldindustrie die Emporhebung auf eine höhere Entwicklungsstufe durch die Reformen der Jahre 1897—1902, vor allem durch die Abschaffung der Bruttoertragssteuer erleichtert worden, aber es ist noch fraglich, ob die auf diesem Wege hervorgerufene Intensivierung des Betriebes so stark sein wird, daß von ihr eine ansehnliche Erhöhung der Ausbeute zu erwarten ist und ob sich ihre Wirkung nicht darauf beschränken wird, nur eine Verminderung der Leistungsfähigkeit der Goldindustrie zu verhindern. Denn trotz der Reformen und der Herabsetzung der Steuerlast, sind die Produktionsbedingungen der Goldindustrie noch immer sehr schwierig und der für jeden technischen Fortschritt erforderliche Kostenaufwand außergewöhnlich hoch. Dazu tragen vor allem, wie schon oben erwähnt, die natürlichen mit dem Charakter des Produktionsgebietes in Verbindung stehenden Hindernisse bei, wie die enormen Kosten des Transports von vollkommeneren Maschinen und Werkzeugen und die hohen Lebensmittelpreise in den meisten goldproduzierenden Gegenden. Erst mit Verbesserung der schlechten Transportverhältnisse durch den Ausbau von Landstraßen und Kleinbahnen, würden die Produktionskosten eine bedeutende Ermäßigung erfahren, ohne die eine weitere Steigerung der Intensität des Betriebes und eine ansehnliche Erhöhung der Leistungsfähigkeit der Goldindustrie geradezu undenkbar sind. Selbstverständlich würden die Maßnahmen zur Beseitigung der hohen Transportkosten einen großen Kapitalaufwand erfordern; und das gleiche läßt sich auch betreffs der ganzen technischen Vervollkommnung der Goldindustrie sagen, sodaß der Fortschritt letzterer nur nach einer Vergrößerung der Kapitalkraft der Unternehmungen stattfinden könnte. Es ist ja bekannt, mit welchen gewaltigen Mitteln diejenigen Gesellschaften ausgestattet waren, welche ein neues Verwaschen der kalifornischen oder australischen Goldfelder, die ursprünglich auch nur extensiv bearbeitet gewesen sind, vorgenommen haben. Die Schwierigkeiten eines solchen Unternehmens sind aber in Sibirien noch weit größer als in anderen goldproduzierenden Ländern, und dementsprechend müßten auch der russischen Goldindustrie noch bedeutendere Kapitalien zur Verfügung stehen. Wie für alle Zweige der russischen

Industrie, so würde auch für den hier in Betracht kommenden nur das Ausland die großen Kapitalien liefern können, die für sein Gedeihen erforderlich sind. Abgesehen von den Bedenken, die gegen eine stärkere Beteiligung des Auslandes in der nächsten Zukunft sprechen, würden die Fortschritte der Goldindustrie, vom währungspolitischen Standpunkte betrachtet, erst nach geraumer Zeit eine ansehnliche Rolle spielen können; denn bei der geringen gegenwärtigen Ausbeute kann eine relativ große Steigerung kaum in Betracht gezogen werden. Mit einer Mehrproduktion von 10 oder 20 Mill. Rub. wird der starken Goldnot Rußlands noch nicht abgeholfen. Ehe aber die inländische Goldindustrie sich so emporheben wird, um als Quelle zur Deckung eines erheblicheren Teils des Zahlungsbilanzdefizits dienen zu können, werden noch, sogar bei günstigster Gestaltung der Verhältnisse, Jahrzehnte vergehen.

Schlußbetrachtung.

Die Möglichkeit einer den Erfordernissen entsprechenden Erhöhung des Exports oder Einschränkung des Imports zu prüfen, heißt die Zukunft der russischen Goldwährung zu ergründen suchen, — sagten wir am Schlusse des ersten Abschnitts. Wir haben die Entwicklungstendenzen der wichtigsten Zweige der russischen Volkswirtschaft uns zu vergegenwärtigen gesucht, um ein Urteil über die zukünftige Gestaltung des Außenhandels zu gewinnen. Die Ergebnisse unserer Erörterung berechtigen uns keineswegs zur Aufstellung einer günstigen Prognose: nichts spricht für die Vergrößerung des Ausfuhrüberschusses in nächster Zukunft, vieles dagegen für — seine Verringerung. Dem seit dem Kriege stark angeschwollenen Passivum der Zahlungsbilanz wird wohl im günstigsten Falle ein gleich hohes Aktivum gegenüberstehen und die Gefahr des Goldabflusses wird demnach die Stabilität der russischen Währung in noch stärkerem Maße bedrohen, als es in der Vergangenheit der Fall gewesen ist. War es aber vor dem Kriege verhältnismäßig leicht die Lücke in der Zahlungsbilanz künstlich auszufüllen und der Gefahr des Metallabflusses vorzubeugen, so wird das in der Zukunft keinesfalls zutreffen, nicht nur infolge der starken Vergrößerung der Fehlbeträge der Zahlungsbilanz, sondern auch und vor allem deswegen, weil diejenigen Mittel, die vor dem Kriege für die Balancierung der Zahlungsbilanz vorwiegend in Betracht kamen, in den nächsten Jahren an Bedeutung stark verlieren werden. Dies gilt vor allem von den Kapitalinvestierungen, die, wie wir sahen, in der Vergangenheit nicht nur vom allgemein volkswirtschaftlichen, sondern auch speziell vom währungspolitischen Standpunkte eine äußerst wichtige Rolle gespielt haben. Es ist jedoch kaum anzunehmen, daß der Zufluß ausländischer Kapitalien nach Rußland in der nächsten Zukunft so stark sein wird, wie am Ende des letzten Jahrhunderts, da die allgemeinen, politischen, finanziellen und wirtschaftlichen Verhältnisse eine Umwälzung erfahren haben, die auf diesen Prozeß hemmend einwirken muß. Die zweite Hälfte der 90er Jahre war für Rußland eine Periode höchster finanzieller Machtstärke des Staates, der Stabilisierung der Valuta, des eifrigen Eisenbahnbaues, plötzlichen wirtschaftlichen Aufschwunges, fieberhaften Gründertums und Wettbewerbs; eine Periode, in der man im Auslande das Zarenreich als ein jungfräuliches und zukunftsreiches Land ansah, in dem noch leicht Millionen zu erwerben sind. Die glänzenden Zeiten dauerten jedoch, wie wir sahen, nicht lange; die Krisis von 1900 und der bald darauf folgende Krieg haben eine Reihe von Unternehmungen zu Grunde gerichtet; die hohen Unternehmergewinne, diese stärkste Lockung für das fremde Kapital, sanken mit geringen Ausnahmen beträchtlich im Laufe von kurzer Zeit, infolge der oben geschilderten Gestaltung der industriellen Verhältnisse. Die Zahl der Aktiengesellschaften und die Dividenden in den wichtigsten Industriezweigen bewegten sich in den Jahren 1898—1905 wie folgt[1]:

Jahre	Zahl der Aktien-gesell-schaften	Durchschnittsdividenden in Prozenten							Durchschn. Dividende sämtlicher Aktien-gesellsch.
		Textil-industrie	Chemische Industrie	Papier-industrie	Metallurg. Industrie	Bergbau-industrie	Keramische Industrie	Holz-industrie	
1898	931	8,74	11,59	8,36	9,46	11,28	7,61	11,43	9,4
1899	1129	8,5	9,6	6,66	6,7	8,52	7,49	10,6	8,27
1900	1360	7,25	12,18	7,48	8,15	10,22	4,94	13,11	8,51
1901	1393	6,75	8,15	7,09	7,29	8,45	5,25	9,97	7,6
1902	1516	7,15	9,65	6,67	7,8	7,25	5,68	9,43	7,67
1903	1455	7,75	9,43	6,66	7,14	7,18	4,61	8,31	7,84
1904	1335	6,47	9,12	5,67	7,11	10,98	4,19	7,33	7,03
1905	—	6,3	9,79	5,44	7,41	8,22	3,61	5,8	7,04

Seit 1905 haben sich die Zustände noch wesentlich verschlimmert. Das Gespenst der Revolution erschüttert jegliches Vertrauen des Auslandes, veranlaßt die Aktionäre russischer industrieller Unternehmungen ihre Dividendenwerte selbst mit Verlusten zu verkaufen und drückt die Kurse der Aktien auf ein äußerst niedriges Niveau herab. Es ist klar, daß unter solchen Umständen sämtliche Versuche der Heran-

[1] Jahrbuch des Finanzministeriums für 1906/07, S. 286 ff.

ziehung neuer fremder Kapitalien für industrielle Zwecke, stets an dem Mißtrauen ausländischer Kapitalisten und ihrer Furcht vor dem großen Risiko scheitern werden. Das, was wir oben über die Bedingungen für die zukünftige Beteiligung des ausländischen Kapitals an der Naphtaindustrie gesagt haben, ist anwendbar auf die gesamte russische Industrie: solange die inneren politischen Zustände keine Garantie für die freie Entfaltung der wirtschaftlichen Kräfte des Landes bieten werden, solange werden sich auch die meisten fremden Kapitalisten hüten, ihre Gelder in der russischen Industrie anzulegen. Aber sogar im Falle einer baldigen Aufklärung der politischen Lage werden die Kapitalinvestierungen im Vergleich mit der Vergangenheit, im russischen Wirtschaftsleben eine bedeutend geringere Rolle zu spielen haben. Denn mit der Lösung der politischen Frage, wird die finanzielle Stärke des Staates noch nicht hergestellt und die Stabilität der Währung noch nicht gesichert; und wir wissen ja, in wie hohem Maße diese beiden Faktoren den Zufluß ausländischer Kapitalien am Ende der 90er Jahre gefördert haben. Endlich muß noch das berücksichtigt werden, was oben von der Entwicklungsfähigkeit der russischen Industrie an und für sich gesagt wurde: daß sie vollständig von der Kräftigung des inneren Marktes abhängig ist und sich im günstigsten Falle nur in ruhigem Tempo vorwärts bewegen würde, der allmählichen Hebung der materiellen Lage der ländlichen Bevölkerung folgend. An einen neuen industriellen Aufschwung, wie derjenige der Witteschen Ära, ist kaum zu denken; es war der erste, kühne Schritt auf einem schweren Wege, den man noch von mancherlei Hindernissen säubern muß.

Auch die Anwendung des zweiten Mittels zur Deckung des Defizits der Zahlungsbilanz, nämlich die Inanspruchnahme des ausländischen Kredits seitens des Staates, wird in der nächsten Zukunft zweifellos auf große Schwierigkeiten stoßen. Und zwar bezieht sich dies selbstverständlich auf die beiden Formen des ausländischen Staatskredits, also sowohl auf die neuen auswärtigen Anleihen, als auch auf das Abstoßen russischer im Inlande befindlicher Fonds ins Ausland. Wir wissen, was für erhebliche Mengen russischer Werte der ausländische Geldmarkt seit dem Amtsantritte Wittes aufgenommen hat, in wie hohem Maße die Regierung stets den Kredit ausnutzte, den sie im Auslande genoß. Seit dem Kriege haben sich aber die Verhältnisse wesentlich verändert: das blinde Vertrauen zu einer fast unbeschränkten Kreditwürdigkeit Rußlands hat einer starken Skepsis den Platz geräumt, und zwar nicht nur infolge der bedenklichen politischen Zustände, sondern besonders infolge des andauernden und starken Anschwellens der Staatsschuld und der richtigeren Beurteilung der wirtschaftlichen Lage des Landes. Das Verhalten Deutschlands bei der Unterbringung der großen Pariser Anleihe scheint es zur Genüge bewiesen zu haben, daß der deutsche Geldmarkt für Rußland gesperrt ist. Frankreich borgt noch immer, teils angelockt durch die günstigen Bedingungen, teils aus Furcht, daß ein Abschlag eine Krisis herbeiführen könnte, die es selbst am stärksten schädigen würde. Aber auch hier schwindet allmählich das Zutrauen, wächst die Abneigung gegen russische Staatswerte.

Mit den letzten Kreditoperationen wurde aber der Gefahr des Metallabflusses nur zeitweise abgeholfen. Konnte Rußland in der Vergangenheit auswärtige Anleihen nicht lange entbehren, so wird es in der nächsten Zukunft infolge der oben geschilderten Gestaltung der allgemeinen Verhältnisse in noch weit höherem Maße auf dieses Mittel angewiesen sein. Auf diese Weise wird das Land in eine stets wachsende Abhängigkeit von der ausländischen Bankwelt geraten und zu andauernder und immer stärkerer Verschuldung gezwungen sein. Ist es aber im allgemeinen schon riskant, die Staatswirtschaft und das Währungssystem fast ausschließlich auf den ausländischen Kredit stützen zu wollen, so steigt das Risiko gewaltig, wenn dieser Kredit eine länger dauernde Erschütterung erfährt. Früher oder später tritt notwendigerweise der Moment ein, wo der Versuch der Unterbringung einer neuen, auswärtigen Anleihe an der Weigerung der Kapitalistenwelt scheitert und wo die bisher nicht zur Geltung gekommene Metallabflußtendenz sich in einer starken und rapiden Verringerung des inländischen Goldvorrats zu offenbaren beginnt.

Über der russischen Goldwährung schwebt das Damoklesschwert der enormen ausländischen Verschuldung des Landes. Sie ist es, die der russischen Volkswirtschaft die riesigen, ihre Kräfte weit übersteigenden Lasten auferlegt, die den Staat der Notwendigkeit andauernder Schuldenmacherei aussetzt, die endlich dasjenige Gut des Landes stets bedroht und bei der ersten Gelegenheit angreifen wird, welches die Grundlage eines regelrechten und stabilen Währungssystems bildet: seinen Metallfonds. Hat Rußland vor einem halben Jahrhundert seine Silberwährung infolge übermäßiger Papiergeldausgabe nicht erhalten können, war damals die Einstellung der Kreditbilleteinlösung durch eine rein finanzielle Kalamität hervorgerufen, so würde ein eventueller Zusammenbruch der Goldwährung in der nächsten Zeit vorwiegend auf die wirtschaftliche Schwäche des Landes, auf die Unmöglichkeit, den Verbindlichkeiten dem Auslande gegenüber nachzukommen, zurückzuführen sein. Nicht ein Mangel an Geld zur Deckung plötzlich angeschwollener Staatsausgaben, sondern der Gegensatz zwischen den Produktivkräften des Landes und den durch seine ausländischen Gläubiger an ihn gestellten Forderungen würde die Krisis herbeiführen. Dieser Gegensatz wurde durch den Krieg und die letzten Kreditoperationen zweifellos verschärft, keineswegs aber geschaffen; er bestand schon früher, zu Beginn der Geldreformperiode, und gab Anlaß zu ernsten Bedenken. Man durfte jedoch damals darauf rechnen, daß er allmählich beseitigt werde, daß die Entfaltung der Produktivkräfte das Land in Stand setzen werde, seine ausländische Schuldenlast selbständig zu tragen und daß die Goldwährung sich in der nächsten Zukunft aus einem künstlich eingeschalteten in ein natürliches Glied des gestärkten Wirtschaftsorganismus umwandeln werde. Die gegenwärtige Lage bietet den Beweis dafür, daß diese Hoffnung sich nicht verwirklicht hat; teils die verfehlte Wirtschaftspolitik, teils die Ungunst der Verhältnisse tragen die Verantwortung dafür. Der Abfluß des so mühsam angesammelten Metallvorrats und eine eventuelle Währungskrisis wären nur als natürliche Folge der Tatsache zu betrachten, daß es Rußland nicht gelungen ist, das Gleichgewicht zwischen seinen Schuldnerpflichten und seiner volkswirtschaftlichen Leistungsfähigkeit herzustellen.

Wäre es trotz allem möglich, bei der gegenwärtigen Verschuldung Rußlands die Goldwährung zu erhalten? Vollständig ausgeschlossen ist es nicht; von Gesetzen darf selbstverständlich bei der in Betracht kommenden Frage nicht gesprochen werden, höchstens von Tendenzen. Vielleicht wird sich ein Mann finden, der die nötigen geistigen Eigenschaften besitzen wird, um dem natürlichen Lauf der Dinge einen Damm zu setzen, dem es bei der ungünstigen Gestaltung der Verhältnisse noch einmal gelingen wird, das Währungssystem auch weiter künstlich zu erhalten und der gleichzeitig das große Ziel der wirtschaftlichen Hebung des Landes stets im Auge behalten und es auch erreichen wird, trotz des stark hemmenden Einflusses der ausländischen Verschuldung auf die freie Entwicklung der heimischen Produktivkräfte. Man darf es wohl hoffen und wünschen, aber es wäre ein großer Optimismus, darauf zu rechnen. Rußland ist nicht der erste Staat, der sich in einer so traurigen, verhängnisvollen Lage befindet; es hat schon Vorgänger gehabt, denen es nicht gelungen ist, einen Ausweg aus dem Labyrinth, in das sie geraten waren, zu finden, ohne zu Gewaltmaßregeln greifen zu müssen. Sollte Rußland das Glück haben, eine Ausnahme zu bilden? Die Geschichte bereitet uns zwar von Zeit zu Zeit Überraschungen, aber im großen und ganzen ist sie ja nur, wie es der geistreiche Historiker de Tocqueville ausgedrückt hat, „eine Bildergalerie, in der wenig Originale, aber viele Kopien aufzufinden sind.“

Kolibri 360 GmbH
Ferdinand-Jühlke-Straße 7
99095 Erfurt, Deutschland
produktsicherheit@kolibri360.de

Druck:
CPI Druckdienstleistungen GmbH
im Auftrag der
Kolibri 360 GmbH
Ferdinand-Jühlke-Str. 7
99095 Erfurt